Hans Torwesten: DER MUT, AUF DEN GRUND ZU GEHEN

Hans Torwesten

DER MUT, AUF DEN GRUND ZU GEHEN

Von der Unerschrockenheit der Mystik

1.Auflage 2007

© Verlag Via Nova
Alte Landstraße 12, 36100 Petersberg
Telefon: (0661) 62973
Fax: (0661) 9 67 95 60
E-Mail: info@verlag-vianova.de
Internet: www.verlag-vianova.de

Umschlaggestaltung: HildenDesign, 81671 München
Satz: Sebastian Carl
Druck und Verarbeitung: Fuldaer Verlagsanstalt, 36037 Fulda

ISBN 978-3-86616-081-1

Für Anna

INHALT

EINLEITUNG

Das Grundthema dieses Buches ist der „Grund" selber – jener Grund unserer Existenz, den der mittelalterliche Mystiker Meister Eckhart immer wieder sprachlich umkreiste (und den er wohl auch „verwirklichte"), der die eigentliche Mitte östlichen Philosophierens und Meditierens ausmacht – ob nun als Brahman, Atman, Tao oder Sunyata – und der es leider nie geschafft hat, sich auch im Zentrum christlich-abendländischen Denkens zu etablieren. Bereits im 14. Jahrhundert beklagte sich der deutsche Mystiker Tauler in der Nachfolge Eckharts über diese Grundvergessenheit des Abendlandes. „Mit diesem Grund waren schon die Heiden vertraut", sagte er. „Sie verschmähten vergängliche Dinge ganz und gar und gingen diesem Grunde nach... Es ist doch ein schwerer Schimpf und eine große Schande, dass wir armen Nachzügler, die wir Christen sind und so große Hilfe haben – die Gnade Gottes, den heiligen Glauben, das heilige Sakrament und noch manch andere Unterstützung – recht wie blinde Hühner herumlaufen und unser eigenes Selbst, das in uns ist, nicht erkennen und gar nichts darüber wissen..."[1]

Vielleicht trugen gerade die zahlreichen „Unterstützungen" eine Mitschuld daran, dass der abendländische Christ so zielsicher an seinem Grund vorbeilebte und noch immer daran vorbeilebt– ganz zu schweigen davon, dass das christliche Lehramt diesen göttlichen Grund entweder leugnete, ignorierte oder ihn als pantheistische Versuchung, die den Gegensatz zwischen Schöpfer und Geschöpf aufzuheben drohte, bekämpfte.

Ich möchte jedoch betonen, dass sich der Inhalt dieses Buches keineswegs darin erschöpft, gegen erstarrte dogmatische Fassaden eines rein monotheistischen, auf einen männlichen Schöpfergott fixierten Glaubens anzurennen. So bedauerlich es sein mag, dass die Amtskirche einen so großen Mystiker wie Eckhart nie zum Heiligen und Kirchenlehrer erhob, sondern ihn als Ketzer brandmarke und sich nie zu einem überpersönlichen göttlichen Grund bekannte, der zugleich unser eigener Seelengrund ist und unsere metaphysische Verankerung im Sein gewährleistet, so stellt dies doch nicht das Kernproblem dar. Das Kernproblem sind wir selbst: unsere frag-würdige, fragile menschliche Existenz, die immer wieder nach einem Halt sucht, nach „Unterstützungen", sei es durch den Staat, durch eine Glaubensgemeinschaft, durch die Familie, durch eine solide Partnerschaft, durch die eigene Tüchtigkeit, durch das Eingebettetsein in die Natur – oder auch nur durch das Aufgehobensein in einem Kegelklub. Wir erschaffen uns eine Unmenge Ersatz-„Gründe", die uns „tragen" sollen, und immer wieder neue Ablenkungen, um wie aufgescheuchte und blinde Hühner vor uns selber davonzurennen und uns an Sicherheiten zu klammern, die sich bei näherem Hinsehen meistens als recht trügerisch erweisen. Das ehrliche und schonungslose Sich-auf-den-Grund-Gehen ist ein sehr vitaler, schmerzlicher und meist auch langwieriger Prozess – wenn auch das eigentliche erleuchtende Grund-Erlebnis kurz wie ein Blitzschlag sein kann – und hat mit Theorien oder Dogmen nicht viel zu tun. Niemand, auch die christlichen Kirchen nicht, kann uns die Mühe und das Abenteuer der spirituellen Selbst-Findung abnehmen, und würde das kirchliche Lehramt plötzlich feststellen, wir seien keineswegs nur aus dem Nichts geschaffene Kreaturen, die völlig auf die unverdiente Gnade eines mächtigen Schöpfergottes angewiesen sind, sondern Königskinder, deren Hauptaufgabe es ist, ihre Einheit mit Gott im Grund wiederzuentdecken, so würde mich das keineswegs von der Anstrengung befreien, diese Einheit auch zu verwirklichen. Allerdings kann man mit dogmatischen Lehrmeinungen auch ein geistiges Klima schaffen, in dem die Grunderfahrung unnötig erschwert wird, und meiner Meinung nach ist es höchste Zeit, dieses Klima zu ändern.

Deshalb wird diese Studie versuchen, sowohl den geistigen Hintergrund zu beleuchten, der für die Grundvergessenheit des Abendlandes verantwortlich ist, als auch positiv auf die spirituellen Wege – westliche wie östliche – hinzuweisen, die uns die Verwirklichung des Grundes ermöglichen. Im Brennpunkt stehen die uralten Daseinsfragen, die schon die Seher der Upanishaden umtrieben: Wer bin ich? Was ist das, durch dessen Erkenntnis alles übrige erkannt wird? Was hält die Welt im Innersten zusammen? Wie finde ich heraus, was mich wirklich „trägt"? – Zu diesen eher metaphysischen Fragen gesellen sich heute noch die drängenden Probleme einer immer unübersichtlicher werdenden Gesellschaft, in der sich der Einzelne fragt: Wie werde ich unabhängiger von all den immer brüchiger werdenden Krücken, die mir die Gesellschaft anbietet – egal, ob sie sich nun „modern" präsentiert oder (wieder) in Konventionen erstarrt? Wie lerne ich ein neues „Grund"-Vertrauen, wenn bis vor kurzem noch „angesagte" Ideologien auf die Müllkippe der Geschichte geworfen werden und die üblichen sozialen Sicherheitssysteme mehr und mehr versagen? In eher kleinen spirituellen Kreisen wird dies bereits seit Jahrzehnten praktisch „ergründet" – in Rückbesinnung auf christlich-mystische Traditionen und oft auch mit Zuhilfenahme östlicher Meditationsmethoden. Doch wer sich in einem christlichen Zen- oder Yoga-Seminar auf den Grund geht, sollte sich doch auch die Frage stellen, ob ihm der christliche Überbau zugleich auch den Grund und Boden liefert, in dem er sich vertrauensvoll entspannen kann. Wie wir sehen werden, ist dieser Boden nicht nur brüchig, sondern eigentlich überhaupt nicht vorhanden.

Ich selber habe mir, was die Ergründung meiner Existenz angeht, meine theoretischen und praktischen Inspirationen vor allem aus der östlichen Mystik geholt – und hier wieder vor allem aus den indischen Systemen des Yoga und Vedanta. Trotz dieser Begeisterung für die indische Mystik kann ich meine abendländischen christlichen Wurzeln jedoch nicht verleugnen und strebe wie der englische Benediktinerpater Bede Griffiths, der lange in Indien lebte und dort auch starb, eine „Hochzeit von Ost und West" an. Bei oder nach einer Vermählung entstehen oft Kinder, die zwar noch eine gewisse Ähnlichkeit mit ihren Eltern aufweisen – in diesem Falle dem westlichen Christentum und der östlichen Mystik –, die aber doch eine sehr eigenständige Ausstrahlung haben. Mit einem künstlichen Synkretismus hat diese neue spirituelle Strömung nicht viel im Sinn, sie zapft ihre Energien aus dem mystischen Grund, der alle konfessionellen Gegensätze transzendiert, kann aber durchaus noch diese oder jene „Färbung" annehmen – je vielfältiger, desto besser. Denn der „einfaltige" Grund ist kein eifersüchtiger Gott, im Gegenteil, er kann sich Vielfalt leisten, er kann – wie der bengalische Heilige Ramakrishna sagte – alle Löcher einer Flöte benutzen, um vielfältige Melodien hervorzubringen, statt immer nur eine Note zu spielen.

Dennoch brauchen der Leser und die Leserin dieses Buches nicht zu befürchten, dass sich die Themen dieser Studie in einer allzu großen Vielfalt zerfransen. Der Grundton steht von vorneherein fest – und wird auch als *„basso continuo"* durchgehalten. Dieser Grundton ist, wie bereits angedeutet, der Grund selber. Es geht dabei nicht um irgendeine abstruse theologische oder philosophische Kopfgeburt, es geht nicht um irgendeinen geistigen Luxus, den man sich neben anderen Wellness-Kuren leistet, sondern schlicht um den Grund unserer Existenz, um das, was wir *sind*.

Dass bei diesem Grundton, der naturgemäß eher einen unpersönlichen oder zumindest überpersönlichen Charakter hat, das Energiefeld persönlicher Beziehungen – der Menschen untereinander oder der Beziehung zu Gott – ein wenig zu kurz kommt, liegt auf der Hand. Umso wichtiger ist mir die Feststellung, dass es sich hier nicht um ein radikales „Entweder-Oder" handelt: entweder persönliche Menschen- und Gottesbeziehung – oder ein Aufgehen der Person in einem überpersönlichen Grund. Im Gegenteil, ich bin sogar der Meinung, dass eine Grund-Erfahrung durchaus eine tragfähige und fruchtbare Basis für persönliche Beziehungen – sei es zu Gott oder zu einem menschlichen Partner – sein kann. Da jedoch das abendländische Christentum den Grund sträflichst vernachlässigt hat, ist es durchaus legitim, diesen einmal etwas stärker hervorzuheben – um endlich einmal allen Verlegenheiten eines allzu person-besessenen Monotheismus, der uns im Augenblick vor allem von seiner fundamentalistischen Seite bedrängt, zu entkommen und auf der Basis dieses überpersönlichen göttlichen Grundes ein spirituelles Leben zu entfalten, in dem sich frei atmen, meditieren, lieben und leben lässt.

Letztlich geht es dabei um die „Emanzipation" des Menschen – eine Emanzipation jedoch, die nicht mit einer falsch verstandenen modernen „Autarkie" verwechselt werden sollte. Wer in einem spirituellen Grund-Erlebnis seine Einheit mit dem Göttlichen erfahren hat, braucht sich nicht noch auf die Zehenspitzen zu stellen, um „wie Gott" zu werden. Er kann sich alle Tugenden, die das Christentum Jahrhunderte lang gepredigt hat – Demut, Bescheidenheit usw. – leisten, ohne als unterwürfiges Geschöpf einem Gott, der alle Macht und Transzendenz für sich „gepachtet" hat, ständig seinen Tribut zahlen zu müssen.

Es stellt sich jedoch die Frage, ob wir mit dem Tod des herkömmlichen „Gottes", den Nietzsche verkündete (und zugleich beklagte!), auch das „spirituelle" Kind mit dem Bade ausschütten oder ob wir auf dem Grab des traditionellen Gottesverständnisses wieder neue Blumen wachsen lassen, die ewig aus dem Grund der Gottheit blühen, „ohne ein Warum", in einem „ewigen Nun". Wenn wir uns des persönlichen (und meistens „männlichen") Schöpfergottes „entledigen", so kommt alles darauf an, ob wir ihn loswerden wollen, um unser menschliches Ego aufzublähen – oder ob wir im Sinne Meister Eckharts seiner „quitt werden", um unsere Einheit mit ihm im Grund zu erfahren – was nicht nur den „Tod Gottes", sondern auch und vor allem den Tod unseres „Ego" bedeutet.

Um diesen Mut, sich selber auf den Grund zu gehen – was in gewissem Sinne auch ein „Zu-Grunde-Gehen" bedeutet! – geht es in diesem Buch – nicht, um auf ewig vernichtet zu werden, sondern um aufzuwachen zu unserem wahren Sein.

Der Ausdruck „Grunderlebnis", der in diesem Buch häufig vorkommt, bedarf vielleicht noch einer Erläuterung. Ich gehe dabei von einem eigenen Erlebnis aus, das ich als 23-jähriger Kunststudent in Wien hatte. Nach vielen Jahren in einem Franziskaner-Internat, in denen ich durchaus christlich-mönchische Ambitionen hatte, war ich in eine Sinnkrise geraten, fühlte mich zeitweise mehr in den Schriften von Camus und Sartre zu Hause als im christlichen Denken, stieß dann auf den Zen-Buddhismus und die indische Vedanta-Lehre – und parallel dazu auf die Mystik Meister Eckharts – und begann auch zu „meditieren". Doch das „Grund"-Erlebnis bestand nicht im Befolgen irgendwelcher Methoden, sondern darin, dass ich mich eines Tages im Spätherbst, an einem bereits recht dunklen Nachmittag, buchstäblich „aufgab". Ich ließ mich einfach fallen, ohne genau zu wissen, an was oder an wen ich mich da auslieferte. Dieser „Prozess" muss etwa zwei Stunden gedauert haben, die aber zugleich ein einziger zeitloser „Augenblick" waren. Ich hatte keinen Visionen, keine Auditionen, es war überhaupt ein sehr unspektakulärer Zustand. Selbst die Frage, ob ich mich nun einem persönlichen Gott oder einem unpersönlichen Grund auslieferte, kann ich nicht beantworten. Aber als ich wieder „zu mir" kam, war mein Gesicht feucht und ich war ein anderer Mensch. Ich war einer Wirklichkeit begegnet, die unendlich größer war als dieses kleine „Ich", das sich da hingegeben hatte; und zugleich wusste ich, dass ich diese Wirklichkeit selber war.

Alles wuchs in meinem – vorher so ratlosen und zersplitterten – Geist zusammen: die lebendigen Impulse, die von Christus ausgingen; die alles umarmende „Katholizität" eines Ramakrishna; der erfrischende Wind des Zen-Buddhismus; das Aufgehobensein im Grund, von dem Meister Eckhart sprach; das Rauschen des überpersönlichen Brahman-Meeres. Ich versuchte dies alles später zwar auch in religionsphilosophischen Essays in Worte zu kleiden – und auch dieses Buch ist noch eine Nachwehe davon! –, doch zuerst einmal ging es darum, dass ich dem Leben wiedergeschenkt war, dass mir alles nach Gott „schmeckte", dass ich plötzlich ein Gespür dafür hatte, was Jesus mit den „lebendigen Wassern" meinte. Monatelang lebte ich in einem euphorischen Zustand, und damit dieser Enthusiasmus nicht in einem Kaffeehaus-Mystizismus versandete – die Gefahr war in Wien durchaus vorhanden! –, verschwand ich schließlich in einem Ashram des Ramakrishna-Ordens in England, um meiner spirituellen Begeisterung so etwas wie ein tragendes „Gerüst" zu geben. Ich habe diesen Ashram nach sechs Jahren eines abgesicherten klösterlichen Lebens wieder verlassen, um mich den Unsicherheiten eines Lebens als Künstler und Schriftsteller auszusetzen, doch trotz mancher Krisen hat mich das Urvertrauen, das mich seit jenem „Grund"-Erlebnis trug, nie mehr verlassen.

Zweifellos war dieses Grunderlebnis noch nicht der endgültige Erleuchtungsdurchbruch, sondern nur der bescheidene Beginn meines spirituellen Weges. Und ich nehme an, dass viele Menschen ein ähnliches Grunderlebnis haben, in dem sie sich einfach „ausliefern". Andererseits könnte man durchaus auch die „großen" Erleuchtungserfahrungen eines Gautama, Eckhart oder Ramakrishna als „Grunderlebnisse" bezeichnen, als Verwirklichung des göttlichen „Grundes" eben. Der Unterschied liegt wohl in der Tiefe und End-„gültigkeit" – und eben darin, wie tief sich das mystische Erleben im alltäglichen Leben verankert und die ganze Person transformiert. Deshalb bin ich auch etwas skeptisch, wenn heute in gewissen spirituellen Kreisen stets nur von *dem* „Erwachen" gesprochen wird. Manche der frisch Erwachten auf dem schnell zusammengezimmerten Erleuchtungsthron erinnern einen leider manchmal an Hausfrauen, die nach dem ersten Aquarellkurs gleich die ganze Welt zu ihrer ersten großen Ausstellung einladen.

Mit anderen Worten: Ich glaube, dass das spirituelle Leben reicher, vielschichtiger und tiefer ist als das, was auf dem heutigen Erleuchtungs-Markt oft angeboten wird. Manches wirkt allzu „inszeniert" und erweckt den Verdacht, dass da noch nicht alle Ego-Reste verbrannt sind. Oder es ist so unbedarft, dass man sich ernsthaft Gedanken über den Stellenwert der Erleuchtung macht.

Das heißt aber keineswegs, dass die heutige spirituelle Szene, in der der Durchbruch zum wahren *Sein* im Mittelpunkt steht, völlig abzulehnen wäre. Nicht wenige ihrer Lehrer haben die Gabe, uns wieder mit dem ursprünglichen Sein zu „verbinden". Diese Szene bringt Urimpulse zum Vorschein, die bis auf die höchst aufregende Zeit der Upanishaden zurückreichen und die Sehnsucht vieler Menschen freigräbt, nicht mit theoretischen Referaten „über" etwas abgespeist zu werden, sondern direkt zu Füßen eines erleuchteten Lehrers bzw. einer Lehrerin zu sitzen, der (die) im Sein (*Sat*) und in der Wahrheit (*Satya*) verankert ist – und diese Wahrheit „direkt" übertragen kann. Diese Ursehnsucht der Menschen sollte man nicht leichtfertig ironisieren, schon gar nicht im Namen einer Religion, die ihren Gläubigen allzu oft eingeredet hat, es genüge völlig, in diesem Leben einigermaßen „gottesfürchtig" über die Runden zu kommen, um dann in einem Jenseits dafür belohnt zu werden. Man kann die *Möglichkeit* und auch *Notwendigkeit* eines spirituellen Durchbruches zum Sein gar nicht genug betonen, weder in einem christlichen Milieu noch in einer postmodernen Spaßgesellschaft und Event-Kultur, die alle Norm-Grenzen sprengt und uns doch im Gefängnis zeitlich begrenzter Freuden und kurzlebiger Aufgeregtheiten veröden lässt.

Die ausschließliche Fixierung auf den Punkt des „Erwachens" hat allerdings den Nachteil, dass man die Gesetze der oft mühsamen spirituellen Entwicklung und Transformation außer Acht lässt. Für den recht nüchternen Seelsorger Eckhart war es weit wichtiger, dass man die rechte „Grund"-Haltung an den Tag legte und ihr treu blieb, als nach außergewöhnlichen Erfahrungen zu gieren. Deshalb ist es auch nicht unter unserer Würde, von spirituellen Lehrern und Lehrerinnen zu lernen, die nicht mit dem Erleuchtungs-Diplom herumwedeln. Jeder, der durch seine Hingabe, seine Demut, seine Durchlässigkeit, seine offene Ehrlichkeit und nicht zuletzt durch seinen Humor etwas vom göttlichen Licht und unserer wahren Natur vermitteln kann, kann zum Wegweiser werden.

Wir brauchen das Rad nicht neu zu erfinden, schon gar nicht im spirituellen Bereich. An den Schwierigkeiten, das menschliche Ego zu überwinden und mit dem göttlichen Grund eins zu werden, hat sich seit den Sehern der Upanishaden und seit Meister Eckhart wohl nicht so wahnsinnig viel geändert.

Vor allem sollten wir uns nach etlichen metaphysik-freien Jahrzehnten wieder von der Begeisterung jener Mystiker und Denker für die alten und immer wieder neuen Seins-Fragen begeistern lassen und eine neue Bescheidenheit bekunden, die sich, in leicht ironischer Umkehrung sonst gehörter Weisheiten, etwa so artikulieren ließe: Wenn wir schon nicht fähig sind, unsere drängenden Alltagsprobleme auf unserem Planeten zu lösen, dann lasst uns wenigstens die ganz großen Fragen beantworten!

(Einige dieser Fragen sollen in einem weiteren Band mit dem Titel *„Gott ist außer sich"* behandelt und vertieft werden. Da ich im vorliegenden Buch vor allem die existenzielle, auf die spirituelle Praxis bezogene Seite betone, habe ich die mehr religionsphilosophischen und kosmologischen Betrachtungen, die sich u.a. mit der Frage nach dem Anfang der Schöpfung, mit dem Chaos, mit dem „Ungrund" Boehmes, dem „Willen" Schopenhauers und verschiedenen Gottesbildern beschäftigen, in diesen Ergänzungsband verschoben. Er hinterfragt noch einmal die offizielle christliche Lehre von der „Schöpfung aus dem Nichts" und sieht die Schöpfung eher als die Ekstase, als den Tanz, als das „Außer-sich-Sein" Gottes, wobei er mystische Intuitionen mit den Erkenntnissen der heutigen Astrophysik verbindet. Kurz: Während ich in dem vorliegenden Band das „Auf-den-Grund-Gehen" und das „Zu-Grunde-Gehen" beschreibe, versucht die folgende Studie eher zu klären, warum das Göttliche überhaupt zum Abenteuer der Schöpfung aufgebrochen ist.)

Für diejenigen, die mit Sanskrit-Ausdrücken – wie *Ananda, Maya, Shakti* **oder** *Satsang* – nicht so vertraut sind, bringt ein Glossar im Anhang die notwendigen Erklärungen.

Meiner lieben Frau Anna danke ich wie immer für ihren geduldigen „technischen Beistand" am Computer – der keineswegs immer so „rational" ist, wie man dies von westlicher Technik erwarten würde.

1.

GRUNDVERTRAUEN

*„Der Mensch kann nicht leben ohne ein dauerndes Vertrauen zu
etwas Unzerstörbarem in sich, wobei sowohl das Unzerstörbare als
auch das Vertrauen ihm dauernd verborgen bleiben können. Eine
der Ausdrucksmöglichkeiten dieses Verborgenbleibens ist der Glaube an einen persönlichen Gott."*

FRANZ KAFKA

Mit dem „Grund" ist es eine eigenartige Sache. Wir suchen oft hinter
vorgeschobenen Gründen den wahren Grund – nicht nur den „kau-
salen". Wir sagen ständig, „im Grunde" sei etwas (oder sogar *alles* !)
völlig egal oder unwichtig – und wissen meist nicht, dass wir diese
Redewendung aus der mittelalterlichen Mystik übernommen haben.
Wir wollen, wenn wir der Oberflächlichkeit des normalen Lebens
entkommen wollen, uns, der Welt oder gar Gott auf den Grund gehen. Und wenn wir wahre Realisten sein wollen, „gründen" wir eine
Existenz und tragen uns ins Grundbuch ein.

Allerdings: „zu Grunde" (oder zugrunde) gehen wollen wir nicht.
Denn das bedeutet unsere Vernichtung, unsere Auslöschung – und
dagegen wehrt sich jede Faser in uns, dagegen lehnt sich unsere ganze Existenz auf, davor haben wir – *Angst*.

Wie Petrus, als er übers Wasser schritt. Das heißt, zuerst war er ja
noch guten Mutes, ja, fast ein bisschen „high", als er aufgeregt dem
Herrn entgegenlief, aber als ihm dann die widrigen Winde immer mehr
ins Gesicht bliesen und Zweifel an seinem Herzen zu nagen begannen,
drohte er in den Fluten zu versinken und rief: „Herr, rette mich!"
Und Jesus streckte ihm die Hand entgegen, ergriff ihn und sagte: „Du
Kleingläubiger, warum hast du gezweifelt?" (Mt 14, 29-31).

Hat Petrus hier das Grundvertrauen, von dem Kafka spricht, verloren – das Vertrauen zu etwas Unzerstörbarem in uns, das uns in

jeder Sekunde unseres Lebens trägt? Anscheinend ja. Und zweifellos kommt auch vielen von uns ein solches Grundvertrauen recht häufig abhanden: wenn uns das Wasser fast bis zum Hals steht, wenn wieder einmal alles im Leben schief geht, wenn wir verzweifelt wie ein Hund mit den Pfoten herumpaddeln, um uns „über Wasser" zu halten, um unsere „Existenz" zu retten.

GOTTVERTRAUEN ODER GRUNDVERTRAUEN?

Aber, so wird nun wahrscheinlich ein gläubiger Christ einwenden: Für solche Notfälle gibt es ja, Gott sei Dank, Gott. Oder zumindest seinen Stellvertreter, der dem ertrinkenden Petrus die Hand entgegenstreckt. Genügt es nicht, zu diesem allmächtigen Gott, der uns immer wieder aus den Fluten rettet, Vertrauen zu haben?

Damit hier kein Missverständnis aufkommt: Ich möchte niemandem sein Gottvertrauen ausreden. Aber erstens gibt es heute zahllose Menschen, die dieses Vertrauen in einen allmächtigen, persönlichen Gott verloren haben – oder es nie hatten – und es auch sicherlich nicht durch eine noch so eloquente missionarische Betriebsamkeit zurückgewinnen werden. Und zweitens ist Gottvertrauen nicht zwangsläufig dasselbe wie Grundvertrauen. Kafka sagt sogar, dass der Glaube an einen persönlichen Gott zu jenen Formen des Verborgenseins zählt, in die sich das Vertrauen zu etwas Unzerstörbaren in uns „kleiden" kann.

Gottvertrauen heißt, um es sehr vereinfacht auszudrücken: Da ist eine allmächtige Vaterfigur, die mir jederzeit, wenn es brenzlig wird, aus der Patsche hilft – sei es bei einem Bergwerksunglück, bei einem Tsunami, bei einer Mathematikarbeit, in finanzieller Not oder auch bei der ganz großen Sinnkrise in der Pubertät, in der Midlife-Crisis oder spätestens auf dem Sterbebett. Wer sich mit einem solchen recht einfach gestrickten Glauben nicht begnügt und sein Vertrauen zu Gott auch nicht verliert, wenn die ersehnte Hilfe einmal ausbleibt, hat als Tief-Gläubiger zumindest so viel Vertrauen zu Gott, dass er sagt: Gott weiß schon, was gut und was nicht gut für mich ist, *ich* muss mir darüber keine Sorgen machen.

Grundvertrauen ist dagegen nicht an eine Person gebunden, auch an keine göttliche. Es ist zuerst einmal das ganz einfache Gefühl, vom Strom des Lebens *getragen* zu werden. Als der englische Benediktinerpater Bede Griffiths zum ersten Mal indischen Boden betrat, war er fasziniert von der natürlichen „Anmut" der Menschen dort, von dem Selbstverständnis, mit dem sie sich bewegten – einem Selbstverständnis, das sich aus einer unbewussten Quelle zu speisen schien. Dieselbe natürliche Anmut spüren wir wahrscheinlich, wenn wir das Dahinströmen Bach'scher oder Mozart'scher Musik hören, die auch aus einem verborgenen Zentrum hervorzuquellen scheint. Oder wenn wir die geschmeidigen Bewegungen unserer Hauskatze, die Stromschnellen in einem Fluss oder das Sich-Öffnen der Kirschblüten im Frühling beobachten. Wir fragen nicht nach dem *Sinn* dieser Bewegungen, dieser Vorgänge, dieser Musik – das alles scheint ohne ein „Warum" zu geschehen.

Dem Grundvertrauen nahe stehen *Selbstvertrauen* und *Zuversicht*. Allerdings sind sie gleichsam nur noch „Ableger" des Grundvertrauens. Die Wurzeln des Selbstvertrauens reichen zwar oft bis in die Wiege und den Mutterschoß zurück, doch es nährt sich auch aus unserer „Tüchtigkeit", aus unserer Fähigkeit, das Leben zu bewältigen, und kann in Krisenzeiten schnell beschädigt werden. Die Zuversicht wiederum ist zwar etwas robuster als ihre Schwester, die Hoffnung, doch auch sie ist trotz ihrer optimistischen Grundeinstellung nicht vor Enttäuschungen gefeit.

Das eigentliche Grundvertrauen bezieht sich auf jenes *Unzerstörbare*, von dem Kafka spricht, und kann, wenn es in einem wirklichen spirituellen Grund-Erlebnis „gründet", eigentlich nie enttäuscht werden. Es weiß ein für allemal: Da ist etwas Unzerstörbares und letztlich auch Ungeschaffenes in mir, das nicht einmal Gott vernichten kann – geschweige denn die kleinen, mittleren oder auch großen Katastrophen, die das Leben auf diesem Planeten Erde nun einmal mit sich bringt. Kein Kriegsausbruch, kein Börsenkrach, kein Meteorit kann dieses innere Zentrum, diesen unauslotbaren Grund in mir zerstören. (Und wenn wir diesen Grund mit dem höchsten „Selbst", dem *Atman* der Upanishaden, identifizieren, so fallen auf dieser höchsten Ebene – oder in dieser tiefsten Schicht – natürlich Grund- und Selbstvertrauen zusammen.)

MEISTER ECKHART: „ALS ICH NOCH IM GRUNDE DER GOTTHEIT STAND..."

Vor etwa siebenhundert Jahren machte der große deutsche Mystiker Meister Eckhart in einigen seiner Predigten die Unterscheidung zwischen „Gott" und der „Gottheit", zwischen dem persönlichen Schöpfergott also und dem überpersönlichen göttlichen „Grund". „Als ich noch im Grunde, im Boden, im Strom und Quell der Gottheit stand," sagt Eckhart, „da fragte mich niemand, wohin ich wollte oder was ich täte: da war niemand, der mich gefragt hätte. Als ich aber ausfloss, da sprachen alle Kreaturen ‚Gott'!... Und warum reden sie nicht von der Gottheit? Alles das, was in der Gottheit ist, das ist Eins, und *davon* kann man nicht reden. Gott wirkt, die Gottheit wirkt nicht, sie hat auch nichts zu wirken, in ihr ist kein Werk; sie hat nie nach einem Werk ausgelugt. Gott und Gottheit sind unterschieden durch Wirken und Nichtwirken."[1]

Uns würde diese „Gottheit" hier natürlich herzlich wenig interessieren, wenn es sich dabei nur um die Abstraktion eines theologischen Denkers, der sich in Paris als „Lesemeister" profilierte, handeln würde. Aber für Eckhart ist dieser „Grund" etwas höchst Wirkliches, er ist die Basis seiner Existenz, er ist das, wo hinein er sich fallen lassen kann, er ist das, worauf er absolut vertrauen kann – mehr noch als auf „Gott". Denn der persönliche Gott, so wie Eckhart ihn versteht, „wird und ent-wird", er steht bereits aus dem Grund heraus, er ist im „Draußen", in der Welt des „Zufalls", in der wir Gott nur „haben", anstatt Gott zu sein. Und dieses Gott-nur-Haben genügt dem Mystiker nicht, es macht ihn nicht selig, er muss immer wieder eintauchen in den Grund, in dem er und Gott eins sind – auch jetzt, im „ewigen *Nun*". „Hier ist Gottes Grund mein Grund und mein Grund Gottes Grund. Hier lebe ich aus meinem Eigenen, wie Gott aus seinem Eigenen lebt. Wer in diesen Grund je nur einen Augenblick lugte, dem Menschen sind tausend Mark roten, geprägten Goldes (so viel) wie ein falscher Heller"[2].

Ganz so abstrakt ist die Sache also nicht, denn ein solches „Grund-Erlebnis" könnte auch einem heutigen Arbeitslosen, der gerade seinen Job verloren hat, helfen. Es wird ihm wahrscheinlich nicht gleich einen neuen Arbeitsplatz beschaffen, es ist nicht, im Gegensatz zum „positiven Denken", zielgerichtet, es hat überhaupt wenig mit Aktivität und Wirksamkeit zu tun. Dafür könnte uns ein solches Grunderlebnis aber helfen, unabhängiger zu werden von äußeren Situationen, wir wären mehr in unserer Mitte, wir lebten mehr aus unserem „Grund", aus unserem „Sein" heraus – anstatt immer nur auf äußere Anforderungen und Reize zu *reagieren,* anstatt immer nur von einem Tag zum anderen zu „existieren", ob nun mit Sozialhilfe oder mit „tausend Mark roten, geprägten Goldes".

Doch leider werden in keiner Beratungsstelle des Arbeits- oder Sozialamts Eckharts Predigten als heiße Tipps angeboten. Wir werden auf Gleisen hin- und hergeschoben – oder auch abgeschoben; wir werden für neue Aufgaben „motiviert", man versucht uns wieder fit zu machen für das anstrengende Leben – oder gibt uns auf. Aber wer sagt uns, wer wir wirklich sind? Wer sagt uns, welcher Grund uns trägt? Selbst die Kirchen tun sich da schwer. Worüber sich der Mystiker Tauler bereits im Mittelalter beklagte, nämlich über eine ungeheure Grund-Vergessenheit des Abendlandes, das gilt heute noch um vieles mehr. Wir besuchen Grundschulen und allerlei Grundkurse – aber *diese* Grund-Schule, die uns über unser wahres Sein aufklärt, suchen wir meistens vergebens.

Der Grund dafür, warum wir nach einem unzerstörbaren Grund suchen, auf den absolut Verlass ist, liegt auf der Hand: Wir erfahren uns tagtäglich als vergängliche, sterbliche Wesen. Sollten wir es tagsüber vergessen haben, klärt uns spätestens die „Tagesschau" um 20 Uhr durch ihre Berichte über Attentate, Naturkatastrophen oder auch ganz normale Sterbefälle darüber auf. Die „Selbstverständlichkeit", mit der wir leben, hat ihre Grenzen, und die Irritation wächst mit zunehmendem Alter. Im Unterschied zu den Tieren sind wir uns unserer Vergänglichkeit bewusst. Und die weiter oben erwähnte „Anmut" des Lebens ist nicht so durchdringend – vor allem in der westlichen

Hälfte des Globus nicht -, dass sich die Frage nach dem Warum nicht doch hin und wieder stellte. Dass wir nicht immer daran denken, dass wir nicht in jeder Sekunde nach dem Sinn unseres Lebens fragen oder uns unserer Sterblichkeit bewusst sind, hat zwei Gründe: erstens unsere grenzenlose Oberflächlichkeit, die uns oft eine Art „ewiges Leben" vorgaukelt, und zweitens unser tiefes Wissen um unsere wahre Unzerstörbarkeit – ein Wissen, das oft so tief ist, dass es uns, wie Kafka sagt, verborgen bleibt.

Natürlich handelt es sich nicht um physische Unzerstörbarkeit. Wer sich für den Grund, für unser wahres Sein interessiert, den faszinieren alle Versuche, das individuelle Leben auch in physischer Hinsicht „ewig" zu verlängern – wie es etwa den kalifornischen „Transhumanisten" vorschwebt –, nicht besonders. Er will die wahre Ewigkeit schmecken, das „ewige Nun", das nur im Jetzt erfahrbar ist. Er erkennt, dass nicht nur der Körper vergänglich ist, sondern auch das, was wir unsere geistige Ausstattung nennen. Unsere Gefühle, unsere Gedanken verändern sich und sterben, nicht erst im Tod, sondern Tag für Tag. Wir gehen alle zugrunde: menschliche Individuen, Tiergattungen, Hochkulturen, Planeten, Galaxien, ganze Universen.

Die Frage ist, ob es ein Zu-Grunde-Gehen gibt, das uns nicht auslöscht, sondern uns unsere wahre Unzerstörbarkeit offenbart. Und mit Unzerstörbarkeit meine ich hier nicht so sehr die Unsterblichkeit einer individuellen Seele, die nach christlicher Lehre „geschaffen" wurde, dann aber für „ewig" verlängert wird. Eine solche Ewigkeit ist eigentlich nur eine ins Unendliche verlängerte Zeit. Wirklich unzerstörbar ist nur das, was nie entstanden ist. Buddha, der wie kein anderer die Vergänglichkeit und den leidhaften Charakter der Welt betonte, sagte: „Es gibt, ihr Mönche, ein Ungeborenes, Nichtgewordenes, Nichtgeschaffenes, Unzusammengesetztes, und gäbe es dieses Ungeborene… nicht, so könnte kein Ausweg gezeigt werden für das, was geboren wurde."[3]

Buddha hütete sich, dieses Unentstandene und Nichtgeschaffene positiv zu definieren, aber was ist es anderes als jener „Grund" Meister Eckharts? „Es gibt etwas, das über dem geschaffenen Sein der Seele ist", sagte dieser, „und an das kein Geschaffensein, das (ja) nichts ist, rührt… Es ist göttlicher Art verwandt, es ist in sich selbst eins, es hat mit nichts etwas gemein. Hierüber kommen manche Pfaffen zum Hinken. Es ist eine Fremde und eine Wüste und ist mehr namenlos, als dass es einen Namen habe, und ist mehr unerkannt, als dass es erkannt wäre. Könntest du dich selbst vernichten nur für einen Augenblick, ja, ich sage, selbst für kürzer als einen Augenblick, so wäre dir alles das eigen, was es in sich selbst ist.“[4]

ECKHART SCHICKT UNS IN DIE WÜSTE

Hier wird wahrscheinlich deutlich, warum sich die Popularität dieser „Grund“-Lehre von Eckhart bis heute in Grenzen hält. Gegen das Grundvertrauen hätten wir ja nichts einzuwenden, aber welcher Trainer oder Sozialberater sagt schon gern zu einem hochbezahlten Manager oder zu einem Arbeitslosen, er solle „sich“ vernichten, er solle zu Grunde gehen? Wir wollen die Menschen doch „aufbauen“ – Eckhart dagegen baut radikal ab. Statt uns positive Visionen für die Zukunft oder wenigstens ein kuscheliges Wellness-Gefühl zu schenken, schickt er uns zuerst einmal in die Fremde, in die Wüste, in die „Armut im Geiste“, in der uns nichts bleibt als unser nacktes Sein.

Leider oder Gott sei Dank steht Eckhart mit seiner Radikalität jedoch nicht allein da. Nicht nur östliche Zen-Meister oder Sat-Sang-Lehrer rücken dem menschlichen Ego da gehörig zu Leibe. „Der echte philosophische Akt ist Selbsttötung“, schrieb der romantische Dichter Novalis, und der bereits zitierte Franz Kafka schrieb in sein Tagebuch: „Erkenne dich selbst bedeutet (…): Zerstöre dich! Also etwas Böses – und nur, wenn man sich tief hinabbeugt, hört man auch sein Gutes, welches lautet: ,Um dich zu dem zu machen, der du bist.‘“[5]

Es geht also nicht so sehr darum, dass uns jemand *hilft*, dass uns jemand die Hand entgegenstreckt, dass uns jemand aus dieser oder jener Situation *rettet*. Es geht darum, dass wir unsere wahre Natur erkennen. Petrus scheint daran nicht besonders interessiert gewesen zu sein, als er Jesus die Arme entgegenstreckte; er wollte über Wasser gehalten werden. Ein strenger Zen-Meister oder ein Mystiker vom Schlage eines Meister Eckhart hätte zu Petrus vielleicht gesagt: „Ich denke gar nicht daran, dich zu retten. Geh' ruhig zu Grunde – damit du endlich den Grund findest, der dich trägt. Erst dann wirst du die wahre Geborgenheit finden – wenn du dich radikal fallen lässt, ohne zu wissen, wohin du fällst, wenn du auf alle Krücken und Haltetaue verzichtest, selbst auf Gott. – und alle seine Stellvertreter!"

Sie mögen nun fragen: „Ist das nicht zynisch? Soll ich jemandem, der sich in Schmerzen windet oder der Todesängste aussteht, sagen, er soll getrost zu Grunde gehen?"

Wenn „ich" als Person einem solchen Menschen, der nach Hilfe verlangt, das sage, dann ist das zynisch und arrogant. Nur der Grund selber kann das sagen – bzw. sein „Vertreter", der uns etwa in Gestalt eines spirituellen Lehrers begegnet. Und dieser weiß wahrscheinlich besser als wir, wann es nur darum geht, eine Not zu lindern und eine Situation zu „überstehen" – und wann mit dem großen Zen-Stock drauf geschlagen werden soll. Jesus half Petrus aus einer brenzligen Situation heraus, er zog ihn aus dem Wasser – und hatte anscheinend keine Lust, seinem kleingläubigen Jünger einen Vortrag über letzte Grundfragen zu halten. Doch als derselbe Jesus am Kreuz hing, als der große göttliche Helfer selber hilflos war und rief: „Mein Gott, mein Gott, warum hast du mich verlassen?" – ist ihm da Gott etwa zu Hilfe geeilt? Hat sich da sein Vater, zu dem Jesus ein solches Vertrauen und eine solche starke innere Beziehung hatte, nicht auch als harter Zen-Meister erwiesen? Und musste der göttliche Retter, der so vielen Menschen geholfen hatte, nicht selber lernen, was es heißt, zu Grunde zu gehen, um in eben diesem letzten Grund mit Gott eins zu werden?

KANN GRUNDVERTRAUEN „AUFGEBAUT" WERDEN?

So wirklich der Grund jedoch auch für einen Vollblutmystiker wie Eckhart gewesen sein mag, so wird sich das Vertrauen der meisten Menschen zuerst einmal auf Konkreteres gründen: auf die Geborgenheit im Mutterschoß, auf die Liebe der Eltern, auf Freundschaften, auf eine solide Lebenspartnerschaft, auf die Firma, auf unser Sozialsystem oder eine kirchliche Einrichtung – kurz, auf den Rahmen, den uns das Leben bereitstellt, von der Wiege über die Ehe und den Sportverein bis hin zu einem verlässlichen Beerdigungsinstitut. Zum Grund, von dem Eckhart spricht, haben wir keinen Bezug und keine Beziehung – aus dem einfachen Grund, weil Beziehung immer eine Dualität voraussetzt. Und Dualität bedeutet, dass über die ursprüngliche nackte Einheit ein „Bezug" gelegt wurde, eine vermittelnde – und zugleich trennende – Schicht. Wir können zu unserem Chef, zu unserer Frau bzw. unserem Mann oder auch zu Gott eine Beziehung haben, aber nicht zum Grund. Zum Grund haben wir keine Beziehung, auch keinen Bezug, weil wir der Grund sind. Wir können dies zuerst nur in der Tiefe der Meditation erfahren, doch dann durchdringt uns dieses Bewusstsein auch im normalen Alltag, in jeder Sekunde unseres Lebens – wie eine Grundmelodie, wie ein Grundstrom, der uns trägt.

Das Vertrauen, das wir zu gewissen konkreten Mosaiksteinen des Lebens haben, hat einen großen Nachteil: Es muss im Einzelnen erst *aufgebaut* werden: im Mutterleib, im Kindergarten, am Arbeitsplatz, in der Partnerschaft, in einer Therapiesitzung. Und dieses Netzwerk gaukelt uns dann ein gewisses Urvertrauen vor. Aber es ist in der Zeit entstanden – und kann jederzeit wieder zerreißen.

„Vertrauen ist ein psychologisches Konstrukt und ein zerbrechliches dazu", schrieb Sonja Zekri in der SZ (2. Jan. 04) „Es kann erschüttert, sogar zerstört werden. Nicht einmal die letzte Gewissheit ist davon ausgenommen, jene nämlich, dass diese Welt uns nicht nach dem Leben trachtet." Und sie zitiert den Autor Jean Amery, der seinem Leben bewusst ein Ende setzte, als Kronzeugen. „Amery hat diesen Verlust des Urvertrauens erlitten und ihn als endgültige, nicht wieder aufzuhebende Unbehaustheit beschrieben, als ein Nicht-mehr-heimisch-Werden: ‚Die Hautoberfläche schließt mich ab gegen die fremde Welt: auf ihr darf ich, wenn ich Vertrauen haben soll, nur zu spüren bekommen, was ich spüren will. Mit dem ersten Schlag aber bricht dieses Weltvertrauen zusammen.'"

Unzählige Menschen haben dieses „Weltvertrauen" verloren, im Gefängnis oder im KZ, in einer privaten Ehekrise, im Umgang mit „kafkaesken" Behörden oder in einer globalen Katastrophe. Aus eben diesem Grund setzen spirituelle Meister wie Jesus, Buddha oder Eckhart kein Vertrauen in die „Welt", sondern empfehlen uns, diese Welt erst einmal zu verlassen. Sie haben keine Angst vor der Unbehaustheit, vor der „Hauslosigkeit", – ja, sie suchen sie geradezu – nicht aber, um sie zu zementieren, um sie als „unaufhebbar" zu erleben und zu beschreiben und sich dann womöglich durch Suizid von dieser Welt

zu verabschieden, sondern um sie zu transzendieren und im „Grund"
ihre wahre Heimat zu finden.

Wer diese wahre, nicht mehr aufhebbare Heimat gefunden hat,
kann das zeitlich entstandene Netzwerk irdischen Vertrauens natürlich auch als etwas Positives sehen: als Manifestationen dieses Urvertrauens, als relative Hinweise auf das absolute Grundvertrauen – wobei manche dieser Splitter dem Urvertrauen sicherlich näherkommen
als andere. Das Gefühl der Geborgenheit, das uns buchstäblich in
die „Wiege" gelegt wird, vor allem durch das Gestillt- und Umsorgt-
werden durch die Mutter, kommt dem Urvertrauen gewiss näher als
das Vertrauen, das wir in unseren Arbeitgeber oder in unsere Bank
setzen. Die heutige Wirtschaftssituation lässt kein großes Urvertrau-
en mehr aufkommen. Da geht es vor allem um Leistung, um Flexibilität, um ständige Weiterbildung, um ein Sichbehaupten. Und in
den wenigen Pausen zwischen diesen Stress-Situationen werden sich
die wenigsten von uns auf dem Meditationskissen in den göttlichen
„Grund" fallen lassen, sondern die meisten brauchen gewisse „Absacker", um sich zu entspannen.

ABSACKEN IN DEN GRUND

Doch wenn wir uns abends mit einem Glas Rotwein oder Bier vor
den Fernseher setzen, sacken wir leider nur ein wenig ab, während
das Absacken in den Grund radikal ist. Da liefern wir uns – wenn
wir bereit sind für diese spirituellen Abenteuer – vollständig aus, wir
geben uns hin, wir lassen uns wie ein Boxer auszählen, wir werden
buchstäblich „zunichte". Hätte Petrus diesen Mut zur Vernichtung
gehabt, hätte er Jesus nicht gebeten, ihn zu retten, sondern ihn vollständig und absolut absacken zu lassen.

Wenn wir gewöhnlich absacken, indem wir ein Gläschen trinken
oder uns in die flimmernde Kinoleinwand verlieren, sind wir hinterher kaum erfrischt. Wir können von Glück reden, dass uns die Natur
dazu zwingt, jede Nacht für ein paar Stunden „abzusacken" und so
wenigstens im Schlaf etwas Erfrischung zu finden. Doch die Erfrischung und Erneuerung, die wir aus dem Grund erfahren, ist um ein
Vielfaches stärker als diejenige, die wir durch den Schlaf erfahren,
denn auch der Schlaf ist noch ein Schleier, der unsere wahre Natur

verbirgt. Wir sind ihr im Tiefschlaf zwar sehr nah, weil wir kein Zeit- und Raumgefühl mehr haben, weil wir die Welt der Dualität hinter uns gelassen haben, weil wir uns nicht mehr an der Welt „reiben", aber leider oder Gott sei Dank hat noch niemand im Tiefschlaf seine wahre Natur verwirklicht. Wir müssen aufwachen – um uns aus dem Wachzustand heraus in noch tiefere Schichten zu begeben –, obschon man den „Grund" genau genommen nicht als eine „Schicht" bezeichnen kann. Er ist ganz schlicht die Wirklichkeit – das, was ewig ist.

DAS LEBEN BIETET UNS SO VIELE ERSATZ-GRÜNDE AN

Die Frage ist nur, ob wir den Grund wirklich verwirklichen wollen. Das Leben bietet uns so viele Ablenkungen, Zerstreuungen und Ersatz-Gründe an. Wenn Kafka sagt, dass uns das Vertrauen zu etwas Unzerstörbarem in uns dauernd verborgen bleiben kann, so kann das einerseits heißen, dass es so tief in uns sitzt und uns so selbstverständlich ist, dass wir uns seiner gar nicht bewusst sind. Wir „brauchen" es sozusagen gar nicht, weil es unsere Natur ist. Es kann aber auch bedeuten, dass uns das Grundvertrauen durch viele Ersatz-Gründe verborgen bleibt, so dass wir in der Illusion leben, auch ganz gut ohne einen mystischen Grund auskommen zu können. Wir fühlen uns, zumindest wenn wir etwas simple Naturen sind, doch auch ohne ihn daheim und geborgen: in der Familie, in der Natur, in der Mutter Kirche, in der Stammkneipe oder im Fitness-Club. Wir fühlen uns „eingemeindet" in der Welt – selbst noch bei unserer Beerdigung, wenn die ganze Gemeinde hinter unserem Sarg herläuft. (Dass dieses Gefühl der „Eingemeindung" in der heutigen modernen Gesellschaft, insbesondere in der „Anonymität" der Großstadt, immer mehr abnimmt, brauche ich wohl nicht besonders zu erwähnen. Aber auch und gerade das moderne Leben kennt seine Surrogate und Ersatzgründe!)

Was hat uns dagegen der Grund zu bieten? Nichts. Er hat keinen Namen und keine Gestalt, er scheint auch kein großes Interesse daran zu haben, für sich Reklame zu machen. Er steht in keinem Parteiprogramm. Er ist ganz einfach. Und selbst dieses Sein wird ihm manchmal von den Mystikern abgesprochen, zumindest wenn man Sein als bloßes „Seiendes" versteht.

Er hat nur einen großen Vorteil: Er verändert sich nicht. Die Gemeinde, in die wir uns eingemeindet fühlen, kann zerbombt oder durch zahllose Neubauten völlig verschandelt werden. Die Firma, in der wir uns zu Hause fühlen, kann Pleite gehen oder ihre Arbeitsplätze ins Ausland verlagern. Der Lebenspartner kann an Lungenkrebs sterben oder sich in eine andere Frau verlieben. Und der Schrebergarten, in dem wir uns am Wochenende regenerieren, muss vielleicht einem neuen Bauprojekt weichen. Selbst die scheinbar so „ewige" Natur offenbart uns wieder und wieder, wie anfällig und verletzbar sie ist. Der legendäre Schnee am Kilimandscharo wird höchstwahrscheinlich schon in ein paar Jahrzehnten verschwunden sein. Kurz, auf nichts ist im Grunde Verlass in dieser Welt, weshalb wir sie erst einmal „verlassen" müssen, um den Grund überhaupt zu finden.

Doch wenn wir den Grund gefunden haben, wenn wir wirklich „zu Grunde" gegangen sind, dann brauchen wir all die relativen Ersatz-Gründe nicht zu verteufeln, wir können sie sogar zum Teil genießen. Nur: Wir klammern uns nicht mehr an sie, wir definieren uns nicht über sie, wir saugen nicht unsere Identität aus ihnen. Die Welt bricht nicht mehr für uns zusammen, wenn einer dieser Ersatz-Gründe zusammengebrochen ist – aus dem einfachen Grund, weil die vertraute Welt in unserem Grund-Erlebnis eh zusammengebrochen ist. Wir leben aus der Urquelle, aus dem Grund – und lassen uns und die Welt aus diesem Grund in jedem Augenblick neu erstehen. Wir müssen uns nicht behaupten, wir müssen uns nicht mehr mühsam über Wasser halten, von Tag zu Tag, sondern bekommen zum ersten Mal ein Gespür dafür, was „Leben" heißt, was „Sein" bedeutet. Der Grund mag, negativ betrachtet, eine Wüste und Einöde sein, aber aus dieser Wüste erblüht das Wunder des Lebens, aus dem scheinbaren Nichts wird die Fülle erfahrbar, aus dem völligen Sich-Fallen-Lassen in den Grund quillt die Freude des Seins – grund-los.

GRUNDVERTRAUEN UND ZUVERSICHT

Es wird hier auch deutlich – wie wir bereits andeuteten -, dass eigentliches Grundvertrauen nicht dasselbe ist wie Zuversicht. Wenn in der heutigen schwierigen Wirtschaftssituation der Mangel an allgemeinem Vertrauen beklagt wird, so ist damit fast immer der Mangel an Vertrauen in die Zukunft gemeint. „Ohne Grundvertrauen lässt sich das neue Jahr nicht meistern", hieß der Untertitel des bereits zitierten Artikels von Sonja Zekri. Pünktlich zu jedem Jahresende wird errechnet, wie sehr das Vertrauen der Bevölkerung in den Sozialstaat und die Altersvorsorge gesunken ist. Und die Hoffnung, die man auf den neuen Wirtschaftsaufschwung setzt – wie lange trägt sie wirklich? Man hat Angst vor neuen amerikanischen – oder auch iranischen – Abenteuern, vor der Osterweiterung, vor dem Terrorismus, vor dem sozialen Umbau, vor den Problemen, die eine ständige Vergreisung der Gesellschaft mit sich bringt.

Grundvertrauen ist von nichts abhängig, es ist eben kein psychologisches – und schon gar kein politisches – Konstrukt, das jederzeit wieder erschüttert oder gar zerstört werden kann. Auch wenn die Zuversicht etwas robuster ist als die Hoffnung, so ist sie doch auf gewisse Bedingungen angewiesen, und diese können sich schnell als Illusion herausstellen, egal, ob es sich nun um die baldige Wiederkunft des Messias oder die Erfolgsformeln der New Economy handelt. Selbst der unverwüstlichste amerikanische Optimismus oder die verbissenste kommunistische Hoffnung ist unauflösbar mit der Möglichkeit des Scheiterns verbunden, und der eigentümliche Glanz, den die Zuversicht in die Augen der Menschen zaubert, kann jederzeit wieder verblassen. (Und wenn er nicht verblasst, wie bei vielen Fanatikern, die wider jede Vernunft an ihre „Vision" glauben, so ist dies noch kein absolutes Gütesiegel.)

Wenn aber die Zukunft als großer Sinnstifter ausfällt – wie es nach dem Zusammenbruch der linken Ideologien fast überall der Fall ist –, sind wir geradezu zu einer meditativen Verschnaufpause gezwungen – wenn wir nicht in eine bloße Spaß- und Eventgesellschaft absinken wollen. Eine solide spirituelle Grunderfahrung erstickt die Zuversicht und das Selbstvertrauen keineswegs, sondern gibt ihnen erst den Humusboden, aus dem heraus sie aufblühen können – ohne von nun an von äußeren Bedingungen allzu sehr abhängig zu sein. Der Glanz, den das Wissen um den Grund in die Augen der Sehenden zaubert, ist beständiger als der bloße Schimmer der Hoffnung und Zuversicht, doch diese können durchaus als dynamischer Ausdruck dieses Grund-Wissens fungieren, gleichsam als sein „Spiel", sein Funkeln – als der *Über*-Mut des Mutes, „zu Grunde" zu gehen.

2.
HAT GOTT UNS AUS DEM NICHTS ERSCHAFFEN?

„Nur auf dem Hintergrund der Angst ist Gott dem Menschen we-
sentlich, und nur in der Überwindung der Angst versteht man, was
der Glaube ist. Denn es gibt nur einen Punkt, an dem die Schöpfung
mit ihrem Schöpfer unmittelbar zusammenhängt, und dieser Punkt
ist das Nichts, aus dem Gott die Kreatur hervorgerufen hat.“

EUGEN DREWERMANN, STRUKTUREN DES BÖSEN

Auch Christen üben sich heute im Grundvertrauen – etwa in Gruppen, in denen man lernt, sich „fallen“ zu lassen; oder auf einem harten Zen-Kissen, um sich zu „erden“, um die eigene Mitte zu finden,
um sich auf den Grund zu gehen. Doch wenn ein solcher Christ daran
geht, für ein solches praktiziertes Grundvertrauen in seiner eigenen
kirchlichen Tradition so etwas wie einen metaphysischen Über- oder
Unterbau zu suchen, wird er eine schreckliche Entdeckung machen:
Es gibt dort keinen Grund, der ihn trägt. Es gibt keine eigentliche
Basis für seine Existenz. Er bringt von „zu Hause“ buchstäblich
„nichts“ mit – aus dem einfachen Grund, weil Gott ihn aus eben diesem „Nichts“ geschaffen hat – *ex nihilo*, wie es so schön heißt. Es gibt
nur die ausgestreckte Schöpferhand Gottes, die den Versinkenden aus
dem Nichts zieht – aber keinen Grund, der unser „eigen“ wäre und in
den wir uns fallen lassen könnten, um uns in ihm zu „entspannen“.
Würde Gott seine mächtige Schöpferhand wieder zurückziehen, würden wir augenblicklich wieder in dem Nichts versinken, aus dem er
uns hervorgerufen hat. Denn Gott hätte die Schöpfung auch nicht erschaffen können, wir haben absolut kein Anrecht auf unser Da-Sein,
wir haben es nur der unendlichen Gnade und Güte Gottes zu verdanken, dass wir überhaupt existieren.

Nur durch die neuplatonische Hintertür hat sich der „Grund“ ins
Christentum einschleichen können und ist dort zum Beispiel in der

Mystik Meister Eckharts und Taulers fruchtbar geworden. Dass er in der Amtskirche nicht populär wurde, hat einen einfachen Grund: Die Kirche bietet sich selber als mütterlichen Grund an, in dem sich der Gläubige eingebettet weiß; sie ergänzt somit den Arm des starken Vatergottes, der den Gläubigen von „oben" her trägt und ihn über dem Nichts hält. Ein göttlicher Grund, der diesen persönlichen Schöpfergott noch transzendiert und zu dem jeder Gläubige einen direkten Zugang hat, ohne priesterliche Vermittlung, kann nicht im Sinne einer Kirche sein, die den Menschen gern in Abhängigkeit hält. Ihr ist ein Petrus, der sich aus den Fluten retten lässt, lieber als ein Buddha, der in seiner eigenen Mitte ruht, oder als ein Mystiker wie Eckhart, der sagt: „In meiner (ewigen) Geburt wurden alle Dinge geboren und ich war Ursache meiner selbst und aller Dinge; und hätte ich gewollt, so wäre weder ich noch wären alle Dinge; wäre aber ich nicht, so wäre auch ‚Gott' nicht: dass Gott ‚Gott' ist, dafür bin ich die Ursache; wäre ich nicht, so wäre Gott nicht ‚Gott'. Dies zu wissen ist nicht not."[1]

DIE HEIMATLOSIGKEIT DES CHRISTEN

Das oben angeführte Zitat von Drewermann beweist jedoch, dass sich nicht nur die Amtskirche mit dem „Grund" schwer tut, sondern dass sich auch eine Theologie, die sich noch stark von der existenziellen Hochspannung eines Kierkegaard inspiriert fühlt, nicht so gern im Grund entspannt, sondern die Spannung zwischen Schöpfer und Geschöpf eher noch verstärkt. Die Worte Drewermanns – die er heute wahrscheinlich nicht mehr so formulieren würde – besagen ja, dass es nur ein einziges Bindeglied zwischen Gott und Schöpfung gibt, nämlich das Nichts. Also gar keines. Und das Resultat dieses Dilemmas ist die Angst als Grundausstattung des Menschen – eine Angst, die dem Menschen bereits im Paradies zum Verhängnis wurde, wie Drewermann in seinem breit angelegten Frühwerk „Strukturen des Bösen" ausführt.

Eigenartigerweise wundert sich der Theologe jedoch über das „neurotische" Verhalten dieser Menschen, ja, macht es ihnen sogar zum Vorwurf. Doch was soll man von Geschöpfen erwarten, die dauernd von unten her vom Nichts bedroht sind, aus dem Gott sie geschaffen hat? Sind sie nicht von vorneherein zur Neurose gezwungen? Und ist es ein Wunder, dass sie sich in Ersatz-Gründe flüchten – ja, in ihrer Verzweiflung sogar versuchen, so wie Gott zu werden? Da sie keinen eigenen Seinsgrund haben, in dem sie sich entspannen könnten, bietet ihnen die Theologie nur diesen Ausweg an: sich glaubend den starken Armen des Schöpfergottes anzuvertrauen, um sich retten zu lassen. Nicht Liebe, nicht Freude, nicht ein Grundvertrauen treibt sie in die Arme Gottes, sondern die Angst – und das Gefühl absoluter Abhängigkeit.

„Nur wenn der Gott des Theismus transzendiert wird, können der Zweifel und die Angst vor der Sinnlosigkeit in den Mut zum Sein hineingenommen werden"[2], schrieb der protestantische Theologe Paul Tillich in seinem berühmten Buch „Der Mut zum Sein". Er forderte den „Gott über Gott", also praktisch die „Gottheit" Eckharts, um den Verlegenheiten eines allzu person-bezogenen Theismus zu entkommen – ohne dann jedoch die Kehre zur reinen Mystik ganz zu schaffen.

ECKHART UND DIE LEHRE VON DER „SCHÖPFUNG AUS NICHTS"

Allerdings könnte man die Frage stellen, warum man sich über die traditionelle christliche Schöpfungslehre – „Creatio ex nihilo" – erregt, wenn es doch bei der „Grund"-Lehre Eckharts auch darum geht, „zu-nichte" zu werden. Ja, Eckhart hat anscheinend die Lehre von der „Schöpfung aus dem Nichts" sogar akzeptiert – und zwar radikaler, als die Kirche es je tat. „Alle Kreaturen sind ein reines Nichts", sagte er. „Ich sage nicht, dass sie geringwertig oder überhaupt etwas seien: sie sind ein reines Nichts. Was kein Sein hat, das ist nichts. Alle Kreaturen (nun) haben kein Sein, denn ihr Sein hängt an der Gegenwart Gottes. Kehrte sich Gott nur einen Augenblick von allen Kreaturen ab, so würden sie zunichte. Ich habe mitunter gesagt, und es ist auch wahr: Wer die ganze Welt zu Gott hinzunähme, der hätte nicht mehr, als wenn er Gott allein hätte."[3]

Worin besteht nun der Unterschied zwischen Eckharts Lehre und der kirchlichen? Die Kirche möchte den Menschen in seinem schwachen kreatürlichen Zustand festhalten, irgendwo zwischen Sein und Nichts. Dieser Zustand mag durch die Gnade etwas transformiert und „aufgeputzt" werden, aber an dem grundsätzlichen Unterschied zwischen Gott und Geschöpf ändert sich dadurch nichts. Die Kirche würde den Menschen nie ermutigen, sich ins Nichts zu stürzen, da sie weiß, dass dabei „nichts" herauskäme, dass er dadurch im Nichts zerschellen würde. (Allerdings gesteht sie ihm nicht einmal einen solchen „Selbstmord" zu, da er ja als Kreatur ein absoluter „Besitz" Gottes ist.)

Eckhart dagegen fordert uns geradezu auf, ewig „vom Etwas zum Nichts zu versinken". Er scheint guten Mutes zu sein, dass wir dabei zwar etwas von unserer Kreatürlichkeit verlieren, dafür aber unsere Göttlichkeit gewinnen. Solange wir noch „etwas" sind, solange wir noch aus dem göttlichen Sein heraussstehen, können wir nie mit Gott eins werden. Deshalb sagt Eckhart: „Geh völlig aus dir heraus um Gottes willen, so geht Gott völlig aus sich selbst heraus um deinetwillen. Wenn diese beiden herausgehen, so ist das, was da bleibt, ein einfaltiges Eins."[4]

Ein eigenartiges Tauschgeschäft! Eckhart geht es keineswegs nur darum, dass sich der Mensch vor Gott erniedrigt, dass er sich „nichtet", um Gott die größere Ehre zu geben, sondern er geht davon aus, dass auch Gott beiseite tritt, wenn wir auf unsere Eigenständigkeit verzichten – damit sich der gemeinsame Grund offenbaren kann.

Würde ich im Rahmen der kirchlichen Lehre ganz aus mir „heraustreten", so würde ich nicht im göttlichen Grund, sondern im Nichts landen. Ein völliges „Beiseitetreten" gibt es hier nicht, weder im Falle Gottes noch der Geschöpfe: Beide bleiben gleichsam auf ewig zur Dualität verdammt.

Allerdings sind Eckharts Ausführungen hier auch etwas irreführend, so, wenn er sagt: „Kehrte sich Gott nur einen Augenblick von allen Kreaturen ab, so würden sie zunichte." Er erweckt den Eindruck, dass dann nur „Gott" als Schöpfer übrig bliebe, wie in der traditionellen kirchlichen Lehre. Gott als Schöpfer ist ohne die Schöpfung jedoch nicht vorstellbar, er hängt von ihr ab, wie sie von ihm abhängt. „Wäre ich nicht, so wäre Gott nicht ‚Gott'", sagt Eckhart ja mit Nachdruck. Würde Gott sich von seinen Geschöpfen abwenden, so bliebe er nicht in einer Art „splendid isolation" allein, sondern würde als Schöpfergott, der „wird und ent-wird", auch zunichte – und verschwände wie diese im Grund.

So sehr die kirchliche Schöpfungslehre und Eckharts Auffassung sich also an der Oberfläche durch das gemeinsame Konzept der „Creatio ex nihilo" auch ähneln mögen, so besteht doch dieser grundsätzliche Unterschied: Nach Eckharts Lehre komme ich aus dem göttlichen Grund, in dem ich mit Gott eins bin, und kehre wieder in diesen Grund zurück – ja, ich bin tagtäglich in diesem Grund, im „ewigen Nun". Nach der kirchlichen Auffassung müsste ich dagegen auf die Frage nach meinem Ursprung antworten: Ich habe meine Existenz der Willensregung eines allmächtigen Vatergottes zu verdanken, der mich gnädigerweise aus dem „Nichts" geschaffen hat, in das er mich ebenso gut wieder zurückfallen lassen könnte – kein Gericht könnte ihn deshalb verklagen. Im ersten Fall ist meine Existenz gegründet im göttlichen Grund, der auch „mein" Grund ist. Im zweiten Fall gründet sie im Nichts – und in einem gewissen Willkürakt, der auch hätte ausbleiben können.

„WAS ALLEN KREATUREN ZUWIDER IST UND UNLUST SCHAFFT, DAS IST DAS NICHTS" (ECKHART)

Eine gewisse Schwierigkeit bereitet hier das Wort „Nichts", ob nun groß- oder kleingeschrieben. Da der unpersönliche göttliche Grund keine Namen und keine Formen hat, gleicht er auch einem „Nichts", einer Leere. Und da wir „zunichte" werden müssen, um mit dieser Leere eins zu werden, scheint zwischen dem „normalen" Nichts und dieser mystischen Leere eine Korrespondenz zu bestehen – so wie im Buddhismus zwischen der negativen Substanzlosigkeit der Wesen und der „Sunyata", der Leerheit, die hier fast den Platz des Absoluten einnimmt.

Wichtig ist nun hier, dass Eckhart das kreatürliche Nichts keineswegs verherrlicht, sondern als das Negative schlechthin ansieht, als den absoluten Mangel. „Denn das Nichts ist Mangel und befleckt die Seele"[5] –„Was allen Kreaturen zuwider ist und Unlust schafft, das ist das Nichts".[6] Deshalb sagt Eckhart: „Unser ganzes Leben sollte ein Sein sein".[7] Alles Reden vom Zunichtewerden, von der Leere und Wüste, von der „Armut im Geiste" sollte also nicht darüber hinwegtäuschen, dass das eigentliche Ziel Eckharts die Befreiung zum Sein und ein Leben in Fülle ist.

Weil Eckhart aus seiner eigenen Grunderfahrung heraus dieses Ziel, diese „Erfüllung", immer klar vor Augen hat, kann er sich leisten, dem Menschen einiges abzuverlangen. Er weiß: Wir müssen die Schale zerbrechen, um zum wahren Kern zu gelangen. Die kreatürliche Vielfalt der Welt offenbart sich erst als göttliche Fülle, wenn wir sie in der Einheit des Grundes aufgelöst haben und dann „zurückkehren". Eckhart ist kein plumper Pantheist. Sein Gott sagt nicht: Ich bin das Holz. Sondern er sagt wie der Jesus des Thomas-Evangeliums: „Spalte das Holz – und ich bin da!"

„ICH BIN DAS, WAS ICH AUS MIR MACHE"

Man mag die kirchliche Lehre von der „Schöpfung aus dem Nichts" und die Diskussion darüber für akademisches Theologengeschwätz halten, aber es stellt sich doch die Frage, ob das Gottes- und Menschenbild, das in dieser Lehre ausgedrückt ist, unsere abendländische Geschichte nicht doch sehr geprägt hat. Wer aus dem Nichts geschaffen ist, muss aus sich „etwas" machen – er muss sich ständig beweisen, dass er existiert. Er muss sich bewähren, er muss sich der Liebe Gottes und auch seiner Eltern – als dessen „Stellvertretern" – vergewissern. Die christliche „Creatio ex nihilo"-Lehre ist gar nicht so weit von Sartres Existentialismus entfernt, der uns sagt, dass wir uns erst erschaffen müssen – dass wir nur das sind, was wir aus uns „machen". Und die Verbindung zu unserer westlich-kapitalistischen Leistungsgesellschaft ist wohl auch unübersehbar. Wenn Tauler von uns westlichen Menschen als „aufgescheuchten Hühnern" sprach, so meinte er natürlich zuerst einmal eine gewisse „Betriebsamkeit" der Christen – selbst während der heiligen Messe! –, die sie nicht zu jener Ruhe kommen lässt, die nun einmal zu einer Grunderfahrung nötig ist. Doch er würde heute auch unsere ganze Leistungsgesellschaft anklagen, die sich ausschließlich über ihr „Tun" definiert und sich fast schon schamlos einer Grund-Vergessenheit ausliefert.

DIE „WÜRDE" DES MENSCHEN

Es wäre natürlich lächerlich, unsere einseitige Entwicklung im Westen ausschließlich der christlichen Schöpfungslehre in die Schuhe zu schieben – einer Lehre, deren dogmatische Details sowieso nur die wenigsten kennen. Aber als Christ sollte man sich zumindest einmal Gedanken darüber machen, ob es mit der „Würde" des Menschen vereinbar ist, dass er sozusagen das Ergebnis eines göttlichen Willküraktes ist. Es wird viel über die drei berühmten „Kränkungen" des modernen Menschen durch Kopernikus, Darwin und Freud geschrieben, die ihn aus dem Mittelpunkt des Weltall rückten, ihn seiner Sonderstellung auf unserem Planeten beraubten und ihm nicht einmal mehr zugestanden, Herr im eigenen Hause zu sein. Doch die bereits seit Jahrtausenden bestehende Kränkung, dass wir nichts weiter als aus dem Nichts geschaffene Kreaturen sind, scheint nur wenigen aufgestoßen zu sein.

Natürlich könnte man sich genau so gut fragen: Was bleibt von der „Würde" des Menschen übrig, wenn er im sogenannten göttlichen Grund „zu Grunde" geht?

Oberflächlich betrachtet auch nichts. Zumindest nichts von der Würde, die wir uns im Laufe unseres Lebens „erarbeiten" können. Uns werden im Grunde gleichsam wieder alle Orden, die wir uns verdient haben, abgenommen – oder kann man sich einen hoch-dekorierten sowjetischen General mit seinen tausend glitzernden Militärorden auf seiner Brust im göttlichen Grund vorstellen? Oder, um das Niveau etwas zu heben: den alten Goethe mit all seinen Orden und Titeln, auf die er so viel Wert legte? Wenn wir Eckhart glauben wollen, kostet es uns ja nicht nur unsere oberflächlichen Titel, sondern auch unsere Namen, ja, unser Person-Sein, wenn wir in den Grund gelangen wollen. Ja, nicht einmal Gott selber schafft es, laut Eckhart, je in diesen Grund hineinzulugen, solange er auf seinen Eigenschaften als allmächtiger Schöpfergott besteht. Das alles muss draußen bleiben, sagt er, das ent-wird im Grund.

Das heißt: Im Grund stehen wir – und sogar Gott – ganz schön nackt da. Ohne Orden, ohne Verdienste, ohne all unsere Persona-Masken, die wir uns im Laufe unseres Lebens mit so viel Mühe aufgebaut und angeeignet haben. Das mit den Militär-Orden mag ja noch hingehen, aber er verlangt auch noch, dass wir unsere Intelligenz, unsere Kreativität, unseren Stolz auf unsere „Originalität" und „Einmaligkeit" und ach so tolle „Selbstverwirklichung" an der Garderobe abgeben und völlig „arm im Geiste" zu Grunde gehen.

Waren dann Juden, die sich in Auschwitz vor den Angestellten des Naziregimes nackt ausziehen und sich einer völlig entwürdigenden Körperkontrolle unterziehen mussten, dem göttlichen Grund schon ganz nah?

Die äußere Entkleidung und Demütigung bringt uns dem göttlichen Grund natürlich nicht automatisch näher – obschon es durchaus einmal möglich sein mag, dass eine solche entwürdigende äußere Situation im Inneren einen Knacks erzeugt, der uns in unserer Entwicklung weiterbringt. Das wirft natürlich absolut keinen nachträglichen Heiligenschein auf menschen-verachtende totalitäre Regime. Aber wenn der Durchbruch zum Grund jederzeit möglich ist, in jedem Nun, dann ist er vielleicht auch in einer solchen Extrem-Situation möglich, die uns freundliche demokratische Systeme leider oder Gott sei Dank nur selten bieten.

Ja, der Mensch wird im Grund seiner Würde entkleidet, radikal – um sie dann neu in Empfang zu nehmen, strahlender, als Adam sie im Paradies je hatte. Nur handelt es sich dabei um eine Würde, die auf keine Leistungen, Orden oder Etikette mehr angewiesen ist. Nicht einmal die berühmte „Ebenbildlichkeit" Gottes spielt hier noch eine Rolle, denn solange wir noch von Bildern, Abbildern und Ebenbildern sprechen, sind wir vom Grund noch meilenweit entfernt. Unsere Würde liegt gerade darin, dass wir nicht „etwas" oder „jemand" sind: kein Bild, keine Person, kein dieser oder jener – sondern der Grund, aus dem all dies hervorgegangen ist.

Wir merken hier schon, dass diese Grund-Vorstellung von der Würde des Menschen sich nicht ganz mit unseren humanistischen Vorstellungen deckt – wie sie etwa in der UN-Charta und ähnlichen Deklarationen niedergelegt sind. Hier, wie auch in kirchlichen Verlautbarungen, ist stets von der Würde der menschlichen Person die Rede. Diese muss intakt bleiben. Und sie sollte es auch, von unserem westlich-demokratischen Gesichtspunkt aus gesehen. Die absichtliche Untergrabung und Zerstörung dieser Würde durch kollektivistische Systeme, durch Faschismus und Kommunismus, durch fundamentalistische Fanatiker oder auch durch „imperialistische" Amerikaner, hätten einen Mystiker wie Eckhart bestimmt nicht begeistert. Es geht nicht darum, dieses mühsam errichtete Fundament humanistischer

Werte zu untergraben, sondern es zu transzendieren. Und dies kann kaum kollektiv geschehen. Wo es versucht wird, nimmt es fast immer sektiererische und zerstörerische Züge an. Es kann nur vom Einzelnen versucht werden, wenn der Grund, sein wahres unzerstörbares Selbst, ihn unwiderstehlich anzieht. Und in diesem Prozess bleibt von der sogenannten äußeren Würde der Person oft nicht mehr viel übrig.

Wir empfinden diese „Würde" ja schon oft im äußeren Leben als einengend, als Korsett. Hin und wieder wollen wir über die Stränge schlagen, ausrasten, die Grenzen sprengen. Faschistische Systeme haben diese dionysische Ursehnsucht des Menschen geschickt und schamlos für ihre Zwecke ausgenützt. Doch auch wenn wir im normalen Alltag als Mann und Frau ins Bett steigen, legen wir mit unseren Kleidern auch einen Teil unserer „Würde" ab, wir wollen bis zu einem gewissen Grad unserem „würdigen" (und meist etwas langweiligen) Person-Sein entfliehen, wir wollen außer uns geraten, wir wollen, im „Kleinen Tod" des Orgasmus, zu Grunde gehen. Nicht zufällig haben Mystiker oft die Sprache des Eros und der Sexualität benützt, um das Außer-sich-Sein mystischer Ekstase zu beschreiben.

Fast jede Religion kennt den Typ des „Heiligen Narren", der sich um äußere Würde kaum noch schert. Im christlichen Bereich mischen sich manchmal masochistische Züge hinein, so, wenn der heilige Franz von Assisi absichtlich Situationen heraufbeschwört, in denen er gedemütigt wird. Doch trotz mancher „pathologischer" Züge geht es fast immer um eine innere Freiheit, die sich nicht selten in äußerer Nacktheit offenbart – wie beim heiligen Franz, wenn er seinem Vater seine Kleider vor die Füße wirft, oder wie im Leben des bengalischen Heiligen Ramakrishna, der gern all seine Kleider fortwarf und nackt im Kreis seiner Jünger tanzte.

DER NACKTE BUBE

Vielleicht hatte dieser nackte Ramakrishna, der sich immer als ein Kind der Göttlichen Mutter fühlte, eine gewisse Ähnlichkeit mit dem „nackten Buben", der der Legende nach einmal Meister Eckhart aufsuchte und sagte, er komme von Gott. Auf Eckharts Frage, wer er denn sei, antwortete er: „Ein König". Und als Eckhart ihm einen Rock anbot, um ihn zu bekleiden, sagte der Junge: „Dann wäre ich kein König!" Und verschwand. Und es heißt: „Da war es Gott selbst gewesen und hatte Kurzweil mit ihm gehabt."[8]

Wir können eigentlich Gott nur bitten, dass er uns öfter auf eine solche Weise besucht und „Kurzweil" mit uns hat – um uns aus allen Verkrustungen, Panzern, Korsetten und sonstigen Hüllen zu befreien. Selbst Tugenden, die wir berechtigterweise als positiv betrachten, wie etwa die Scham, können „letztlich" zum Hindernis werden – weshalb Krishna einer Hindu-Legende nach den badenden Gopis die Kleider stahl und ihnen auch noch befahl, die Arme über den Kopf zu strecken, damit sie ihre Blöße nicht bedecken konnten. In diesem Licht wird manche Situation, in der wir uns äußerlich gedemütigt vorkommen, zu einer Chance, uns innerlich zu befreien.

Ich brauche wohl nicht noch einmal zu wiederholen, dass die Möglichkeit, aus einer äußerlich demütigenden Situation inneren Nutzen zu ziehen, diejenigen, die für den Rahmen dieser Situation verantwortlich sind, nicht „entschuldigt" (von göttlichen Avataras wie Krishna, die eine spirituelle Lektion erteilen wollen, einmal abgesehen). Sie tun, karmisch gesehen, Böses, und werden dafür von diesem karmischen Gesetz zur Verantwortung gezogen. Die Engländer steckten Gandhi nicht ins Gefängnis, damit dieser in seiner Zelle meditieren und seine innere spirituelle Freiheit genießen konnte, sondern um ihn „auszuschalten". Dass Gandhi diese Zeit im Gefängnis für sich positiv nutzte, ist nicht ihr Verdienst. Brutalität bleibt Brutalität – auch wenn sie manchmal, wie im Falle Jesu oder Gandhis, ein „Werkzeug" Gottes sein mag.

Christliche Martyrer bedienten sich oft dieses rauen weltlichen Rahmens, um sich als Heroen des Glaubens profilieren zu können. Dies war einerseits ein Schritt in die Richtung innerer Freiheit, doch er hatte oft auch einen etwas morbiden Beigeschmack. Wem es hauptsächlich darum geht, die Siegespalme des Martyriums zu erringen, ist an einem Transzendieren des Egos nicht sonderlich interessiert. Er will als Auserwählter und Erlöster ins Paradies eingehen, er möchte von Gott und seinen Getreuen mit großem Beifall empfangen werden. (Damit will ich keineswegs leugnen, dass viele Martyrer sich nicht aus „Prestige"-Gründen, sondern aus reiner Liebe und Treue zu Christus quälen und töten ließen!)

Der „Gerechte", wie Eckhart den erleuchteten und verwirklichten Menschen oft nennt, ist jenseits von Demut und Stolz – und hat es auch nicht mehr nötig, sich zur höheren Ehre Gottes quälen und abschlachten zu lassen. Er bedarf keiner Martyrerkrone. Und ist an einem „Lohn" für seine Mühen und Leiden absolut nicht interessiert. Er betrachtet sich als Königssohn, der sich seines göttlichen Erbes bewusst ist, aber er trägt keine Insignien seiner Macht, keine Königskleider, er ist nackt wie der „Bube", der mit Eckhart Kurzweil trieb. Keine Macht der Welt kann ihn demütigen, kann ihn seiner inneren Souveränität und Würde berauben. Er ist unverfügbar, er ist frei, weil er aller Dinge „ledig" ist.

JEDES GESCHÖPF IST EINE ZARTE PFLANZE

Zu einer solchen inneren Freiheit, die sich in jeder Situation bewährt und ihre Würde bewahrt, gehört natürlich eine beträchtliche Reife und Stärke, weshalb es nicht ratsam ist, schwache – oder auch nur „normale" – Personen einer Schock-Therapie auszusetzen. Mephistos (und Buddhas) Weisheit, dass alles, was entsteht, wert ist, dass es zugrunde geht, klingt angesichts eines misshandelten und missbrauchten Kindes sicherlich zynisch. Der Mensch mag in seinem Kern unzerstörbar sein, doch als inkarniertes Wesen ist er zuerst einmal ein zerbrechliches Geschöpf, das wie eine Pflanze der Pflege bedarf. Das brutale oder auch nur unachtsame Zertreten einer Pflanze zeugt von keiner Nähe zum Grund – ganz zu schweigen von dem absichtlichen Quälen eines wehrlosen Menschen. Die Schreie eines solchen Opfers erschüttern vielleicht nicht den absoluten „letzten" Grund, aber unser Gewissen. Der Hinweis auf unseren „letzten" Grund, auf unseren unzerstörbaren Kern, mag einem solchen Opfer dann „letztlich" auch sehr hilfreich sein, aber zuerst einmal gilt es hier therapeutische Heilungsarbeit anzubieten. Deshalb sind alle ethischen und humanistischen „Werte" auch im Hinblick auf den „Grund" keineswegs sinnlos. Auf der anderen Seite ist die Erfahrung des Grundes, des „Zu-Grunde-Gehens", auch ein „Durch-den-großen-Tod-Hindurchgehen", wie es im Zen heißt, weshalb all unsere humanistischen Grundsätze und Rücksichten auch nur die Plattform sein können, von der dann der „letzte" Sprung in den Grund möglich wird – der uns zuerst wie ein Abgrund erscheint.

Dass die Notwendigkeit eines solchen *letzten* Sprungs nicht jedem einleuchtet, ist mir völlig klar. Es gibt genügend „vorläufige" Ideale, an die wir uns auf unserem Vorbereitungsweg klammern können: das Ideal der Tugend, der Heiligkeit, der Genügsamkeit, der Bescheidenheit, der praktischen Nutzbarkeit – oder aber auch das Ideal eines ungezügelten Lebens, das nichts auslässt, das nichts anbrennen lässt. Für manche ist ein Universalgenie wie Goethe das Ideal schlechthin, das Ideal der „Ganzheitlichkeit". Wozu das noch transzendieren? Für andere genügt bereits die siebzigjährige Nachbarin, die bei der täglichen Pflege ihres Gartens so glücklich und fröhlich wirkt. Gibt es nicht auch ohne letzte Grunderfahrung ein „erfülltes" Leben?

Eckhart liebte die „Genügsamkeit" und „Bedürfnislosigkeit", er forderte die Menschen auch immer wieder auf, Gott in den einfachsten Verrichtungen des Alltags zu finden; doch er sagte auch: „Man soll *laufen* in den Frieden, man soll nicht *anfangen* im Frieden."[9] Er wusste, dass alle seine Zuhörer „im Grunde" mit Gott eins waren – und doch spürte er den missionarischen und radikalen Impuls, sie über ihre wahre Natur aufzuklären. „Wer diese Predigt verstanden hat, dem vergönne ich sie wohl", sagte er. „Wäre hier niemand gewesen, ich hätte sie diesem Opferstock predigen müssen. Es gibt manche arme Leute, die kehren wieder heim und sagen: ‚Ich will an einem Ort sitzen und mein Brot verzehren und Gott dienen!' Ich (aber) sage bei der ewigen Wahrheit, diese Leute müssen verirrt bleiben und können niemals erlangen noch erringen, was die anderen erlangen, die Gott nachfolgen in Armut und in Fremde."[10]

(Persönlich möchte ich hier noch anfügen, dass mich der Glaube an die Reinkarnation in dieser Angelegenheit ein wenig „duldsamer" macht und vor jedem Fanatismus und jeder Torschlusspanik bewahrt. Ich gehe davon aus, dass jeder Mensch einmal sein wahres Selbst verwirklichen wird – aus dem einfachen Grund, weil man nicht ewig an seiner eigentlichen Natur vorbeileben kann. Insofern kann man jede Entwicklungsstufe schätzen – und durch jede Stufe auch schon den Grund hindurchschimmern sehen. Auch eine vorläufige Genügsamkeit – wie die der siebzigjährigen Nachbarin, die ihr Blumenbeet pflegt – ist schon ein Vorschein auf die letzte Nacktheit und Bedürfnislosigkeit, die auf nichts mehr angewiesen ist. Das wahre Selbst wird sich dann schon von selber melden und die Zwischenstationen, die wir mit solch liebevoller Sorgfalt zu Endstationen ausgebaut haben, abbrechen. Und wenn der innere Ruf überhört wird, schickt es uns vielleicht einen Prediger wie Meister Eckhart, der uns aus unserer vorläufigen Ruhe und Zufriedenheit aufschreckt.)

WARUM HAT ES NIE EINEN AUFSTAND GEGEN DIE CHRISTLICHE SCHÖPFUNGSLEHRE GEGEBEN?

Um noch einmal auf die christliche Lehre von der „Schöpfung aus dem Nichts" zurückzukommen: Wie ist es zu erklären, dass es eigentlich nie einen Aufstand unter Christen gegen diese Lehre gegeben hat – wenn diese uns sozusagen unserer göttlichen Herkunft beraubt und aus uns allen Bettler macht, die von „zu Hause" buchstäblich nichts mitbringen und unterwürfig um die Brosamen betteln müssen, die vom Tisch des gnädigen Herrn herunterfallen?

Darauf gibt es wohl mehrere Antworten. Erstens waren und sind die meisten Christen so sehr ins alltägliche Leben involviert, dass sie kaum Zeit für metaphysische Fragen haben. Oder sie sind durch die Not anderer Menschen und durch das Gebot der Nächstenliebe völlig von „grund-sätzlichen" Fragen abgelenkt. Wer den Sinn des Lebens hauptsächlich darin sieht, die erschreckende Not dieser Welt wenigstens zu lindern, wenn nicht gar zu beseitigen, wird kaum noch Zeit haben, sich mit den Grundsätzen der „philosophia perennis" auseinanderzusetzen. Es gibt natürlich Ausnahmen, es gibt vielversprechende Brückenschläge zwischen Meditation und gesellschaftlichem Engagement, sowohl im Christentum als auch in den asiatischen Religionen, aber im Allgemeinen klafft da noch ein Riss – entweder man widmet sich den Tätigkeiten der Nächstenliebe, oder man versucht, sich auf den Grund zu gehen. (Wobei so mancher, der sich der praktischen Nächstenliebe widmet, sehr bald merkt, wie wichtig diese Verwirklichung des Grundes sein kann; denn eine Liebe, die nicht im Grund verankert ist, wird schnell enttäuscht, sie hat bald keine Kraftreserven mehr und endet nicht selten in Verbitterung und Resignation.)

Außerdem wissen viele Christen gar nicht, dass die Lehre von der „Schöpfung aus dem Nichts" zum christlichen Lehrbestand gehört.

Wenn sie vom „Nichts" hören, denken sie eher an den atheistischen Existenzialismus eines Sartre als an die Amtskirche. Ein jeder bayrische oder westfälische Bauer weiß außerdem, dass aus Nichts nichts wird. Man muss säen, wenn man ernten will, man braucht einen Grund, um etwas hochzuziehen. Also was soll der ganze Unsinn?

Ein weiterer Grund, warum man die Lehre von einem göttlichen Grund nicht so sehr vermisst hat, sind – wie ich bereits andeutete – die vielen Ersatz-Gründe, die sich auch ein Christ schafft: den Mutterschoß der Kirche, die Familie, die eigene Tüchtigkeit usw. Ich meine das nicht nur kritisch. Es gibt Gott sei Dank so etwas wie eine menschliche *Robustheit,* die sich auch durch frag-würdige theologische Konzepte wie die von der „Creatio ex nihilo" oder der Erbsündenlehre nicht aus der Bahn werfen lässt. Diese unkomplizierte gutbürgerliche Robustheit, die religiöse Denker wie Kierkegaard zur Verzweiflung gebracht hat, mag oberflächlich sein und muss sicherlich irgendwann einmal „zerspringen"; aber auch sie weist letztlich, auf eine etwas verquere Weise, auf den unzerstörbaren Grund hin, der uns trägt.

Es wurde – und wird – im Christentum viel geglaubt, gehofft, gebangt, geliebt, gefeiert – und verordnet, aber wenig grundsätzlich – und das heißt: vom Grund her – gedacht. Und noch weniger meditiert. Die Meditationspraxis, die glücklicherweise schon jetzt in manchen christlich geprägten Kreisen selbstverständlich geworden ist, muss unterstützt werden von einem geistigen Unter- und Überbau, der Theorie und Praxis nicht mehr so weit auseinanderklaffen lässt. Auf der Lehre von der „Schöpfung aus dem Nichts" und auf der Erbsündenlehre lässt sich kein *Grundvertrauen* aufbauen. Hier muss der westliche Christ vom Taoismus, vom Yoga, Vedanta und Buddhismus – und natürlich auch von der christlichen Mystik – lernen, um zu einer neuen Ganzheitlichkeit zu kommen.

3.

DER STURZ AUS DEN FESTIGKEITEN

*„Die Substanz des Absoluten gleicht im Inneren einem Holz oder
Stein. In diesem Inneren ist sie unbewegt. Äußerlich gleicht sie der
Leere ohne Grenzen und Hemmungen. Wer dorthin eilt, wagt nicht,
in sie einzugehen, da er Angst hat, in die Leere hinabgeschleudert
zu werden, ohne sich an etwas klammern zu können oder vorm
Fallen bewahrt zu werden. So starren sie auf den
Abgrund und ziehen sich zurück."*

HUANG-PO

Wenn auch der Osten den überpersönlichen Grund mehr betont hat
als der christliche Westen, so ist natürlich auch dort der göttliche Helfer – und das damit verbundene Gottvertrauen – nicht unbekannt.
Krishna verspricht dem Gläubigen in der Bhagavad-Gita, dass er ihn
sicher über das Meer des Samsara führen wird, und selbst Buddhisten, deren Religion keine theistischen Züge trägt, nehmen in ihrem
Gelübde zumindest ihre Zuflucht zu Buddha.

Der bengalische Heilige Sri Ramakrishna liebte das Bild des sin-
kenden und von Jesus aus den Fluten geretteten Petrus so sehr, dass
er es in Form eines Gemäldes in seinem Zimmer hängen hatte. Und er
erzählte gern Parabeln, die die Kraft des Glaubens gerade durch das
Über-das-Wasser-Schreiten illustrieren.

NARENDRAS VERZWEIFLUNG

Doch dem mystisch orientierten Osten hat die ausgestreckte Hand
des göttlichen Herrn – oder des Guru – nie genügt. Denn es ging
ihm ja nie nur um die *Rettung* des zweifelnden und strauchelnden
Gläubigen, sondern darum, diesem seine wahre Natur zu offenbaren,
den *Atman* oder die ewige Buddha-Natur – eben das, was Kafka das
Unzerstörbare nannte. Und die Offenbarung dieses Unzerstörbaren

kann zuerst durchaus negative Züge tragen, sie kann die Zertrümmerung der vertrauten Welt bedeuten. Als Ramakrishna seinen Schüler Narendra – den späteren Swami Vivekananda – zum ersten Mal mit der Hand berührte, verschwand vor dessen entsetzten Augen die ganze vertraute Umgebung in einem rasenden Wirbel, und selbst sein „Ich" drohte von diesem Abgrund verschlungen zu werden. „Was machen Sie da mit mir?", rief Narendra verzweifelt aus: „Ich habe meine Eltern daheim!" – „Schon gut", sagte Ramakrishna lächelnd, „das reicht für heute. Ein anderes Mal." Er berührte ihn wieder, und der ganze „Spuk" verschwand.

Was hatte Ramakrishna seinem Schüler zeigen wollen? Dass die Welt ebenso gut auch nicht sein könnte? Dass alles eine Illusion ist – auch und gerade das „Ich", das sich ständig über Wasser zu halten sucht? Dass, wissenschaftlich gesprochen, die scheinbar so „dichte", uns vertraute materielle Welt nur aus einem Wirbel von Energien besteht? Oder wollte er ihn auf die letzte Wirklichkeit stoßen, die zuerst, als Nichts verkleidet, den Menschen in die Leere stürzt, um alles zu vernichten, was neben dieser Wirklichkeit zu sein scheint?

Der Existenzphilosoph Karl Jaspers hat dies einmal so formuliert: „der Sturz aus den Festigkeiten, die doch trügerisch waren, wird Schwebenkönnen, was Abgrund schien, wird Raum der Freiheit, – das scheinbare Nichts verwandelt sich in das, woraus das eigentliche Sein zu uns spricht."[1]

DIE WELT IST „NICHTS" – DIE WELT IST „GÖTTLICH"

Ramakrishna hat Vivekananda übrigens noch einmal berührt. Doch diesmal verschwand zu dessen Erstaunen die ganze Welt nicht in einem Nichts, sondern offenbarte sich ihm als göttlich. Er hatte sich mit einem Bekannten über die Lehre des Advaita-Vedanta lustig gemacht, die besagt, dass es nur *eine* göttliche Wirklichkeit gibt, nämlich Brahman. Dann sei wohl auch der vor ihm stehende Wasserkrug Gott, hatte er laut lachend gerufen, und sie selber seien auch göttlich. Ramakrishna hörte das Lachen, näherte sich und erkundigte sich über den Grund des Gelächters. Dann berührte er Narendra – und dieser sah zu seiner großen Verwunderung, dass wirklich nichts existierte außer Gott. Was immer er auch sah, was immer er berührte

– alles war göttlich, alles war nichts als Brahman: die Kutschen auf dem Heimweg, die Mutter, die ihm das Essen auf den Tisch stellte – alles. Erst nach einiger Zeit verdünnte sich diese Erfahrung wieder, doch ein deutlicher Nachgeschmack blieb.

Die Lehre daraus ist einfach: Lass alles los, vor allem dich selbst, lass alles im Abgrund versinken – und alles wird aus diesem Grund zu dir zurückkehren als Brahman, als göttlich. Alles „schmeckt" dann nach Gott. Es ist das alte mystische Paradox, das Jesus so oft betont hat: Nur wer sein Leben verliert, wird es gewinnen.

Was der junge Vivekananda da durch die Berührung seines Guru in zwei sich scheinbar widersprechenden Offenbarungsschüben erlebte – die Welt als „Nichts" und die Welt als „göttlich" – hat Meister Eckhart anhand einer Episode aus der Apostelgeschichte durchzubuchstabieren versucht: „Paulus stand auf von der Erde, und mit offenen Augen sah er nichts" (Apg.9,8). „Mich dünkt," kommentiert Eckhart, „dass dies Wörtlein vierfachen Sinn habe. Der eine Sinn ist dieser: Als er aufstand von der Erde, sah er mit offenen Augen nichts, und dieses Nichts war Gott: denn als er Gott sah, das nennt er ein Nichts. Der zweite Sinn: Als er aufstand, da sah er nichts als Gott. Der dritte: In allen Dingen sah er nichts als Gott. Der vierte: Als er Gott sah, da sah er alle Dinge als ein Nichts."[2]

Auch wenn dies etwas abstrakt klingen mag, so spüren wir doch, dass es hier nicht um starre Lehrmeinungen geht, sondern um eine lebendige dialektische Mystik, der es vor allem um Erfahrung zu tun ist – und diese Erfahrungen können oft recht paradoxer Natur sein. So kann Meister Eckhart die ganze Schöpfung als ein reines „Nichts" beiseite räumen, um im nächsten Atemzug zu erklären, die kleinste Fliege sei „im Grunde" göttlich. In der indischen Vedanta-Lehre wird die Schöpfung immer wieder als unwirkliche „Maya" bezeichnet – und dann wieder behauptet, sie sei nichts als Brahman, das Absolute.

Nun lässt sich natürlich die Welt, so wie wir sie wahrnehmen, nicht immer so einfach vom Tisch wischen. Und es taucht leider auch nicht immer gleich ein Guru wie Ramakrishna auf, der kurzen Prozess mit uns macht und uns ins Nichts schleudert. Außerdem wäre es vielleicht auch gar nicht so hilfreich, wenn wir auf einen solchen Stoß nicht vorbereitet wären. Die Grunderfahrung findet zwar immer im Jetzt statt, sie ist nicht das bloße Endglied einer langen Kausalkette; und doch bedarf es einer gewissen Reife, um sie zu verwirklichen.

DIE NACKTE SEHNSUCHT

Die Frage ist, wie wir uns darauf vorbereiten sollen.

Zuerst einmal muss eine starke *Sehnsucht* nach Befreiung in uns entstehen. Ein Fall wie der südindische Weise Ramana Maharshi, der plötzlich in seiner Jugend erwachte, ohne jegliche Vorbereitung, wie aus dem Nichts, ist eher die Ausnahme. (Wir werden auf diesen großen Erleuchteten in einem späteren Kapitel noch näher eingehen.) Meistens geht dem Erwachen eine längere Suche voraus, oft sogar ein absolutes Frustriertsein, das sich dann positiv in die brennende Sehnsucht nach Befreiung wandelt.

Zwar kann man in klugen spirituellen Büchern lesen, dass der Wunsch nach Befreiung das größte Hindernis auf dem Weg darstelle – aus dem einfachen Grund, weil wir schon immer frei seien. Doch auf die schlichte Frage, ob wir uns denn frei fühlten, werden die meisten von uns wohl mit einem ebenso schlichten Nein antworten müssen. Wir können hunderttausend Mal wiederholen, wir seien schon erleuchtet – es wird uns nicht weiterbringen. Natürlich stimmt es vom absoluten Standpunkt aus, dass wir schon immer mit dem göttlichen Grund eins sind, dass es absolut nichts zu verwirklichen gibt. Aber was nützt uns das? Selbst ein so großer Yogi wie Ramakrishna hat seiner Sehnsucht nach Verwirklichung freien Lauf gelassen, er hat wie ein Kind nach seiner Göttlichen Mutter geschrieen, er hat sich vor Verzweiflung auf dem Boden gewälzt, weil sie sich ihm nicht offenbaren wollte.

Ich will damit nur sagen: Seien wir nicht vor-witzig, lähmen wir uns nicht mit intellektuellem, altklugem Geschwätz. Dass Samsara bereits Nirvana ist, dass wir alle Buddha sind – wen wollen wir mit solchen Weisheiten beeindrucken? Die Grundvoraussetzung für ein wirkliches Zu-Grunde-Gehen ist auch eine nackte Ehrlichkeit. Und der „Sturz aus den Festigkeiten" bedeutet auch, sich aus festgefahrenen Denkgewohnheiten zu befreien, auch und gerade im spirituellen Leben. So, wie es im kirchlichen Denken eine Art „political correctness" der Glaubensüberzeugungen gibt, so klammert man sich auch gern in esoterisch-spirituellen Kreisen an eine solche „correctness". Zum Beispiel ist in manchen dieser Kreise das Gebet verpönt, da es ja angeblich eine niedrigere Stufe der Spiritualität darstellt, im Unterschied zur „fortgeschrittenen" Meditation. Doch wenn sich die nackte Sehnsucht nach dem Göttlichen diesen Weg bahnt, wenn sie sich diesen Kanal sucht, um sich auszudrücken, warum sollten wir ihn nicht nutzen – auch wenn wir damit noch in der Dualität leben? Ich persönlich habe in dieser Hinsicht viel von Ramakrishna gelernt, der uns eine solche Flexibilität vorgelebt hat und uns aufforderte, unser ganzes Potential zu nutzen, auch und vor allem unsere starken Emotionen.

Andererseits sollten wir uns auch nicht davon abhalten lassen, unser Denkvermögen einzusetzen, um die letzten Geheimnisse zu ergründen. Eckhart sagt wiederholt, wir müssten vom Nichtwissen ins Wissen kommen – bevor wir den Sprung in die radikale „Armut im Geiste", ins höhere „Nichtwissen", wagen können. Die Unerschrockenheit eines solchen meditativen Denkens, das durch alle oberflächlichen Hüllen hindurchdringt, um zum Grund zu gelangen, hat nichts mit dem sterilen Wiederkäuen statischer Wahrheiten zu tun, es ist ein kreativer Akt der Vernunft – der im Falle Eckharts auch noch sprachlich etwas Mitreißendes hat. Natürlich genügt es nicht, sich nur daran zu berauschen, durch bloßes intellektuelles „High-Sein" gelangen wir nicht in den Grund – aber zumindest am Anfang des spirituellen Weges brauchen wir auch Beispiele, die uns inspirieren, die unsere Sehnsucht nach dem Grund verstärken. Und ein wirklich erleuchteter Meister hat dann auch das Recht, die letzte Wahrheit, die er verwirklicht hat, nicht als ein fernes Ziel darzustellen, sondern als die überall und jetzt präsente Wirklichkeit. Es ist eine Sache, diese Wirklichkeit direkt zu verkörpern und auch zu vermitteln – und eine andere, sie als bloße Ideologie zu verbreiten. Dies kann man natürlich tun, als Gegengewicht gegen eine Ideologie, die im Menschen nur ein schwaches Geschöpf sieht. Doch dann sollte man zumindest so viel Flexibilität aufbringen, den Menschen auch dort abzuholen, wo er in seinem Werdeprozess gerade steht, und seine Angst, seine Nöte und vor allem seine Sehnsucht nach Befreiung ernst zu nehmen.

Woher aber kommt unsere Angst vor dem Grund? Ist diese Angst nicht paradox, denn fürchten wir uns nicht vor dem, was wir *sind*?

Der „Sturz aus den Festigkeiten" lässt sich zwar in der Philosophenstube sprachlich sehr elegant formulieren, wie wir das bei Karl Jaspers sahen, doch der praktische „Nachvollzug" ist natürlich oft mit nackter Angst verbunden. Denn schließlich geht es dabei unserem Ego an den Kragen – und damit, wie wir fälschlich meinen, auch unserer Existenz.

Das Paradoxe der Situation besteht darin, dass das, was unsere Existenz eigentlich „gründet", zuerst als Abgrund erfahren wird, der uns eben diesen festen Boden scheinbar wieder entzieht. Wir kommen aus der Fremde, aus dem „Exil", in die Heimat zurück, aber da wir uns in der Fremde recht gut eingerichtet haben, da sie uns vertraut geworden ist, ist nun umgekehrt der Grund die Fremde und Wüste, in der wir uns völlig verloren vorkommen. Wir verlieren hier jeden Halt, sehen keinen Führer, keinen Weg. Der Grund ist kein „Himmel", kein esoterisches Paradies, kein Jenseits, in dem wir freudig mit verstorbenen Seelen durch selige Gefilde schweben, sondern der Zustand nackten Seins, ohne alle Attribute.

Der chinesische Zen-(oder Chan-)Meister Huang-Po spricht in dem weiter oben zitierten Satz von zwei Aspekten des Absoluten: von der absoluten Ruhe im Zentrum – und von der „Leere ohne Grenzen und Hemmungen" an der „Peripherie". Der unbewegte Grund, der laut Eckhart „nie nach einem Werk ausgelugt hat", ist zugleich äußerste Dynamik – ein grenzenloses Meer, das etwa auf den jungen Ramakrishna bei seiner ersten „Begegnung" mit seiner „Göttlichen Mutter" einstürzte und ihn völlig überwältigte. Das Aufteilen des Grundes in verschiedene Aspekte geschieht natürlich durch unseren „unterscheidenden" Verstand, in Wirklichkeit transzendiert der Grund Gegensätze wie Ruhe und Bewegung. Doch für uns, die wir uns ihm „nähern" (auch dies natürlich eigentlich ein sinnloser Ausdruck) bedeutet dies, dass der „solide", in sich ruhende und uns eigentlich Halt gebende Grund zuerst einmal als ein unendliches Meer erfahren wird, in dem wir zu ertrinken drohen. Das stabile SEIN, das unserer endlichen und recht zerbrechlichen Existenz überhaupt so etwas wie eine Basis gibt, wirkt durch seine äußerste Nacktheit wie ein Nichts auf uns, das uns „liquidiert", also verflüssigt, uns in eben diesem Sein aufgehen lässt.

DIE WELLE WEHRT SICH,
MIT DEM MEER EINS ZU WERDEN

Dabei ist das eigentlich ein völliger Unsinn. Die Welle wehrt sich dagegen, mit dem Meer eins zu werden – als wäre sie kein Bestandteil von ihm! Sie besteht darauf, Welle zu sein – mit einer ganz bestimmten Form und Gestalt. Nicht dass sie darauf nicht stolz sein dürfte – eine Welle ist nun mal etwas Schönes, „Hervorragendes": Sie ragt aus dem Meer hervor, als einmaliges Individuum, als großartiges „Ich". Aber muss sie darauf nun ewig „bestehen"? Muss sie versuchen, sich ständig „über Wasser" zu halten – anstatt sich wieder in ihr Urelement, in ihren Grund zu entspannen? Wer jemals so etwas wie ein Grunderlebnis hatte, in dem er sich eben diesem Grund völlig auslieferte, ohne genau zu wissen, wem oder was er sich da eigentlich ausliefert, ohne zu wissen, in was er sich da fallen lässt, weiß im Nachhinein, wie wahnsinnig anstrengend es ist, sich über Wasser zu halten – und wie entspannend es ist, einfach zu *sein*.

Trotzdem sollte man die Angst der Welle nicht leichtfertig vom Tisch wischen. Schließlich haben wir hart daran gearbeitet, eine Welle, ein Individuum zu werden. Wir haben uns gut-freudianisch vom „Es" zum „Ich" entwickelt, wir sind der Ursuppe des Unbewussten entronnen, wir haben uns aus dem gestaltlosen Chaos zu einer ausgeprägten Wellen-Form „gestylt" – mit der wir nun „bella figura" machen, wie die Italiener sagen – und allen Versuchungen widerstanden, wieder im Sumpf des dumpfen Irrationalen zu versinken. Standhaft haben wir uns wie Odysseus an den Mast binden lassen, um dem Gesang der Sirenen zu widerstehen, die uns wieder zurück ins Meer locken wollen. Das heißt, hin und wieder geben wir ihnen schon ein wenig nach, wie wir bereits andeuteten: wenn wir uns ein Glas Bier einschenken, wenn wir uns dem sexuellen Rausch hingeben, wenn wir uns im Schlaf, in einem aufregenden Film oder in der Musik Wagners verlieren und vergessen. Schließlich finden wir von diesen kleinen Räuschen immer wieder schnell zu unserer individuellen Existenz zurück, es sind nur kleine Ausrutscher, die unser Leben versüßen, es aber nicht antasten oder gar in Frage stellen.

Man mag nun fragen: Woher nehmen wir die Garantie, dass der Ruf des Grundes mehr ist als nur der Lockruf des Chaos, dass unsere Sehnsucht nach dem Grund mehr ist als nur ein Regressionsgelüst? Gäbe es nur diese beiden Schichten, das Unbewusste und das Bewusste, das Meer des Chaos und das geformte Ich, stünden wir vor einem wirklichen Dilemma. Wir hätten nur die Wahl zwischen einem auf die Dauer recht anstrengenden Festhalten am „Ich" – und der Wiederauflösung im Chaos. Und zweifellos wird der „Grund" in vielen Traditionen auch so negativ gesehen, etwa bei Schelling: Da ist er das Niedrige, er ist „bloß" Grund der Existenz, er ist das Dunkle der Natur, von der sich die helle Vernunft des Göttlichen siegreich absetzen muss, er ist das Chaotische, das auch weiterhin das Geformte und Strukturierte bedroht. Ich kann hier auf diese Unterschiede nicht im Detail eingehen – das soll, wie bereits angekündigt, in einer weiteren Studie geschehen, die sich verstärkt mit den theologischen und religionsphilosophischen Fragen beschäftigt –, doch da die Angst vor der Auflösung auch im „praktischen" spirituellen Leben eine große Rolle spielt, müssen wir uns kurz damit befassen.

Die große Chance für uns liegt darin, dass es ein „Drittes" gibt, das sowohl das Unbewusste und Noch-Ungeformte als auch das Geformte und Bewusste transzendiert. Man kann es als das „Überbewusste" oder das „Transpersonale" bezeichnen – und in den verschiedenen mystischen Traditionen wurde es mit verschiedenen Namen bedacht: als Tao, als Brahman, als Sunyata (Leerheit), als das Eine, als das reine Sein. Eckhart nannte diese Wirklichkeit, wie wir sahen, die „Gottheit" oder den „Grund". Die Bezeichnung „Grund" hat den Vorteil, dass sie das „Tragende" betont, das Unterstützende; sie hat jedoch den Nachteil, dass wir den Grund „unten" ansiedeln – während wir alles Geistige oder gar Göttliche eher „oben" wähnen. Der Grund ist dann „bloße" Basis der Existenz, der Grundstoff sozusagen, aus dem das geniale Einzelwerk erst hervorgehen muss. Und er ist zugleich der Boden, in den wieder alles eingestampft wird, in dem wieder alles „gleich" wird.

Leider haben wir keinen sprachlichen Ausdruck für eine Wirklichkeit, in der Höhe und Tiefe zusammenfinden, die sowohl Gipfel als auch Grund ist. Wir ahnen etwas davon, wenn wir in Gott, zu dem wir „aufschauen", zugleich den Abgrund sehen, in den wir uns fallen lassen müssen. Goethe erkannte wohl etwas von dieser Ambivalenz, wenn er Faust einerseits zu den „Müttern" hinabsteigen und ihn andererseits vom „Ewig-Weiblichen" hinanziehen ließ. Am genialsten – und ironischsten – fasste diese Ambivalenz wohl Mephisto zusammen, wenn er Faust aufforderte: „Versinke denn! Ich könnt auch sagen: Steige!" Mehrere Jahrhunderte zuvor versank schon Eckhart vor den atemlos lauschenden Zuhörern in seinen leidenschaftlichen Predigten geistig im Grund und versicherte der Zuhörerschaft gleichzeitig, dass dieses „Versinken" ein „Aufschwung" sei, der ihn über alle Engel, ja sogar noch über Gott hinauskatapultiere.

Das Zeugnis aller großen Mystiker würde uns jedoch wenig nützen, wenn nicht unsere ureigenste Sehnsucht hinzukäme, um sich an dieser Botschaft zu entzünden. *Wir* müssen den Urgrund unseres Seins finden – den Grund, der uns nicht nur „trägt", sondern der uns auch weit überragt, als das „Ganz-Andere", als das „andere Ufer jenseits der Finsternis", wie es in den Upanishaden heißt. Der dunkle Grund, in dem wir den Weg verlieren, ist zugleich die strahlende Helle der Gottheit, in der wir unser wahres Selbst wiederfinden. Es gibt kein Finden, ohne dass wir uns vorher radikal verlieren.

Nun wird natürlich mancher Leser Probleme mit dem abrupten Wechsel von Verneinung und Bejahung haben. Da wird die Schöpfung mit einer leichten genialen Handbewegung als „nichtig" vom Tisch gefegt – und im nächsten Augenblick für „göttlich erklärt. Gibt es nicht auch, wird man sich da fragen, organische Übergänge, ein langsames Hineinwachsen in immer höhere Wahrheiten?

Ich habe zu Anfang die Geschichte von der Begegnung zwischen Ramakrishna und dem jungen Vivekananda erzählt – von dem Erlebnis der Nichtigkeit der Welt, die in einem Wirbel verschwand, und dem Erlebnis ihrer Göttlichkeit. Es ist natürlich äußerst selten, dass ein Mensch beides so kurz hintereinander und in einem so holzschnittartigen Nein-Ja-Schema erfährt wie Vivekananda. Und nur spirituelle Meister von der Größe eines Ramakrishna können solche einschneidenden Erlebnisse in einer so bilderbuchartigen Klarheit vermitteln. Wir normalen Sterblichen sind meist, zumindest am Anfang, auf Mischformen angewiesen, wir tasten uns langsam durch den Maya-Nebel an die letzte Wirklichkeit heran.

Selbstverständlich können wir uns auch eine Mystik und Spiritualität vorstellen, die in langsamen Schritten vorangeht. In den Upanishaden gibt es Beispiele für ein solches „organisches" und positives Voranschreiten zu immer höheren Wahrheiten. Zuerst identifiziert der Schüler das absolute Brahman mit dem Stofflichen, dann mit dem *Prana*, der Lebensenergie, dann mit dem Denkvermögen – bis er schließlich Brahman in seiner ganzen transzendenten und immanenten Fülle verwirklicht. Es kommt da anscheinend zu keinem Bruch, zu keiner radikalen Negation. – Doch daneben gibt es schon sehr bald auch die via negativa, den negativen Weg des „*neti, neti* ": Brahman ist nicht dies, nicht das – ein Weg, der dann im Buddhismus noch radikalisiert wurde. Und er hat sich dann in fast allen spirituellen Traditionen, die sich nicht mit einer bloßen Naturmystik begnügen wollten, fortgesetzt. Auch im Zen, der ja angeblich sehr „diesseitig" ist, gibt es die Phase, wo Berge plötzlich nicht mehr Berge sind und Seen nicht mehr Seen. Und ich kenne kaum Erleuchtete, die vor ihrem Durchbruchserlebnis nicht durch Phasen der äußersten Frustration und Entfremdung hindurchgegangen sind. Oft ist sogar ein traumatisches Erlebnis – ein Unfall oder eine schwere Krankheit, durch das alte Muster der Persönlichkeit plötzlich aufgelöst werden – die Vorbereitung zu einem solchen Durchbruch.

Würden wir nicht so sehr an der Welt – und unseren „Vorstellungen" von ihr! – haften und hängen, wäre eine solche Dramatik, eine solche plötzliche Krise wahrscheinlich gar nicht nötig. Und mit Anhaftung meine ich nicht nur die groben Genüsse, sondern auch die subtilen Fesseln. So geruhsam der Grund auch zu sein scheint – er ist, menschlich gesprochen, so eifersüchtig wie Jahwe auf alle Nebengötter, die sich zwischen ihn und uns schieben. Meister Eckhart steht da in seiner Radikalität nicht allein – er ist nicht radikaler als Jesus, Buddha, Ramakrishna oder ein moderner Advaita-Lehrer wie Nisargadatta. Oder auch ein Heidegger, der in seiner berühmten Vorlesung „Was ist Metaphysik?" vom „Sichloslassen in das Nichts" sprach, „d.h. das Freiwerden von den Götzen, die jeder hat und zu denen er sich wegzuschleichen pflegt..."[3] (Dass der große deutsche Philosoph selber nicht ganz frei von der Versuchung war, sich zu „Götzen" wegzuschleichen, ist allgemein bekannt!)

Wir dürfen auch nicht vergessen, dass diese scheinbar negative Radikalität immer das positive Ziel der Verwirklichung im Auge hat. Und der Verwirklichte sieht die Schöpfung in einem viel intensiveren göttlichen Licht als derjenige, der einer vagen Naturmystik frönt. Er ist ein „Wiedergeborener", er ist durch das Fegefeuer des Nichts hindurchgegangen.

Man sieht den Vorteil einer solchen Kompromisslosigkeit, wenn man sie mit der normalen kirchlichen Lehre vergleicht. In der letzteren wird die Schöpfung auch als vergänglich, ja manchmal als „nichtig" angesehen, da sie ja aus dem „Nichts" geschaffen ist. Aber sie gilt doch als eine „außergöttliche Wirklichkeit", die man nicht einfach negieren kann. Sie ist ein Zwitter zwischen Sein und Nichts, weder Fisch noch Fleisch. Sie kann verklärt werden, sie kann am göttlichen Sein „partizipieren", aber nie schlägt sie ganz um in dieses göttliche Sein. Der von Gott Erlöste kann im „Himmel" an der göttlichen Seligkeit teilnehmen, aber nie wird er wissen, was denn Gott, die Schöpfung und er selber „im Grunde" sind, er bleibt in der Vielfalt, in der Zeit, in der Dualität stecken. Er bleibt in der Welt des „Zufalls", wie Eckhart den Bereich der geschöpflichen Kontingenz nannte, so eindrucksvoll und verklärt diese auch sein mag.

Im Grunde haben wir da auch keine „Wahl". Wenn der Grund uns „ruft", wenn sich das wahre Selbst in uns meldet, überschreiten wir sehr bald den „point of no return". Nichts kann uns befriedigen außer dem Absoluten selber, wir wollen uns nicht mit vorläufigen relativen Wahrheiten abspeisen lassen, und auch die Schönheiten der Schöpfung, einschließlich aller Himmelswelten, können uns nicht mehr befriedigen. Diese Radikalität und Kompromisslosigkeit, die hinter den Schleier der Erscheinungen – und sogar noch göttlicher Herrlichkeiten – schauen will, stellt sich von selber ein. Deshalb können wir auch niemanden zu einer solchen Radikalität zwingen. Weshalb die wirklichen Meister neben ihrer Intensität und Kompromisslosigkeit meistens auch eine unendliche *Gelassenheit* auszeichnet.

4.

DIE WELT KÖNNTE EBENSO GUT NICHT SEIN

Einzig weil das Nichts im Grunde des Daseins offenbar ist, kann die volle Befremdlichkeit des Seienden über uns kommen.

MARTIN HEIDEGGER, WAS IST METAPHYSIK?

Würden Gott und Welt von vorneherein zusammenfallen, wie ein schlichter Pantheismus behauptet, so bräuchten wir die Kunst, „zu Grunde" zu gehen, erst gar nicht zu entwickeln. Auch die Kunst des Loslassens wäre unnötig. Wir würden nach keinem Woher, Wohin und Warum fragen, wir würden einfach nur leben, einfach nur sein. Wir würden nicht einmal staunen, denn Staunen setzt schon einen Abstand voraus, d.h., wir bestaunen etwas Fremdes, etwas, das sich nicht von selber versteht. Manchmal stolpern wir ja ein wenig verblüfft über unsere eigene Existenz, wir wundern uns – meistens nur für einen sehr kurzen Augenblick -, dass wir überhaupt da sind – ja, dass überhaupt etwas da ist. Womit wir schon bei der Grundfrage aller Philosophie sind, die da in verschiedenen Varianten, von Leibniz über Schelling bis zu Heidegger, lautet: „Warum ist überhaupt Seiendes und nicht vielmehr Nichts?"

Ich gebe zu: Diese Frage brennt nicht allen von uns auf den Nägeln, wir haben meistens Wichtigeres zu tun – etwa bis zum Ende des Monats die Einkommensteuererklärung abzugeben. Aber nehmen wir einmal an, wir hätten gerade nichts zu tun, das so wahnsinnig wichtig und dringend ist, und stellen uns einfach zum Spaß diese Frage: Bin ich überhaupt notwendig? Ist diese Welt notwendig? Könnte sie nicht ebenso gut nicht sein?

Solange wir in einem engeren Rahmen bleiben, scheint natürlich alles seine Notwendigkeit zu haben, und da wir uns meistens wie Maulwürfe recht kurzsichtig durchs Dasein wühlen, werden wir nur selten verunsichert. Das Essen ist notwendig, denn sonst würden wir verhungern. Der schweißtreibende Einsatz im Wahlkampf ist notwendig, denn sonst gewinnen womöglich die „anderen" die Wahl. Die Luft ist notwendig zum Atmen, und die Wärme der Sonne ist notwendig, damit überhaupt Leben auf diesem Planeten existieren kann. Mit anderen Worten: Solange ich in diesem Netzwerk von Beziehungen und Abhängigkeiten bleibe, scheint (fast) alles seine Notwendigkeit und auch seinen „Sinn" zu haben. Selbst Dinge und Personen, die wir als nicht-notwendig betrachten, haben einen Platz in diesem Gewebe: Wir können sie als „Luxus" ansehen, der unser Leben bereichert und verschönert, oder als Zumutung, über die wir uns zumindest aufregen können.

IST DAS „GANZE" NOTWENDIG?

Brenzlig wird die Sache erst, wenn ich auf die Frage stoße, ob das „Ganze" überhaupt notwendig ist. Ich stehe plötzlich vor einer Wand. Sage ich Ja, so muss ich dieses Ja auch begründen, und da ergeht es mir wie einem Schüler, dem trotz scharfen Nachdenkens die Lösung einer schweren Mathematikaufgabe nicht einfallen will. Antworte ich mit Nein, so wird man verständlicherweise eine Erklärung von mir erwarten, warum ich überhaupt weiterlebe und nicht Selbstmord begehe. Es war das Verdienst von Albert Camus, dieses Problem wieder in den Brennpunkt der Philosophie gerückt zu haben, und ich erinnere mich noch gut, welchen großen Eindruck sein „Der Mythos des Sisyphos" auf mich in meiner Jugend gemacht hat. Das schleichende Gefühl, dass alles irgendwie „absurd" ist, hatte mich schon während meiner Internatszeit begleitet, und diese „Mauern des Absurden" brachen dann erst entzwei, als ich in meiner Studentenzeit das im Vorwort kurz geschilderte tiefgreifende Grunderlebnis hatte.

Mit der theoretischen Beseitigung der christlichen Lehre von der „Schöpfung aus Nichts" haben wir das „Nichts", das an unserem Dasein zu nagen scheint, ja noch nicht aus der Welt geschafft. Und auch die tiefgründige und völlig nichtssagende Feststellung des Parmenides vor etwa 2500 Jahren, nämlich dass das Seiende ist, das Nichts aber nicht ist, scheint diesem Gespenst nicht den geringsten Garaus gemacht zu haben. Will man Sartre glauben, so „umgeistert" das Nichts noch immer das Sein – ja, es scheint sogar „aktiv" zu sein und zu „nichten", wie Heidegger meinte.

Dabei scheinen Tod und Ver-nichtung nur die eher groben Ausdrucksformen dieses Nichts zu sein. In einer viel subtileren, eher versteckten Form nistet es direkt in uns, als *Möglichkeit,* und offenbart sich dann einigen „Auserwählten" plötzlich als geheime Leuchtschrift, die ihnen nun überall begegnet, versteckt zwischen den alltäglichen Temperatur- und Zeit-Anzeigen, zwischen den Börsenberichten und den Nachrichten über Flugzeugabstürze und Regierungsumbildungen: DIE WELT KÖNNTE EBENSOGUT NICHT SEIN. Wir können dem Nichts in dieser subtilen Form an jeder Straßenecke begegnen, es überfällt uns ohne Vorwarnung, so plötzlich wie ein Satori. Wir werden danach nie mehr dieselben sein, auch wenn sich die Alltagsrealität sehr schnell wieder verdichtet und uns in ihren Bann schlägt, denn wir haben etwas „gesehen". Doch ist das Nichts überhaupt etwas, das man „sehen" kann – wie ein Objekt? Hat es eine Realität in sich selbst, existiert es „neben" der Welt – und neben Gott? Wer oder was „nichtet" eigentlich, und wer oder was offenbart uns eigentlich, dass die Welt auch nicht sein könnte?

Wir haben die Antworten schon angedeutet: Sie führen uns, wie den jungen Vivekananda, zum Grund, der uns zuerst als „Nichts" erscheint und uns aus der vertrauten Welt herausschleudert. Ohne den Verlust dieses oberflächlichen Vertrauens können wir kein wirkliches Grundvertrauen gewinnen, denn sonst vertrauen wir weiter auf unsere Spareinlagen, auf unseren Immobilienbesitz, auf den Familienzusammenhalt, auf unser Fachwissen, auf den neuen Wirtschaftsaufschwung – aber nicht auf das, was wir sind. Und dieses Sein wird paradoxerweise durch das „Nichts" freigeschält – weshalb wir dem Nichts dankbar sein sollten. Es ist, wenn man so will, die „Maske" Gottes, unter der er uns zwingt, die Schale unseres oberflächlichen Daseins aufzubrechen und zum eigentlich Kern unseres Seins vorzudringen.

DAS KLIMA DES ABSURDEN

Die Literatur und Philosophie des Existenzialismus, die in der Mitte des letzten Jahrhunderts vorherrschend war (und die mich in meiner Jugend sehr prägte) kann uns helfen, das Gefühl der Unwirklichkeit, das uns manchmal überfällt, zu vertiefen. Fremdheit und Absurdität sind hier die Stichworte – wobei es natürlich verschiedene Stufen der Wahrnehmung gibt. Wenn ich erkenne, dass die Welt auch nicht sein könnte, offenbart sie sich mir in ihrer Absurdität. Camus führt folgendes Beispiel an: Wir sehen einen Mann, der hinter der Glaswand einer Telefonzelle in den Hörer spricht. Wir hören nichts, „man sieht nur sein Mienenspiel. Man fragt sich, warum er lebt."[1]

Camus weitet das „Klima des Absurden" dann auf ein Fremd-Werden, auf eine „Verdichtung" der Welt, aus. „Die Welt entgleitet uns: sie wird wieder sie selbst", schreibt er. Das Grundgefühl, das hier artikuliert wird, ist nicht: „Die Welt könnte ebenso gut nicht sein", sondern „Die Welt könnte auch ganz gut ohne mich existieren". Selbst die schönste Landschaft verneint uns, „die primitive Feindseligkeit der Welt, die durch die Jahrtausende besteht, erhebt sich wieder gegen uns" (Camus)[2].

Sartre hat diese verdichtete Fremdheit der Natur auf recht beklemmende Weise in seinem Roman „Der Ekel" beschrieben. Das bloße nackte Da-Sein der Dinge, jeglicher Aura entkleidet, hat schon fast etwas „Obszönes". Von der christlichen Schöpfungsformel ist nur das Nichts übrig geblieben, und aus diesem stehen die Dinge in nackter Aufdringlichkeit hervor. Die berühmte Schilderung der Baumwurzel in diesem Buch hat etwas durchaus „Gnostisches", denn für die gnostischen Systeme bestand die Schattenseite der Schöpfung ja nicht so sehr in luziferischen Finsternissen, sondern in der materiellen Verdichtung der Welt.

Wenn sich diese passive Feindseligkeit der Welt noch mehr verdichtet, kann sie gleichsam „aktiv" werden und ihre Fäuste zeigen. Wir fühlen uns bedroht. Wir sind in der Welt Kafkas, der vor der nicht mehr durchschaubaren Welt einen ungeheuren Respekt hatte. Sie schüchterte ihn ein. Wenn wir diesen Respekt vor der Welt verlieren wollen, müssen wir sie als „unwirklich" erkennen, d.h., wir müssen sie in ihrer ganzen Harmlosigkeit und Unwichtigkeit entlarven, wir müssen ihr die Maske vom Gesicht reißen. Denn sonst erstarren wir immer wieder aufs Neue – aus Angst, aus Respekt – ob nun vor den Seiten der Natur, vor kafkaesken Beamten, vor den Folterknechten faschistischer oder kommunistischer Systeme oder vor unserem Bürochef.

Selbstverständlich hat dieses Durchsichtig-Werden der Welt auch manchmal etwas Komisches.

Das als hohl entlarvte Leben ist ja gerade auch lächerlich, also zum Lachen. Wir brauchen nur einmal beim Fernseher den Ton abzuschalten – und vieles, etwa die manierierten Bewegungen der Sänger und die gut eingeübten Gesten der Politiker, besonders ihre gekonnte Schulterdrehung, sind plötzlich irrsinnig komisch.

Dieses Gefühl des Absurden wird noch durch das mechanische Getriebe des modernen Lebens verstärkt. Und dieses Gefühl kann plötzlich zu einer Art Knacks in uns führen. Wir sind auf dem Weg nach Hause, wir warten auf die U-Bahn – und von einer Sekunde auf die andere ist uns auf einmal sonnenklar, dass dieser ganze „Betrieb" nicht notwendig ist. Es ist absolut *nicht* notwendig, dass die Menschen hierhin und dorthin laufen, dass die U-Bahnen fahren, dass die Flugzeuge aufsteigen, dass eilige Geschäftsleute irgendetwas furchtbar Wichtiges in ihre Handys sprechen.

DIE WELT IST BEREITS UNTERGEGANGEN

Wenn man dieses negative Weltgefühl noch weiter steigern will, kann man es zu dem Bewusstsein verdichten, dass die Welt nicht nur nicht sein könnte, sondern dass sie bereits untergegangen ist. Wir brauchen gar nicht mehr auf ihren Untergang zu warten. Die Zeugen Jehovas und andere Untergangspropheten stellen völlig umsonst ihre apokalyptischen Berechnungen an! Die Welt ist schon untergegangen – und keiner, außer uns natürlich, hat es gemerkt. Die Tagesschau hat dieses wichtige Ereignis schlicht verschlafen. Und alle Programme, öffentliche wie private, laufen weiter wie eh und je, die Autos und Züge fahren weiter nach Hause oder zum Arbeitsplatz oder in den Urlaub oder an die Front, die Planeten drehen sich weiter um die Sonne, man streitet sich weiter, geht weiter zusammen ins Bett, rüstet weiter, verträgt sich weiter, liest weiter in der Zeitung, wie viele Kinder wieder verhungert sind, zahlt die Rechnungen weiter und hofft sogar weiter. Auf was eigentlich? Dass die Renten doch gesichert bleiben, dass doch kein Krieg ausbricht, dass sich die Zahl der täglich Verhungernden in Grenzen hält, dass sich die private Ehekrise und die allgemeine Wirtschaftskrise in Grenzen halten. Und plötzlich hakt etwas aus. Die Welt zerfällt. Es ist nicht eigentlich so, als würde sie von einem Schwarzen Loch verschluckt. Man sieht die Dinge noch immer wie zuvor – aber „anders". Man schaut durch sie hindurch. Ihr Gewebe wird durchsichtig – nicht aber, um gleich das transzendente Licht durchzulassen, sondern nur, um ihre Fadenscheinigkeit, ihre Substanzlosigkeit zu enthüllen. Im Vergleich mit dieser Hohlheit und Gespenstigkeit wirkt das blanke ehrliche Nichts fast wie eine Wohltat. Und vielleicht wächst deshalb in manchen Menschen der Wunsch, diesen hohlen Fassaden den letzten, allerletzten Tritt zu versetzen, damit wirklich nichts mehr übrig bleibt – NICHTS!

Natürlich zeichne ich eine Karikatur dieser modernen Welt, doch das Gefühl, nur einem „Betrieb", einem hektischen „Getriebe" zuzuschauen, ist nicht gar so weit hergeholt. Selbst der Weltuntergang würde uns, wenn er uns in der Tagesschau vermittelt würde, als Show präsentiert – darüber frei schwebend und heiter gelöst oder aufs tiefste betroffen (der Unterschied ist fast schon gleichgültig) der Kommentar des Nachrichtensprechers, der aus unerfindlichen Gründen vom Untergang verschont geblieben ist – wie wir, die wir ihm Salzstangen knabbernd gebannt zuschauen. Es fehlt in unserer Welt ja nicht an Intelligenz, es fehlt nicht an Beredsamkeit und Witz, an fast schon genialen Regieeinfällen und technischem Know-how, es fehlt auch nicht an breit gefächertem Wissen und künstlerischen Leistungen. Es fehlt eigentlich nur an Sinn. Die Hohlheit einer Fernsehshow mit künstlichem Qualm und billigen Lichteffekten ist nur der äußere Ausdruck einer inneren Hohlheit, die vor nichts haltmacht. Alles, wirklich alles scheint mit einem Mal bloßer „Betrieb" zu sein -: der politische Betrieb mit seinen Debatten, Wahlkämpfen und Talkshows, der kirchliche Betrieb, der militärische Betrieb, der esoterische Betrieb, der kulturelle Betrieb. Eine unendliche Zahl von Maschinerien, die sich verselbständigt zu haben scheinen und lauter in sich geschlossene Welten bilden, die sich auf geheimnisvolle Weise selber füttern und zusammen das große Irrenhaus „Welt" ausmachen. Wir verfolgen mit zum Teil faszinierten, zum Teil gelangweilten Augen immer nur ein Scheingeschehen. Die technischen Mittel, die es uns ermöglichen, an diesem Maya-Getriebe teilzunehmen, werden immer verfeinerter. Doch das, was man sieht und hört, wird immer substanzloser. Oder war es immer schon so?

Es stimmt, dass der moderne hektische Aktionismus dieses Gefühl der Unwirklichkeit fördert, doch die große Sinnfrage – mit oft negativer Antwort – wurde nicht erst im 21. Jahrhundert gestellt. Koholet (das „Buch Prediger" im Alten Testament) brauchte keine hochmoderne Zivilisation, um zu erkennen, dass alles nichtig und eitel ist, ein „leeres Haschen nach Wind". Die frühen Buddhisten und auch die Gnostiker fanden keine Heilung und keinen Sinn in der damals noch recht intakten Natur – die manchen Menschen heute zum letzten Sinn-Geber geworden ist –, sondern sahen gerade im Kreislauf der Natur das sinnlose Getriebe des *Samsara* oder das Gefängnis des böswilligen Demiurgen. Und auch das frühe Christentum, ob nun gnostisch geprägt oder nicht, hatte mit dieser Welt des Alten Äon nicht mehr viel am Hut. „Lass die Toten ihre Toten begraben", sagte Jesus, und die dem Wiederkommen des HERRN entgegenfiebernde Urgemeinde betete: „Möge die Gestalt dieser Welt vergehen. Maranatha! Herr, komme bald!"

Selbst – oder gerade – im Dionysischen fand ein Philosoph wie der junge Nietzsche ein Element des Ekels. In seinem Buch „Die Geburt der Tragödie" vergleicht er den dionysischen Menschen mit Hamlet: „Beide haben einmal einen wahren Blick in das Wesen der Dinge getan, sie haben erkannt, und es ekelt sie zu handeln; denn ihre Handlung kann nichts am ewigen Wesen der Dinge ändern, sie empfinden es als lächerlich und schmachvoll, dass ihnen zugemutet wird, die Welt, die aus den Fugen ist, wieder einzurichten. Die Erkenntnis tötet das Handeln, zum Handeln gehört das Umschleiertsein durch die Illusion – das ist die Hamletlehre, nicht jene wohlfeile Weisheit von Hans dem Träumer, der aus zu viel Reflexion, gleichsam aus einem Überschuss von Möglichkeiten, nicht zum Handeln kommt; nicht das Reflektieren, nein! – die wahre Erkenntnis, der Einblick in die grauenvolle Wahrheit überwiegt jedes zum Handeln antreibende Motiv, bei Hamlet sowohl als auch beim dionysischen Menschen. Jetzt verfängt kein Trost mehr, die Sehnsucht geht über eine Welt nach dem Tode, über die Götter selbst hinaus, das Dasein wird, samt seiner gleißenden Widerspiegelung in den Göttern oder in einem unsterblichen Jenseits, verneint. In der Bewusstheit der einmal geschauten

Wahrheit sieht jetzt der Mensch überall nur das Entsetzliche oder Absurde des Seins, jetzt versteht er das Symbolische im Schicksal der Ophelia, jetzt erkennt er die Weisheit des Waldgottes Silen: Es ekelt ihn."[3]

Dieser dionysisch-orphische Ekel vor der Welt der Erscheinungen war bekanntlich Teil einer fast schon globalen pessimistischen Stimmung, die auch schon in Teilen der Upanishaden zu finden ist und in Buddha ihren vorläufigen Höhepunkt erreichte. Von der ursprünglichen „Schöpfungswonne"(Schubart), die etwa noch in den vedischen Hymnen vibriert, ist nicht mehr viel zu spüren, und wie der junge Nietzsche richtig bemerkt, lässt sich die spirituelle Sehnsucht nun auch nicht mehr mit himmlischen Jenseits-Welten abspeisen. Auch sie gehören noch dem karmischen „Getriebe" an, auch sie sind nur Teil eines Räderwerks, das durch Unwissenheit und Begierde in Gang gehalten wird. Es geht – auch in der etwas später auftretenden Gnosis und im Vedanta – nicht darum, eine an sich „gute" Schöpfung von ein paar lästigen Schatten und kleineren Schönheitsfehlern zu befreien, sondern darum, das ganze Gefängnis aus Raum, Zeit und Kausalität in die Luft zu sprengen.

Natürlich endet mystische Spiritualität nicht im Gefühl des Ekels oder in der Stimmung des Absurden. Aber ich bezweifle, dass jemand wirklich den Durchbruch zum Grund schafft, der von einer solchen Stimmung nicht wenigstens einmal angehaucht worden ist. Ohne die Begegnung mit dem Nichts, ohne den durchdringenden Blick Buddhas durch die Oberfläche der Erscheinungen hindurch lässt sich das Ungeborene und Unzerstörbare nicht verwirklichen. Das Wissen um die bloße „Vergänglichkeit" des Lebens genügt hier noch nicht, der Blick muss tiefer gehen, um die Triebfedern des samsarischen Kreislaufes bloßzulegen und den Schleier der Maya zu zerreißen. Auf jeden Fall wird eine solche negative Weltsicht, egal, ob sie nun buddhistisch, vedantisch, gnostisch oder existentialistisch geprägt ist, nicht mit ein paar billigen Tröstungen „repariert". Man muss hindurch – und macht dann am Ende der spirituellen Entwicklung im Glücksfall die erstaunliche Entdeckung, dass diese „nichtige" Schöpfung letztlich aus *Ananda,* der göttlichen Glückseligkeit, geboren ist.

DIE BUNTEN MAYA-RÖCKE

Diese göttliche Glückseligkeit – die Eckhart einmal mit einem Pferd verglich, das sich auf einer unbegrenzten Weide glückselig austobt[4] – wirft jedoch auch manchmal schon ihre freundlichen Schatten voraus – selbst in jene „absurden" Stimmungen hinein. Auch die spezifische Bewusstseinshaltung, die ich mit dem Satz „Die Welt könnte ebenso gut nicht sein" zum Ausdruck bringen wollte, deckt sich nicht völlig mit dem „Ekel" an der Welt, von dem Nietzsche in der „Geburt der Tragödie" sprach, oder mit Buddhas „sarvam dukha", „Alles ist leidvoll". Das Gefühl ist irgendwie luftiger, leichter. Die Erkenntnis, dass die Welt auch nicht sein könnte, kann einen zuerst erschlagen, sie kann uns wie ein Ziegelstein plötzlich auf den Kopf fallen und ein halbes Satori auslösen. Doch wenn wir uns an den Gedanken gewöhnt haben, kann er uns auch immer wieder leicht „anwehen". Er hat dann plötzlich etwas sehr Befreiendes. Manchmal gluckst fast ein inneres Lachen hoch. Es ist, als würden der Schöpfung plötzlich an einem sonnigen Herbsttag von einem Windstoß die bunten Maya-Röcke hochgehoben. Wir erleben nicht die „Dichte" der Welt, die uns fremd geworden ist, sondern ihre Durchsichtigkeit. Sie hat auch keine „Fäuste" mehr für uns, die uns bedrohen könnten. „Nicht Tod und Not sind das Fürchterliche", sagte Epiktet, „sondern die Furcht vor ihnen." Das oft bedrückende Bewusstein, dass die Welt wichtig und notwendig ist, ist plötzlich verschwunden. Wir können durchaus noch den einen oder anderen Aspekt dieser Schöpfung „bewundern", aber der „Respekt", den wir vor der Welt – und vor allem vor der Welt der Menschen – hatten, ist fortgeblasen. Man sieht die Welt als *Maya* – und zwar genau zwischen den beiden Bedeutungen, die dieses Wort hat: als spielerischen Ausdruck des Absoluten und als unwirklichen Schein. Als normale „Welt", die sie bisher für uns war, oft auf sehr aufdringliche Weise, entgleitet sie uns – aber nicht, um auf eine feindselige Art nun „für sich" zu bestehen, sondern um als „Welt" zu verschwinden. Wir verstehen nicht, warum wir sie die ganze Zeit so furchtbar ernst genommen haben. Wir gehen, symbolisch gesprochen, ins Büro unseres Vorgesetzten und sagen zu ihm: „Wissen Sie eigentlich, dass Sie auch nicht sein könnten?"

Die Schwierigkeit liegt darin, diesen Zustand anderen – oder „Außenstehenden", wie es so schön heißt – zu vermitteln. Es ist wie mit jenen „magischen" Bildern, die vor einigen Jahren so populär waren: Man sieht entweder nur eine abstrakte Struktur oder das darin verborgene dreidimensionale Bild.

Dies ist noch nicht der endgültige Durchbruch. Es sind „glimpses", wie es im Englischen heißt: Wir erhaschen einen „Schimmer" der Wahrheit, sind aber noch keineswegs im Grund restlos verankert. Man könnte es einen gnadenhaften Zwischenzustand nennen. Wir sehen die göttliche Wirklichkeit noch nicht direkt, „von Angesicht zu Angesicht". Es ist eher wie ein Blinzeln, ein Zwinkern. Gott zwinkert uns zu, direkt durch seine „Erscheinungen" hindurch – durch dieses herrliche und zugleich fadenscheinige Maya-Gewebe!

DAS OPFER DER GOTTHEIT

Die Erkenntnis, dass die Welt auch nicht sein könnte, hat also letztlich nichts Bedrückendes, sondern etwas Befreiendes. Und sie findet ihre eigentliche Begründung nicht darin, dass ein allmächtiger, souveräner Schöpfergott diese Welt auch hätte *nicht* erschaffen können, sondern darin, dass die Möglichkeit des Nicht-Schaffens „im Grunde" immer gegeben ist. Es handelt sich nicht um eine Möglichkeit, die dann durch den Akt des Schaffens aufgehoben wird, sondern die immer bestehen bleibt, als Wirklichkeit des ewig in sich ruhenden Seins. „Im Grunde" wirkt Gott nicht, sagt Eckhart, und deshalb unter-liegt dieses Nicht-Wirken, dieses taoistische Nicht-Tun, diese absolute Ruhe des Grundes allem Da-Sein. Was wir aber als tragende Basis unserer Existenz so eindringlich erleben, etwa in der Stille der Meditation, erfahren wir, wenn wir nicht so gut geerdet sind, als Bedrohung – so wenn wir etwa beim gesellschaftlichen Smalltalk eine plötzlich auftretende Pause als Bedrohung empfinden, so, als würde sich plötzlich ein gähnender Abgrund auftun, der schnell wieder mit Geschwätz zugeschüttet werden muss. Wir flüchten vor der Stille, wir fürchten die Ruhe, wir halten „uns" nicht aus. Das Nicht-Wirken des Grundes scheint uns dann, statt Basis zu sein, eben diesen Boden unter den Füßen wegzuziehen, denn sein Nicht-Tun signalisiert uns, dass all unser Tun „im Grunde" nicht notwendig ist. Sein in sich ruhendes erfülltes Sein wird von uns als Nichts interpretiert, als Abgrund, über den wir schnell allerlei Bretter legen müssen, all unsere Ersatz-Gründe und Ersatz-Befriedigungen – bis wir erkennen, dass es keinen Sinn hat, vor diesem „Nichts" zu flüchten oder es zu verdrängen, sondern dass wir uns ihm stellen müssen – und dann eben entdecken, dass aus diesem „Nichts" das Sein zu uns spricht, das aller Dinge „ledig" ist.

„Tao ist ewig Nicht-Tun, und doch bleibt nichts ungetan," heißt es bei Lao-tse. Ebenso quillt aus der Ruhe des Eckhart'schen Grundes die Dynamik des Lebens – ohne ein Warum. Wenn wir uns und die Welt loslassen, erfahren wir etwas von dieser unergründlichen Ruhe des Grundes. Aber dieser kleine Verzicht, den wir leisten, ist nur das schwache Echo auf jenen Verzicht, den die Gottheit seit Ewigkeit leistet. Bevor ihrem Grund auch nur das winzigste Universum entsprungen ist, hat sie schon immer auf alle Schöpfungen verzichtet. Ihr „Opfer" ist deshalb ein doppeltes: Es ist der Verzicht auf jeglichen Schöpfungs-Ausdruck, und es ist der Verzicht auf ein selbstisches In-sich-verbleiben-Wollen. Was für uns Gegensätze sind, die sich gegenseitig ausschließen, ist im Grunde ungeschieden. Deshalb konnte auch Eckhart einmal die absolute Abgeschiedenheit des negativen Weges preisen und dann wieder die aktive „Fruchtbarkeit" Marthas gegen die kontemplative Maria ausspielen.

Warum ist die bedürfnislose Leerheit des Grundes, die „nie nach einem Werk ausgelugt hat", aber zugleich die absolute Fülle? Eben weil sie bedürfnislos ist. Sie braucht nichts. Sie hat ja schon alles. Was wir uns auch immer an möglichen Universen und Parallel-Universen vorstellen können, hat die Gottheit längst durchexerziert. Da sie aber „leer" ist, bewirkt das bei ihr nicht die berühmte „Melancholie der Erfüllung", sondern macht sie neugierig auf immer neue Schöpfungsabenteuer. Sie wird nie „alt". Und Mystiker, die sich auf diese paradoxe Natur des Grundes einlassen, wirken auch nie alt. „Wisset," sagt Eckhart, „meine Seele ist so jung, wie da sie geschaffen ward, ja, noch viel jünger! Und wisset, es sollte mich nicht wundern, wenn sie morgen noch jünger wäre als heute!"[5]

5.

DER STACHEL DES LEIDENS

Und ich bin „etwas", das ist der Jammer!

GEORG BÜCHNER, DANTONS TOD

Im letzten Kapitel haben wir uns vor allem mit der Eitelkeit und der Absurdität der Welt beschäftigt, die oft ein Lächeln oder gar ein wildes Gelächter provoziert und im Ernstfall zu der Erkenntnis führt, die „Welt" könne ebenso gut nicht sein. Doch die „Grundfrage", warum überhaupt etwas ist und nicht vielmehr nichts, wird nicht nur durch die „Lächerlichkeit" der Welt und auch nicht allein durch eine spielerische Laune des menschlichen Denkvermögens („Wie wäre es, wenn ich die Welt einfach „weg"-denken würde?") herausgefordert, sondern auch und vor allem durch das unvorstellbare (und leider doch wieder vorstellbare) Leiden, das die Struktur der Schöpfung – zumindest so weit wir sie kennen – sehr stark prägt. Beim Anblick und Durchdenken dieses Leidens gluckst dann kein inneres Lachen mehr hoch, es stellt sich kein luftiges und befreiendes Gefühl ein, die Maya-Röcke des schönen Scheins werden zwar auch hochgeweht, doch nur um uns den Blick in den Abgrund des Leidens – und Grauens – freizugeben.

SCHELLING IST VERZWEIFELT

Die Frage, warum überhaupt „etwas" ist, kann – wie bei Leibniz – eine Art philosophische Pflichtübung sein, sie kann durch ein sich wunderndes Staunen – etwa über die „Wunder" der Natur – hervorgerufen werden, sie kann aber auch, wie bei Schelling, einen „tragischen" Akzent bekommen, vor allem, wenn wir die Sphäre der menschlichen Geschichte betreten. Hier finden dann Vanitas und Leiden zusammen. Dem späten Schelling bot das ganze Welttheater ein „so trostloses Schauspiel dar, dass ich an dem Zwecke, und demnach an einem wahren Grund der Welt, vollends verzweifle". Der Mensch werde von einer „ungeheuern, nie ruhenden Bewegung, die wir Geschichte nennen, gegen ein Ziel fortgerissen, das er nicht kennt", weshalb es für ihn zwecklos sei, „und da er der Zweck alles anderen seyn soll, so ist durch ihn auch alles andere zwecklos geworden... Es ist in allem Thun, in aller Mühe und Arbeit des Menschen selbst nichts als Eitelkeit: alles ist eitel, denn eitel ist alles, was eines wahrhaften Zwecks ermangelt. Weit entfernt also, dass der Mensch und sein Thun die Welt begreiflich mache, ist er selbst das Unbegreiflichste, und treibt mich unausbleiblich zu der Meinung von der Unseligkeit allen Seyns, einer Meinung, die in so vielen schmerzlichen Lauten aus alter und neuer Zeit sich kundgegeben. Gerade Er, der Mensch, treibt mich zur letzten verzweiflungsvollen Frage: Warum ist überhaupt etwas? Warum ist nicht nichts?"[1]

AUF DER SONNIGEN FRÜHSTÜCKSTERRASSE DES LEBENS

Nun gut, ich kann die Frage ungerührt verhallen lassen. Ich sitze gerade beim Frühstück auf der Terrasse (ich verfasse jetzt so etwas wie eine poetisch-philosophierende „Rollenprosa"), die Sonne ist pünktlich um zehn nach acht um die gerade wieder frisch ergrünte Buchenecke gebogen, das Müsli, das ich mir jeden Morgen gönne, schmeckt ausgezeichnet, unser orange-farbener Kater „Cooper" wetzt sich zutraulich und genüsslich an meinem Bein, funkelnde Tautropfen der kleinen Wiese neben dem winzigen Biotop, das wir mit eigenen Händen „erschaffen" haben, laden zum barfüßigen Tautreten ein, die „Süddeutsche", in der meine Frau gerade blättert, weiß wahrscheinlich auch nicht, was nun der endgültige Zweck und Sinn der Geschichte ist – aber was soll's? Die Morgenluft strömt eine wunderbare Frische aus, der Duft des Kaffees ermutigt zu neuer Aktivität, zu neuem Überlebens-Training – und meine Frau sagt mir gerade, die neuen Staatsschulden betrügen nun doch nicht 43 Milliarden, sondern nur 39 Milliarden Euro. Was geht mich der Herr Schelling an?

Ich muss zwar zugeben: Viel sinnvoller als zur Zeit des großen deutschen Philosophen ist die Menschheitsgeschichte noch nicht geworden, Ernst Blochs „Prinzip Hoffnung" wird in den Bibliotheken kaum noch ausgeliehen, Teilhard de Chardins „Punkt Omega" wird nicht mehr heftig diskutiert, Sri Aurobindos „Supramentales" hat unseren Globus auch noch nicht merklich transformiert, ganz zu schweigen von den Hoffnungen der christlichen Urgemeinde, die sich nach zweitausend Jahren auch noch nicht erfüllt haben. Und die Predigt Meister Eckharts, die ich nach dem Frühstück lese, sagt mir wieder einmal, dass sowieso alles „ohne ein Warum" sei.

GOTT HAT KEIN GEHIRN

Nach der Eckhart-Lektüre schaue ich noch kurz in einen Brief Swami Vivekanandas, den der große Schüler Ramakrishnas 1896 in London geschrieben hat und dessen hauptsächliche Botschaft lautet: „There is neither rhyme nor reason in the universe." Auch in ihm geht es um die Sinn- und Zwecklosigkeit allen menschlichen Treibens, doch diese Erkenntnis scheint den indischen Swami, im Unterschied zu Schelling, in keine tiefe Verzweiflung zu stürzen. Er ist offensichtlich „high" – und wüsste man nicht, dass er so gut wie nie einen Tropfen Alkohol angerührt hat und auch Drogen verschmähte, so könnte man glauben, er hätte an diesem Tag zu tief ins Glas geschaut oder sich massiv mit allerlei Gemütsaufhellern versorgt „An manchen Tagen gerate ich in eine Art Ekstase," schreibt er. „Ich habe das Gefühl, ich müsste alles und jeden segnen, ich müsste alles lieben und umarmen, und ich sehe, dass das Böse eine Illusion ist. Ich bin jetzt in einer dieser Stimmungen... Ich segne den Tag, an dem ich geboren wurde. Ich durfte hier so viel Liebe und Freundlichkeit erfahren, und jene Unendliche Liebe, die mich ins Sein gebracht hat, hat jede meiner Handlungen beschützt, gute oder schlechte (erschrick' nicht), denn was bin ich, was war ich jemals anderes als ein Werkzeug in Seiner Hand? Er ist mein verspielter Geliebter, ich bin sein Spielgefährte. Dieses Universum ist ohne Sinn und Verstand! Welche Vernunft sollte Ihn binden? Er, der Verspielte, spielt all diese Tränen und all dies Lachen in allen Akten des Stücks! Ein riesiger Spaß, wie Joe immer sagt. – Ja, es ist eine lustige Welt, und der lustigste Geselle, den Du je gesehen hast, ist Er – der Geliebte, der Unendliche! Ist es etwa kein Spaß? Bruderschaft oder Spielkameradschaft – im Grunde ist es eine Schar herumtollender Schulkinder, die man auf den Spielplatz der

Welt entlassen hat, nicht wahr? Wen soll man preisen, wen tadeln? Es ist alles Sein Spiel. Sie wollen alle Erklärungen, aber wie kann man Ihn erklären? Er hat kein Gehirn, noch irgendeinen Verstand. Er narrt uns mit unseren kleinen Gehirnen und unserem bisschen Verstand, aber diesmal passe ich auf! – Ich habe ein oder zwei Dinge in meinem Leben gelernt: Jenseits, weit jenseits von Verstand oder Gelehrsamkeit und Reden ist das Fühlen, die ‚Liebe', der ‚Geliebte'. Ay, Sake, füll den Becher und lass uns verrückt sein. Für immer der Deine, in ewiger Verrücktheit, Vivekananda."[2]

Derselbe Vivekananda hatte sich in seiner Jugend bei seinem Guru Ramakrishna bitter über den Zustand der Welt beklagt und geschworen, er hätte, wenn er Gott wäre, eine bessere Welt erschaffen. Er hätte wohl Verständnis für Schellings Verzweiflungsausbruch, für Dantons „atheistische" Reden (in Büchners genialem Drama), für Schopenhauers gnadenlose Daseinsanalysen, für Iwan Karamasovs leidenschaftliche Anklagen – und auch für die folgenden Klagen des jungen Werther gehabt: „Es hat sich vor meiner Seele wie ein Vorhang weggezogen, und der Schauplatz des unendlichen Lebens verwandelt sich vor mir in den Abgrund des ewigen offenen Grabs. Kannst du sagen: Das ist! Da alles vorüber geht? Da alles mit der Wetterschnelle vorüberrollt, so selten die ganze Kraft seines Daseins ausdauert, ach in den Strom fortgerissen, untergetaucht und an Felsen zerschmettert wird? Da ist kein Augenblick, der nicht dich verzehrte und die Deinigen um dich her, kein Augenblick, da du nicht ein Zerstörer bist, sein musst; der harmloseste Spaziergang kostet tausend armen Würmchen das Leben, es zerrüttet ein Fußtritt die mühseligen Gebäude der Ameisen und stampft eine kleine Welt in ein schmähliches Grab. Ha! Nicht die große seltne Not der Welt, diese Fluten, die eure Dörfer wegspülen, diese Erdbeben, die eure Städte verschlingen, rühren mich; mir untergräbt das Herz die verzehrende Kraft, die in dem All der Natur verborgen liegt, die nichts gebildet hat, das nicht seinen Nachbar, nicht sich selbst zerstörte. Und so taumle ich beängstigt. Himmel und Erde und ihre webenden Kräfte um mich her: ich sehe nichts als ein ewig verschlingendes, ewig wiederkäuendes Ungeheuer."[3]

Bloße subjektive Stimmungen, veränderlich wie die Wolken am Himmel? Mag sein. Aber immerhin sind es keine oberflächlichen

Stimmungen, sondern tiefe Einblicke in das Wesen der Welt, ob nun negative oder positive. Diskussionen darüber, wer nun „Recht" hat, Vivekananda in seinem ekstatischen Brief oder Schelling bzw. Werther, sind ziemlich müßig, zumal dem indischen Swami das „ewig verschlingende, ewig wiederkäuende Ungeheuer" sicherlich nicht unbekannt war – und andererseits der Schöpfer des Werther, Goethe, diese negative Weltsicht ja auch wieder nur als eine Durchgangsstufe ansah. Solange wir uns in der Welt der Erscheinungen, in „Maya", aufhalten, werden unsere Interpretationen der Welt immer etwas Subjektives haben, und jenseits von Maya gibt es keine „Welt", die wir interpretieren könnten.

Während wir am Frühstückstisch sitzen und die Morgensonne genießen, „weiß" ein Teil von uns, dass gleichzeitig Tausende von Menschen verhungern oder auf die entsetzlichste Weise gefoltert werden. Würde ich mir wie die Jains ein Tuch vor den Mund binden, um keine Mücken zu verschlingen, würde dies nicht die Ausrottung von unzähligen Tierarten verhindern. Unser Kater, der sich so anmutig an mein Bein schmiegt, jagt im nächsten Moment Vögeln nach – und erwischt sie leider auch manchmal. (Und leider hat ihn, nur wenige Wochen später, in den frühen Morgenstunden ein rasender Autofahrer erwischt; Cooper war auf der Stelle tot, er hatte nicht die geringste Chance, die Straße war über und über gerötet von seinem Blut.) Und während ich im Garten umhergehe, um Beeren für mein Müsli einzusammeln, zertrete ich bestimmt – siehe Werther – etliche Ameisen und anderes Kleingetier.

Manchmal narrt uns für kurze Zeit die Hoffnung, die Schöpfung sei ein Paradies – wenn nur der *Mensch* mit seiner verfluchten „Geschichte" nicht wäre! „Der Himmel ist klar, und die Luft ist rein, wie zart ist das Gras, wie schön und sündlos ist die Natur," sagt Sossima in Dostojewskijs „Brüder Karamasov" vor dem Duell, „ – nur wir, nur wir allein sind gottlos und dumm und verstehen nicht, dass das Leben ein Paradies ist; und wenn wir es nur verstehen wollten, so würde die Erde in ihrer ganzen Schönheit zum Paradies, und wir würden einander umarmen und vor Freude weinen."

Kein Zweifel, wir Menschen sind entsetzlich dumm und sind nahe daran, uns aus Dummheit zu vernichten, aber „das ewig verschlingende, ewig wiederkäuende Ungeheuer", das Werther erblickte, als der Schleier des schönen Scheins vor seinen Augen zerriss, betrifft eben nicht nur die Natur des Menschen, sondern die Natur überhaupt. Darüber kann auch die Frische der Tautropfen an einem sonnigen Morgen nicht hinwegtäuschen. Ob nun die Katze einen Vogel jagt oder ein Schwarzes Loch eine ganze Galaxie verspeist – die Schöpfung ist ein ewiges Fressen-und-Gefressenwerden, ein „wiederkäuendes Ungeheuer", wie es in unzähligen tibetischen Tankas als „Rad des Lebens" dargestellt ist. Die Gnostiker sahen hier einen bösen Demiurgen am Werk, Buddha den Lebensdurst und die Unwissenheit der Wesen, und Schopenhauer den unergründlichen, dunklen „Willen". Auf jeden Fall hat sich die Begeisterung der Menschen über den Zustand der Schöpfung und die Dankbarkeit dafür, dass wir „da" sein dürfen, immer stark in Grenzen gehalten – sieht man einmal von Kindergottesdiensten ab, in denen das „Danke" dem anscheinend etwas schwerhörigen „Lieben Gott" mit viel Gitarrenlärm ins Ohr geplärrt wird.

Trotzdem: Die Morgensonne scheint, das Müsli schmeckt und Cooper liegt gemütlich auf den Steinen der Terrasse, ohne nach irgendwelchen Vögeln Ausschau zu halten. Ich sonne mich im Jetzt. All mein Wissen um die verschiedenen Krisenherde auf unserem Globus hindert mich nicht daran, an die Unschuld des Seins zu glauben – ja, sie in diesem Jetzt zu riechen und zu schmecken. Ich weiß: Sobald ich dieses Jetzt verlasse, stürze ich in die Welt des „Zufalls", wie Eckhart sie nannte – *„und alle Zufälle stiften ein Warum"*(Meister Eckhart).

DER „MUT ZUM SEIN" UND DER „MUT ZUM NICHTS"

Es gibt den „Mut zum Sein"(Paul Tillich), der alles Negative und sogar das Nichtsein als dynamischen Antrieb, als „Stachel" begrüßt, um sich im Sein zu behaupten. „Mut ist Selbstbejahung ,trotz', nämlich trotz alles dessen, was dazu beiträgt, das Selbst an der Bejahung seiner selbst zu hindern"[4,] schreibt Tillich . „Der Grund alles Seienden ist keine tote Identität ohne Bewegung und Werden, sondern er ist lebendiges Schaffen. Schaffend bejaht er sich selbst, indem er ewig sein eigenes Nichtsein überwindet. Das macht den Grund des Seins zum Urbild der Selbstbejahung alles Seienden und zur Quelle des Mutes zum Sein."[5]

Für eine solche abendländische Begeisterung für das „Sein" hat der Philosoph Ludger Lütkehaus, der dem „NICHTS" eine Studie von immerhin mehr als siebenhundert Seiten widmete[6,], nur Spott übrig. Er orchestriert all das philosophische Unbehagen, das sich im Laufe der Jahrhunderte am Zustand des Da-seins entzündet hat, zu einer eindrucksvollen Symphonie und plädiert am Ende für den Mut zum „Nichts", da es niemandem wirklich gelungen sei, zu beweisen, dass „Sein" besser sei als „Nichts". Zumindest will er von Dankbarkeit für das herrliche Geschenk des Daseins nichts wissen – nichts, aber auch gar nichts!

Der Mut, allem auf den Grund zu gehen (und dabei auch „zu Grunde" zu gehen!), dem unser Buch gewidmet ist, ist irgendwo zwischen diesen beiden Haltungen angesiedelt – und transzendiert sie. Im Unterschied zu Tillichs „Mut zum Sein" ist er keine „Trotz"-Haltung, er „bejaht" nicht einmal das Sein, da er sich eins mit ihm weiß. Allerdings mit einem Sein, das sich nicht gegenüber dem Nichts profilieren und sich von ihm abstoßen muss, sondern auch einfach – ist – in völliger nackter Unschuld. Es ist so nackt und entblößt, dass man den Verdacht nicht los wird, dass es selber eine Art „Nichts" oder „Leere" ist – „weit und wunderbar". Das Ziel des Mutes, „zu Grunde" zu gehen, ist nicht dynamische Selbst- und Seinsbejahung, die immer wieder neu erkämpft werden muss (wie das Lächeln des Sisyphos in Camus' philosophischem Frühwerk!), sondern der entspannte Zustand des Seins, der eigentlich schon jenseits von Sein und Nichtsein ist, im ewigen Jetzt. Keine theologische und philosophische „Anstrengung" (und Tillichs Sprache klingt oft sehr angestrengt) erreicht diesen Zustand, kein „Steilen" und pathetisches Übereinander-Türmen der Begriffe (der „absolute" Glaube an den „Gott über Gott", der uns „unbedingt angeht"), sondern nur die schlichte mystische Grund-Erfahrung des „Jetzt". In ihr geht die Welt „zu Grunde". Ein gewisser Mut zum „Nichts" ist also in dieser mystischen Grundeinstellung durchaus enthalten, sie kämpft nicht verbissen ums Sein, schon gar nicht ums Da-Sein, sie „lässt" es – *sein* – und kann ebenso gelassen zuschauen, wie die Welt wieder zurückkehrt aus dem Grund, als ein absolutes „Wunder".

Eben deshalb sieht diese Grund-Einstellung aber auch keinen Grund, das Nichts zu verherrlichen und es gegen das Sein auszuspielen. Sie klammert sich nicht ans Dasein, sie ist ihm nicht verhaftet – aber sie klebt ebenso wenig am Nichts. Sie folgt der Haltung jenes Zen-Meisters, der auf die Frage seines Schülers „Meister, ich bringe dir nichts. Was soll ich damit tun?", antwortete: „Wirf es weg!"

„DENN NICHTS ALS SCHMERZEN WÄHRT MIR DIESES EWIG BEWEGTE HERZ..."

Der Grundantrieb, das Nicht-Sein unter Umständen dem Sein – oder genauer dem Seienden – vorzuziehen, ist natürlich das Leiden an und in der Welt. Jeder Seufzer, jeder Schmerzensschrei kann gerichtlich gegen den Schöpfer verwendet werden. Und die Anklageliste ist lang. Wäre die Schöpfung ein Paradies, in dem wir immer nur über taufrische Wiesen hüpfen würden, würde sich das Nichtsein kaum als mögliche Alternative anbieten können. Wir wären glücklich – und im Zustand des Glücklichseins stellt man kaum irgendwelche Fragen.

Im Zustand des Nichtseins natürlich auch nicht. Weshalb das Nichts nicht nur Angst auslöst, sondern uns auch anzieht – zumindest in gewissen Verkleidungen, etwa als die „Ruhe des Grabes". Nur keine Schmerzen mehr, nur kein Leiden am Dasein – und am Bewusstsein – mehr! „Adieu, Ratten, das Schiff ist gescheitert etwas weniger das ist alles was man erfleht..." klingt die Sirenenstimme der Resignation in Samuel Becketts „Wie es ist". Und Kleist: „Denn nichts als Schmerzen währt mir dieses ewig bewegte Herz, das wie ein Planet unaufhörlich in seiner Bahn zur Rechten und zur Linken wankt, und von ganzer Seele sehne ich mich, wonach die ganze Schöpfung und alle immer langsamer und langsamer rollenden Weltkörper streben, nach Ruhe." Und Mörikes Maler Nolten: „O dass ein Schlaf sich auf mich legte, wie Berge so schwer und so dumpf! Dass ich nichts wüsste von gestern und heute und morgen! Dass eine Gottheit diesen mattgehetzten Geist, weichbettend, in das alte Nichts hinfallen ließe! Ein unermesslich Glück – –!"

Am eingängigsten hat vielleicht Bach dieses Hingezogensein zur Ruhe des Grabes in seiner Kantate „Ich habe genug", BWV 82, gestaltet. Dem verführerischen Zauber des tiefen Summtons in der Arie

„Schlummert ein, ihr matten Augen" kann man sich nur schwer entziehen. Auch der Schluss der Matthäus-Passion – etwa in den Rezitativen „Am Abend da es kühle war" und „Nun ist der Herr zur Ruh gebracht", ganz zu schweigen vom gewaltigen Schlusschor „Wir setzen uns mit Tränen nieder" – könnte einen fast zu der Überzeugung verleiten, dass sich der Christenglaube in eben dieser Grabesruhe vollende und überhaupt keinen Auferstehungsjubel nötig habe. „Es ist vollbracht!" Wozu da noch ein Ostern?!

Aber hat Kleist nicht recht, wenn er sagt, alle Dinge strebten nach Ruhe? Ist nicht auch der Grund die ewige Ruhe der Gottheit? Eckhart definiert Gott einmal als ein „ewig aus sich selbst rollendes Rad, das seine Bewegung im Umschwung immerfort in die Ruhe zurücknimmt"[7]. Und ein anderes Mal sagt er: „Fragte man mich, ich sollte bündig Auskunft darüber geben, worauf der Schöpfer abgezielt habe damit, dass er alle Kreaturen erschuf, so würde ich sagen: (auf) *Ruhe.* Fragte man mich zum zweiten, was die Heilige Dreifaltigkeit in all ihren Werken insgesamt suche, ich würde antworten: *Ruhe.* Fragte man mich zum dritten, was die Seele in all ihren Bewegungen sucht, ich würde antworten: *Ruhe.* Fragte man mich zum vierten, was alle Kreaturen in allen ihren natürlichen Bestrebungen und Bewegungen suchen, ich würde antworten: *Ruhe.*"[8] Und in Predigt 8 sagt Eckhart: „Der Himmel läuft beständig um, und im Laufe sucht er Frieden."[9]

Doch die Ruhe des Grundes ist eben nicht reine Grabesruhe. Wie wenig Eckhart Regressionsgelüste wecken wollte, zeigt sich schon daran, dass er die Menschen immer wieder ermahnte, Gott nicht nur in der süßen Stille und Ruhe innerer Andacht zu suchen, sondern auch im „Unfrieden" der äußeren Welt, da Gott – genauer die „Gottheit" – weise-los sei, ohne Eigenschaften. Der Frieden des göttlichen Grundes transzendiert letztlich den Gegensatz von Ruhe und Unruhe, die in ihrer Relativität aufeinander bezogen sind und sich ablösen. Im Grund löst kein Zustand den anderen ab – weshalb Bezeichnungen wie „Frieden" und „Ruhe" auch wieder nur Finger sind, die auf den Mond zeigen.

Ebenso warnte der südindische Weise Ramana Maharshi davor, das Eintauchen in gewisse Yoga-Trancen bereits als die große Befreiung zu feiern. Der Übende „darf sich nicht vom Zauber der Gemütsstille einfangen lassen; im Augenblick, wo er ihr erliegt, muss er sich wach-rütteln und nach innen fragen: Wer ist es, der diese Stille erlebt?"[10]

Es gilt also, aufzuwachen – und nicht einzuschlafen, weder in der Grabesruhe, noch in einem angenehmen Zustand der Meditation. Im Unterschied zu der von Tillich geforderten Selbstbehauptung des Seins, die etwas Angestrengtes hat, hat dieses aufmerksame „Ge-wahrsein" jedoch etwas Entspanntes, da es im Grund verwurzelt ist. Es sehnt sich nicht nach der Ruhe des Grabes oder gar absoluter Aus-löschung, flieht aber auch nicht ruhelos vor sich selbst. Die mensch-liche Existenzweise kennt immer beide Extreme. Pascal bemerkte ironisch, das ganze Unglück des Menschen rühre daher, dass er nicht ruhig in seinem Zimmer bleiben könne. Doch ebenso „menschlich" ist die Resignation, das regressive Sich-gehen-Lassen, die Sehnsucht nach dem Schein-Frieden des Bettes oder Grabes.

Aber nicht nur Hamlet ahnte, dass mit der Grabesruhe keineswegs alle Probleme gelöst sind. Wäre das Nirvana nichts weiter als ein Sterben, als die Auflösung aller Bestandteile der Persönlichkeit, hät-te sich der junge Gautama die Mühe sparen können, nach Erleuch-tung zu streben – er hätte geduldig auf seinen Tod warten können. Doch weder mit dem Tod noch mit einem himmlischen Jenseits sind die Probleme des Daseins gelöst, das Rad von Geburt und Tod rollt weiter, die karmischen Gesetze lassen sich durch ein bisschen Gra-besstille nicht außer Gefecht setzen, sie ist allenfalls ein kurzes Ver-schnaufen, aber noch nicht der große Durchbruch zum Unzerstörba-ren, zu unserer wahren Natur.

DAS LEIDEN RÜTTELT UNS WACH

Und welche Rolle spielt dabei das Leiden? Es rüttelt uns wach – zu-mindest, solange es nicht so extrem wird, dass wir nur noch nach Morphium verlangen. Es verhindert, dass wir an unserer relativen Existenz kleben bleiben. Es lässt uns erst einmal Fragen stellen – wie im Falle des jungen Prinzen Gautama, als er bei einem Ausritt mit den Elendsgestalten der menschlichen Existenz, mit Krankheit, Alter und Tod konfrontiert wurde. Wir müssen aus der Schein-Seligkeit erwachen, um die wahre Seligkeit des Nirvana zu erfahren.

Man kann natürlich die Frage stellen: Geht es nicht auch ohne diesen groben Prügel der Leiderfahrung? Und: Sind die Schläge dieses Prügels nicht manchmal so hart, dass sie eben nicht ihren erzieherischen Zweck erfüllen? Wird denn ein Kind, das brutal misshandelt und sexuell missbraucht wird, dadurch automatisch in die Arme Gottes – oder seines wahren Selbst – getrieben? Hat ein Folteropfer in seiner nackten Not überhaupt die Möglichkeit, an Gott oder den Grund zu denken – ganz zu schweigen von seiner „Verwirklichung"?

Ich gebe zu, das Argument „Leiden erzieht" reicht nicht als Erklärung aus. Das Leid durchdringt unser ganzes irdisches Dasein, es gehört – nicht nur vom Karma-Gesetz her – zur Grundstruktur unserer Existenz – zumindest so, wie wir sie kennen. Wäre es nicht so, wäre kein Mensch je auf die Idee gekommen, das geschöpfliche Dasein als „Strafe" anzusehen – oder zumindest als einen „Fehler", der so schnell wie möglich wieder gutgemacht werden muss. Sind nicht die meisten Religionen – abgesehen vielleicht vom Islam und vom Judentum – *Erlösungs*religionen, die uns versprechen, uns aus dem „Tal der Tränen", aus dem Netzwerk der Maya, aus dem Kreislauf des Samsara oder aus den Klauen des bösen Demiurgen zu befreien? Buddha verspricht uns ein Ende des Leidens – aber nicht innerhalb dieser ego-gebundenen weltlichen Existenzform, sondern durch das Transzendieren dieser Existenz. (Dem widerspricht nicht, dass der Erleuchtete noch durchaus „in diesem Leibe", als *jivanmukta,* wie es im Hinduismus heißt, existieren kann.)

Bekanntlich weigerte sich Buddha, eine Erklärung dafür zu geben, wie wir in diesen Schlamassel des Samsara hineingeraten sind. „Unwissenheit" und „Begierde" genügten ihm als Antrieb dieses Kreislaufes, der in seinen Augen keinen eigentlichen Anfang hat. Ihn interessierte weit mehr, wie dem Kreislauf zu entkommen ist. Und so wollen auch wir in dieser Studie nicht die Frage beantworten, wer für das Übel und das Leid in der Welt verantwortlich ist oder wie Gott das Negative in der Schöpfung zulassen könne, sondern wollen eher fragen, wie uns das Leiden helfen kann, unseren Grund zu finden.

DIE BEDEUTUNG DER HINGABE

Das A und O dieses „Zu-Grunde-Gehens" ist die Hingabe – die Hingabe an die göttliche Quelle, aus der alles hervorgekommen ist. Es liegt auf der Hand, dass uns ein normal-glückliches Leben in bürgerlicher Abgesichertheit in einer solchen Hingabe nicht gerade fördert. Ein gewisser Leidensdruck ist in den meisten Fällen notwendig, um überhaupt so etwas wie Sehnsucht nach einem „anderen" Zustand aufkommen zu lassen. Das Leiden sei der schnellste Lastesel, der uns zu Gott trage, sagte Eckhart.

Ich wage hier nicht zu entscheiden, wie extrem der physische und auch seelische Schmerz sein darf, um noch „positiv" auf uns zu wirken. Die Richtschnur, dass uns Gott immer nur so viel auflädt, wie wir aushalten können, ist ziemlich dünn – und scheint jedenfalls angesichts der Realität allzu oft zu reißen. Der Weg der Evolution ist von unzähligen gebrochenen und zerbrochenen Existenzen übersät, zumindest für den oberflächlichen Blick.

Bleiben wir jedoch auf dem Boden des „Erträglichen". Auf jeden Fall wird jeder von uns die Erfahrung machen, dass wir umso mehr vom Leiden und vom Schmerz „profitieren", je mehr wir uns ihm „hingeben". Mit Hingabe meine ich nicht, dass wir uns im Leid baden oder uns in ihn verbeißen sollen. Wir werden nicht zum Masochismus aufgefordert. Hingabe heißt in diesem Fall: nicht vor dem Leiden davonlaufen, auch nicht sich an ihm „reiben" – das ist völlige Energieverschwendung –, sondern gleichsam in es hineingehen, es voll annehmen – und gleichzeitig der „Zeuge" dieses Vorgangs zu sein. Es ist kein pathetisches „Ja" zum Schicksal, wie Nietzsche es von uns forderte (da haben wir schon wieder dieses „Angestrengte", leicht „Überspannte"), sondern einfach Hingabe und Gewahrsein.

Dies gilt nicht nur für physische Schmerzen, sondern auch für Gefühle der Frustration, der Langeweile, der Angst. In ihnen erfahren wir wahrscheinlich mehr über uns als in Gefühlen des Überschwangs. Unsere Gesellschaft verlangt von uns, ständig „dynamisch" und „gut drauf" zu sein, weshalb wir panisch alle Durststrecken, alle Phasen der Trockenheit gleich wieder zu überspielen versuchen. Die alten Mystiker vom Schlage Eckharts, Taulers und vor allem Johannes vom Kreuz wussten jedoch gerade diese „trockenen" Phasen, in denen wir nicht viel mit uns anzufangen wissen, für das wahre „Zu-Grunde"-Gehen zu nutzen – und ermahnten ihre Schützlinge, die „Leere" nicht gleich wieder mit allerlei Andachtsübungen und einem gekünstelten „High-Sein" zu füllen. Denn gerade in dieser Leere, in dieser Bedürftigkeit, die sich im Extremfall zur „Dunklen Nacht" steigern kann, kann die göttliche Energie an uns arbeiten – ohne dass dann immer gleich dramatische Erfolge oder gar eine veritable „Erleuchtung" dabei herausschauen müssten.

Dies gilt auch für unsere „Schwächen". Hingabe und Annahme bedeuten auch hier nicht, sich darin zu „suhlen", sondern sie in ihrer Nacktheit wahrzunehmen und sie schließlich zu verwandeln. Es gibt kaum eine Schwäche, die nicht den potentiellen Keim einer Stärke in sich tragen würde. Wir können sie jedoch nicht transformieren, wenn wir uns nicht auf sie einlassen und uns ihnen stellen.

Ich weiß natürlich, dass dies leichter gesagt als getan ist. Um uns hier in der spirituellen Praxis nicht in einem Kleinkrieg mit uns selber zu verheddern, muss zumindest eine Ahnung in uns aufgekeimt sein, wohin das Ganze eigentlich hinauslaufen soll. Wir sollen, wie ich schon sagte, nicht „vor-witzig" sein und uns durch allzu flotte spirituelle Sprüche um den „Weg" bringen, der nun einmal gegangen werden muss. Aber das Ziel einer Grunderfahrung, eines geistigen Durchbruchs, einer Erleuchtung sollte uns schon vor Augen stehen, wenn wir den Mut nicht verlieren wollen. Die Zeugnisse der großen Mystiker und das Beispiel lebender „Verwirklichter" – oder zumindest spiritueller Lehrer, die schon eine lange Wegstrecke gegangen sind – können uns hier den Weg weisen und uns zumindest vor den gröbsten Fallstricken bewahren. Und was die „Bekämpfung" von Schwächen angeht, so gilt noch immer die Weisheit, dass wir, je mehr wir gen Osten gehen, den Westen immer mehr hinter uns lassen – wir müssen ihn nicht immer „bekämpfen".

Das Ergriffenwerden von diesem spirituellen Weg bedeutet auch, was unser Verständnis der „Welt" mit all ihren Spannungen und Leiden betrifft, dass wir weder einem oberflächlichen Optimismus anheimfallen noch in düsteres Grübeln geraten. Wir sehen alles mehr von einer „praktischen" Seite. Wir wissen: Das übliche Aufgeregt-sein über den Zustand der Welt bei der Zeitungslektüre hilft weder

der Welt noch uns. Die Welt geht ihren Gang, die Dinge „geschehen", und wenn wir in einer konkreten Situation den Impuls verspüren, eingreifen zu müssen, dann tun wir das eben. Wenn eine Topfpflanze in unserem Wohnzimmer ihre Blätter hängen lässt, stellen wir keine langatmigen philosophischen oder gar esoterische Überlegungen darüber an, ob wir in ihr „Karma" eingreifen dürfen, sondern wir gießen sie. Auch Feigheit und Resignation stehen nicht auf der Tagesordnung des spirituellen Weges. Aber ebenso werden wir sicherlich nicht von dem Größenwahn ergriffen, die Welt mit einem Kraftakt umstülpen zu können. Wir hatten über ein Jahrhundert lang Zeit, den Männern der Tat beim „Verändern" der Welt zuzuschauen. Ein wenig „Interpretieren" dürfte wieder an der Zeit sein. Noch besser als das bloße philosophische „Interpretieren" ist jedoch das meditative Sich-und-der-Welt-auf-den-Grund-Gehen, das uns im eigentlichen Sein landen lässt, jenseits von Tun und Nichttun: im Jetzt.

6.

WER BIN ICH? – ZU FÜSSEN RAMANA MAHARSHIS

Es ist nicht möglich, alle Zweifel zu beseitigen.
Finde heraus, wem die Zweifel kommen.

RAMANA MAHARSHI

Das radikale „Zu-Grunde-Gehen" hat der südindische Weise Ramana Maharshi (1879-1950) bereits im Alter von sechzehn Jahren erlebt:

„Etwa sechs Wochen, bevor ich Madura für immer verließ, ereignete sich ganz plötzlich die große Wandlung meines Lebens. Ich saß allein in einem Zimmer im ersten Stock des Hauses meines Onkels. Ich war selten krank, auch an diesem Tage fühlte ich mich ganz gesund. Plötzlich aber überfiel mich eine entsetzliche Todesangst. Ich versuchte nicht, den Grund dieser Angst zu erkennen, sondern fühlte nur, ich sterbe. Ich verlangte nach keinem Arzt, wollte auch meinen Freunden und Verwandten nichts von meinem Zustand sagen. Ich fühlte, dass ich selbst damit fertig werden musste. Diese Todesangst konzentrierte meine Gedanken. Ich sagte mir im Geist, ohne es genau in Worte zu fassen: Der Tod ist ganz nah. Was bedeutet dies, was stirbt überhaupt? Dieser Körper stirbt. Um diesen Zustand des Todes wahrheitsgetreu nachzuempfinden, streckte ich meine Glieder aus, als sei die Todesstarre bereits eingetreten. Ich stellte mir vor, eine Leiche zu sein. Ich hielt den Atem an, die Lippen fest geschlossen, so dass kein Laut entweichen konnte, weder das Wort Ich, noch ein anderes Wort. Dieser Körper ist also tot, sagte ich zu mir. Er wird in diesem starren Zustand zum Verbrennungsort gebracht und dort zu Asche verbrannt werden. Aber bin ‚Ich selbst' mit dem Tode dieses Körpers gestorben? Ist dieser Körper ‚Ich selbst'? Er ist starr, unbeweglich, und doch fühle ich die ganze Kraft meiner Person, sogar die Stimme des ‚Ich' in mir, abgesondert vom Körper. So bin ich Geist jenseits des Körpers. Der Körper stirbt, aber der Geist wird vom Körper nicht berührt. Das besagt: ‚Ich' bin unsterbliches Bewusstsein.

All dies waren keine müßigen Gedanken: Sie durchfuhren mich wie eine mächtige, lebendige Wahrheit, die ich unmittelbar erkannte, fast ohne Denkvorgang. ‚Ich' war eine Wirklichkeit, das einzig Wirkliche dieses augenblicklichen Zustandes. Alle bewusste Tätigkeit, die mit meinem Körper verbunden war, mündete ein in dieses ‚Ich'. Von diesem Augenblick an forderte das ‚Ich' oder das ‚Selbst' in machtvollem Zauber alle Aufmerksamkeit. Die Todesangst war ein für allemal ausgelöscht. Ich blieb von dieser Zeit an völlig im ‚Selbst' versunken. Diese oder jene Gedanken mochten kommen und gehen, Melodien vergleichbar, aber das ‚Ich' blieb die Grundmelodie, die allen Tönen erst ihren Klang und ihren Sinn gibt. Ob auch der Körper sprach, las oder irgendetwas anderes ausführte, ich blieb weiter auf das ‚Ich' konzentriert. Vor dieser Krise hatte ich keine klare Vorstellung meines Selbst. Es war mir gar nicht bewusst, ich empfand auch keinerlei Interesse dafür, noch etwa den Wunsch, unaufhörlich meine Verbundenheit mit ihm zu erleben."[1]

„ICH BIN EIN ICH" – DIE ERLEBNISSE JEAN PAULS

Es ist interessant, dieses „Erwachen" des jungen Ramana Maharshi mit zwei geistigen Erlebnissen im Leben des Dichters Jean Paul zu vergleichen. „Nie vergeß ich die noch keinem Menschen erzählte Erscheinung in mir", schrieb der Autor des „Siebenkäs" und des „Titan", „wo ich bei der Geburt meines Selbstbewusstseins stand, von der ich Ort und Zeit anzugeben weiß. An einem Vormittag stand ich als sehr junges Kind unter der Haustüre und sah nach links nach der Holzlege, als auf einmal das innere Gesicht ‚ich bin ein Ich' wie ein Blitzstrahl vom Himmel vor mich fuhr und seitdem leuchtend stehen blieb; da hatte mein Ich zum ersten Male sich selber gesehen und auf ewig."[2]

Und unter dem Datum 15.11.1790 findet sich in seinem Tagebuch folgende Eintragung: „Wichtigster Abend meines Lebens: denn ich empfand den Gedanken des Todes; dass es schlechterdings kein Unterschied ist, ob ich morgen oder in dreißig Jahren sterbe; dass alle Pläne und alles mir dahinschwindet und dass ich die armen Menschen lieben soll, die so bald mit ihrem bisschen Leben dahinsinken; der Gedanke ging bis zur Gleichgültigkeit an allen Geschäften. Ich drängte mich vor mein künftiges Sterbebett, durch dreißig Jahre hindurch, sah mich mit der hängenden Totenhand, mit dem eingestürzten Krankengesicht, mit dem Marmorauge, hörte meine kämpfenden Phantasien in der letzten Nacht... Euch, meine Mitbrüder, will ich mehr lieben, Euch mehr Freude machen. Wie sollte ich Euch in Eueren zwei Dezembertagen voll Leben quälen, ihr erbleichenden Bilder voll Erdenfarben im zitternden Widerschein des Lebens? Ich vergesse den 15. November nie."[3]

Es ist, als seien diese beiden Erlebnisse des Dichters, das Erwachen des „Selbst-Bewusstseins" und die Vorwegnahme des Todes, in dem Erlebnis des jungen Ramana Maharshi, der damals noch Venkantaraman hieß, zusammengeflossen. Doch sprechen beide, der deutsche Poet und der indische Weise, überhaupt vom selben „Ich"? Wer sich mit spiritueller Literatur, vor allem mit indisch-vedantischer Mystik, beschäftigt, hat sich meist daran gewöhnt, scharf zwischen dem normalen empirischen Ich bzw. Ego und dem „wahren Selbst", dem *Atman* des Vedanta, zu unterscheiden. Es fällt jedoch auf, dass Ramana Maharshi den Ausdruck „Ich" hier recht ungeschützt, ja fast unschuldig benutzt und keineswegs gleich mit schmetternder Stimme vom transzendenten Selbst kündet, wie man dies von indischen Swamis gewöhnt ist. Andererseits hat Jean Pauls inneres Gesicht in seiner Kindheit – „ich bin ein Ich" –, das „wie ein Blitzstrahl vom Himmel vor mich fuhr und seitdem leuchtend stehen blieb", einen fast numinosen Charakter, ja, eine gewisse Satori-Qualität.

Wir sollten mit dem schnellen Einordnen geistiger Erlebnisse also etwas vorsichtig sein – zumal der Gebrauch des Wortes *Atman* in den Upanishaden auch nicht immer eindeutig ist: Mal bezeichnet es die individuelle Einzelseele und dann wieder das transzendente Selbst aller Wesen.

Klar ist allerdings, dass der junge Ramana nicht einfach seine Oberflächenpersönlichkeit, sein empirisches Ego erlebte, denn dieses sträubt sich gewöhnlich mit Händen und Füßen gegen den Tod. Er erfuhr intuitiv jene Wirklichkeit, die das begrenzte körperliche und mentale Wesen, das von einem Tag zum anderen „existiert" und eines Tages starr auf dem Totenbett liegt, transzendiert. Er nennt diese Wirklichkeit noch immer „Ich", weil er sich mit sich selber noch immer identisch fühlt – ja, zum ersten Mal diese Selbstidentität überhaupt erfährt, während er vorher eher unbewusst wie die meisten von uns schlafwandlerisch dahingelebt hatte.

Bei beiden ist es ein „Erwachen". Allerdings schwingt bei Jean Paul stark die Erfahrung der individuellen „Unverwechselbarkeit" mit: „Ich bin ein Ich!" Dieses Ich hat nichts Universales, sondern etwas scharf Akzentuiertes, das ihm fast körperlich „entgegen"-tritt. Und hier trennen sich wohl die Wege des Dichters von denen des Weisen.

Ramana zieht bald radikale Konsequenzen aus seinem Erweckungserlebnis, er verlässt sein Elternhaus und wird Einsiedler, ein „Asket", der sich nur noch der reinen Versenkung widmet. Für Jahre, ja Jahrzehnte ist er für die „Welt" kaum ansprechbar. Es gibt während dieser Zeit keine „dramatischen" Erfahrungen mehr, man kann im eigentlichen Sinne nicht einmal von einer „Entwicklung" sprechen, sondern nur von einer stetigen Vertiefung der ersten Grunderfahrung, von einer sich immer mehr verstärkenden Verankerung im Sein. Und als er dann nach vielen Jahren des Schweigens wieder zu sprechen beginnt, lehrt er durch Worte auch nur das, was er tagtäglich verkörpert, was er ganz einfach ist: das Ruhen im göttlichen Selbst. Und er lehrt den Weg, der dorthin führt – und eigentlich gar kein „Weg" ist –: das radikale Sich-auf-den-Grund-Gehen durch die ständige Frage: Wer bin ich?

Von einem „Ruhen im Selbst" kann dagegen bei Jean Paul keinerlei Rede sein. Er bleibt ein unruhiger Dichter, der allerdings hin und wieder von Intuitionen heimgesucht wird, die ihn an die Schwelle eines transzendenten Bewusstseins katapultieren. So klar das „Ich" auch vor ihn hingetreten ist – es bleibt ihm fragwürdig, es erregt ihm Schwindelgefühle. Er versucht es auch philosophisch zu umkreisen, er liest mit Feuereifer Herder, Kant und vor allem Fichte, den Verkünder des transzendentalen Ich (der ein großes Fest gab, als sein Sohn zum ersten Mal „Ich" sagte!), aber zu einer befriedigenden Lösung kommt er nicht. Er ist zu sehr Romantiker, fasziniert von den Problemen des Doppelgängertums, der Bewusstseinsspaltung, des Scheintods. In seinem Roman „Hesperus" gerät er in dem „Leichensermon auf sich selbst" an den Rand des Wahnsinns: „Ich seh' ein Gespenst um diesen Leichnam schweben, das ein Ich ist... Ich! Ich! Du Abgrund, der im Spiegel des Gedankens tief ins Dunkle zurückläuft – Ich! Du Spiegel im Spiegel! – du Schauder im Schauder!" Dem Dichter stehen keine meditativen Traditionen zur Verfügung, die es ihm ermöglichen würden, sich ein wenig systematischer auf den Grund zu gehen. Was da noch an kontemplativem Erbe aus dem Eckhart'schen Mittelalter oder aus Jakob Boehmes „Lilienzeit" an die Gestade des Deutschen Idealismus und der Romantik gespült wird, treibt eher bizarre Blüten. So gibt es für Jean Paul nur zwei Auswege aus der ihn quälenden und gleichzeitig faszinierenden Ich-Problematik: das Sich-Werfen an das Bruderherz, die Liebe zum Mitmenschen – und das Sich-geborgen-Fühlen in Gott (das allerdings auch eine atheistische Grabrede auf den Tod Gottes vom Weltgebäude herab aushalten muss !).

GOTTESANBETUNG UND SELBSTVERWIRKLICHUNG

Man wird vielleicht sagen: Jean Paul ist und bleibt eben ein abendländischer Christ, dem die persönliche Unsterblichkeit und die Liebe zu Gott und zum Mitmenschen trotz mancher „pantheistischer" und sogar „nihilistischer" Neigungen wichtiger war als die „Selbst"-Verwirklichung des indischen Weisen.

Doch auch Ramanas „Erwachen" hatte „ethische" Konsequenzen, die ihn zwar zu keiner aktiven Nächstenliebe führten, so wie wir sie im Westen verstehen, aber immerhin zur Folge hatten, dass er in seinem Verhalten den Menschen gegenüber „demütiger und bescheidener" wurde. Wurde er früher schnell ärgerlich, so ließ er nun alles geduldig über sich ergehen, egal, wie sehr man ihn reizte oder welche Arbeit man ihm auftrug. „Mein früheres, oft geltungsbedürftiges ‚Ich' schwieg..."[5] Sein Desinteresse am Studium – eine weitere Folge seines Erwachens – kann man auch kaum als typisch „östlich" abqualifizieren, denn auch Jean Paul verlor nach seinem Sterbeerlebnis jegliches Interesse an weltlichen „Geschäften".

Was die Beziehung zum „persönlichen" Gott betrifft, die so gern in einen scharfen Kontrast zur östlichen „Selbst"-Verwirklichung gesetzt wird, so war sie dem jungen Ramana auch keineswegs fremd. Nach seinem Erweckungserlebnis ging er oft in den Minakshi-Tempel in Madura. „Früher besuchte ich diesen nur ganz gelegentlich mit Freunden, um die Bilder zu betrachten, heilige Asche und Zinnober auf meine Stirn zu tupfen, sonst aber wieder ungerührt fortzugehen. Nach meiner Erweckung ging ich allabendlich dorthin. Ich stand dann unbeweglich eine lange Zeit vor dem Bild des Shiva, des Minakshi oder Nataraja und den 63 Heiligen. Wenn ich dort stand, überwältigten mich Gemütserregungen. Meine Seele verlor den Halt des Körpers, als habe sie den Gedanken ‚Ich bin der Leib' aufgegeben. Sie suchte einen neuen Ankerplatz. Daher der häufige Tempelbesuch und die Tränenausbrüche. Dieses war Gottes Spiel mit meiner Seele. Ich stand vor Ishvara, dem Herrn des Weltalls und aller Schicksale, dem Allmächtigen und Allgegenwärtigen. Viele Male betete ich, seine Gnade möge über mich kommen und meine Andacht verstärken, damit sie immer andauern würde, gleich jener der 63 Heiligen. Noch öfter betete ich überhaupt nicht und ließ schweigend mein Innerstes verströmen..." Ramana gesteht, dass er damals in spiritueller und metaphysischer Hinsicht noch sehr „unbedarft" war, seine Vorstellungen vom Schöpfergott waren aus den volkstümlichen puranischen Erzählungen gespeist, er wusste nichts von Brahman oder von Samsara. „Ich wusste auch nicht, dass es ein Grundsein, eine unpersönliche Wirklichkeit gibt, der alles untergeordnet ist, und dass sowohl *Ishvara* wie auch ich identisch mit dieser ist. Als ich später in Tiruvannamalai den Vorlesungen der Rishi-Gita und anderer heiliger Bücher lauschte, lernte ich dies alles kennen und erkannte, dass die Bücher zergliederten und beim Namen nannten, was ich rein intuitiv erfasst hatte. In der Sprache der Bücher konnte ich den Zustand nach meiner Erweckung als *suddha-manas* oder *vijnana,* die Schau des Erleuchteten, beschreiben."[6]

„ES GENÜGT, DASS MAN SICH AUSLIEFERT..."

Hier wird deutlich, dass sich die Verwirklichung des Atman, des unzerstörbaren Selbst, und das Ergriffensein von „Gott" keineswegs ausschließen – und man kann von Glück reden, dass dem jungen Ramana keine enge kirchliche Dogmatik genaue Vorschriften darüber machte, wie er seine Erfahrungen nun genau zu verstehen habe. Auch als voll verwirklichter Meister dichtete Ramana noch ergreifende

Hymnen an Shiva. Nie behauptete er, die Erkenntnis des göttlichen Selbst, das in jedem von uns schlummert, könne man „selbst" erarbeiten – stand doch schon in den Upanishaden geschrieben: „Nicht durch Veda-Lesen, nicht durch Nachdenken und nicht durch vieles Hören ist der Atman zu erlangen. Nur von dem, den Er erwählt, wird Er erlangt, nur ihm enthüllt der Atman sich."[7]

Natürlich hinderte dies den Maharshi nicht, die meditative Übung zu betonen. Selbst er, der gleichsam ein „Naturtalent" in kontemplativer Versenkung war, brauchte Jahre, um sich ganz in der Atman-Wirklichkeit verankert zu fühlen. Als jemand sagte: „Kontemplation ist nur möglich, wenn der Geist unter Kontrolle ist, die Kontrolle kann aber nur durch Kontemplation erreicht werden. Ist das nicht ein Zirkelschluss?", erwiderte er: „Ja, beide hängen voneinander ab. Sie müssen gleichzeitig, nebeneinander entwickelt werden. Übung und Leidenschaftslosigkeit führen nach und nach zum Erfolg. Die Haltung der Leidenschaftslosigkeit hindert den Geist, sich nach außen zu stürzen, und alle Übung ist darauf aus, ihn nach innen gerichtet zu bewahren. Es herrscht dabei zwar ein gewisser innerer Kampf zwischen Kontrolle – die ja bewusst ist – und der meditativen Kontemplation; im Laufe der Zeit siegt aber die Kontemplation,"[8] – also das eher „passive" Ergriffenwerden von der göttlichen Wirklichkeit.

Grundsätzlich ging es dem Maharshi nicht darum, durch mühsame spirituelle „Arbeit" etwas „Neues" zu erwerben, sondern das zu verwirklichen, was man „im Grunde" schon immer ist. „Es genügt, dass man sich ausliefert", sagte er ein anderes Mal in seiner schlichten knappen Sprache. „Sich ausliefern heißt, sich an die Ur-Ursache des eigenen Seins wegzugeben[9]. Er wusste, dass man einen Teil des Weges selber gehen kann – zumindest von „unserer" Warte aus gesehen. Doch an einem gewissen Punkt hört der „Weg" auf und man gerät in eine Weg- und „Weiselosigkeit"(Eckhart). Ja, Ramana korrigierte Eckharts Aussage „Könntest du dich selbst vernichten nur für einen Augenblick…" durch den wichtigen Hinweis: „Sie brauchen das falsche ‚Ich' nicht auszumerzen. Wie könnte das ‚Ich' sich selbst beseitigen? – Das einzige, was Sie tun müssen, ist, seinen Ursprung herauszufinden und dort zu verharren; darüber hinaus *können* Sie gar nicht gehen. DAS, was darüber hinausgeht, wird für sich selbst sorgen. In diesem Punkt sind wir hilflos: Kein eigenes Bemühen kann ES erreichen."[10]

Über diesen Punkt ist sich auch alle wahre Mystik einig – und unterscheidet sie klar von der esoterischen Magie, die der letzten Wahrheit habhaft werden möchte. In den Worten des chinesischen „Cheng-tao-Ke":

„Gleich dem weiten Himmel hat es keine Grenzen,

Doch ist es eben hier zur Stelle, ist immer tiefgründig und klar.

Trachtest du danach, es zu erkennen, wird es dir unsichtbar bleiben.

Du kannst es nicht festhalten,

Aber auch nicht verlieren.

Außerstande, es zu erlangen, erlangst du es.

Wenn du schweigst, spricht es,

Wenn du sprichst, schweigt es.

Die große Pforte steht weit offen zur Almosenspende,

Und kein Haufe versperrt den Weg."[11]

IST DAS EGO ETWAS SO SCHRECKLICHES?

Bevor wir das Ich jedoch im Grund oder im höheren Selbst „aufgehen" lassen (das klingt besser als „Vernichtung"), müssen wir uns fragen, ob es überhaupt etwas so „Schlimmes" ist. Es gibt nicht wenige, meist von östlicher Spiritualität inspirierte Schriften, die zuerst einmal dem Christentum ein übertriebenes Sündenbewusstsein vorwerfen, um dann jedoch umso kräftiger auf das „Ego", das angeblich an allem schuld sein soll, einzuschlagen. Manche wagen es kaum noch, in der 1. Person Singular zu sprechen. Man möchte so gern als transparenter Atman, als höheres Selbst, das höchstens noch von einem hauchdünnen Sari oder Dhoti zusammengehalten wird, durch lichterfüllte Räume schweben – und stolpert doch immer wieder über sein äußerst konkretes „Ich" – von den dicken „Egos", die allerdings immer nur die anderen haben, einmal ganz zu schweigen.

Denjenigen, die sehr an diesem Ich leiden, sei zum Trost gesagt, dass das Erlangen des Ich-Bewusstseins eine sehr hohe Sprosse auf der Evolutionsleiter darstellt. „Ich ist – Gott ausgenommen, dieses Ur-Ich und Ur-Du zugleich – das Höchste sowie Unbegreiflichste, was die Sprache ausspricht und wir anschauen", schrieb der bereits zitierte Jean Paul. „Es ist da auf einmal, wie das ganze Reich der Wahrheit und des Gewissens, das ohne Ich nichts ist."[12] Bevor wir das Ich transzendieren können (und „wir" können es eigentlich weder vernichten noch transzendieren!), müssen wir erst einmal eines „haben" (auch dies eigentlich eine Unmöglichkeit) und uns seiner völlig bewusst sein. Nicht jeder, der von seinem bierseligen Stammtisch aufsteht und sagt: *„Ich gehe jetzt nach Hause!"*, ist schon voll zu seinem Ich erwacht. Wir verlieren uns oft völlig an unsere Umgebung, an die Objekt-Welt, an Bräuche und Traditionen, an das Unbewusste, an das berühmte Heidegger'sche „Man" und werden mehr gelebt, als dass wir leben. „Ohne dieses helle Bewusstsein des Ich gibt es keine Freiheit und keine Gleichmütigkeit gegen den Andrang der Welt" (Jean Paul).[13]

In diesem hellen Bewusstsein des Ich ist bereits ein Hauch des Atman-Bewusstseins vorweggenommen, und wir sahen schon bei Jean Pauls Schilderung seines Ich-Erwachens, dass ein solches Erlebnis durchaus schon Satori-Qualitäten haben kann, wenn es auch noch nicht der eigentliche Erleuchtungsdurchbruch ist.

Was wir gewöhnlich als Egoismus, Egozentrik, Ich-haftigkeit, Selbstbezogenheit usw. bezeichnen, ist eigentlich die fehlgeleitete Karikatur dieses Ich, das aus fälschlichen Gründen glaubt, sich „behaupten" oder „produzieren" zu müssen. Dies ist natürlich auch ein lästiges Erbe der unteren Evolutionsschichten, auf denen ein noch sehr rudimentäres Ich ums nackte Überleben kämpfte. Auf den höheren Stufen dient das Ich vor allem als „Orientierungshilfe". Im Advaita-Vedanta wird es als „Knoten" (*granthi*) zwischen Geist und Materie bezeichnet. Ohne diesen Knoten, ohne diese Verdichtung zu einem Ich schwämmen wir rettungslos im Meer des Unbewussten und der Materie. Die „hervorgehobene" Welle hat schon ein gewisses Recht, auf sich stolz zu sein. Ohne ein reifes, zu sich selber erwachtes Ich ist kein sinnerfülltes Leben denkbar: Wir wären unfähig zur Liebe, zur Hingabe, zum Übernehmen von Verantwortung, zur Deutung des Lebens. Dass diese Orientierung und „Deutung", durch die wir uns im Leben einigermaßen „zurechtfinden", noch nicht der Weisheit letzter Schluss ist und dass ein „gesundes" und gut funktionierendes Ich noch nicht den Gipfelpunkt der menschlichen Evolution darstellt, brauchen wir nach allem bisher Gesagten wohl nicht eigens zu betonen. Doch wir brauchen eine gesunde und feste Basis, um „springen" – oder „hinabtauchen" – zu können.

Das Problem besteht vor allem darin, dass sich das Ego schnell ver-
krampft, dass sich der Knoten zu dicht verknotet. Die meisten Menschen, denen wir ein Riesen-Ego bescheinigen, leiden in Wirklichkeit
an Unsicherheit und Minderwertigkeitskomplexen und müssen dies
kompensieren. Ein wirklich reifes, in sich ruhendes Ich wird dagegen
durchlässig, es kann sich diese Durchlässigkeit „leisten". Allerdings:
Um das absolute In-sich-Ruhen zu erreichen, das völlige „Angekom-
men-Sein" eines Ramana Maharshi, muss dann doch wieder eine gewisse innere Unruhe hinzukommen, die dieses reife (vielleicht allzu
reife) Ich weiter vorantreibt, bis es zuletzt seinen Ursprung gefunden
hat, denn sonst verschanzt es sich womöglich in einer behaglichen
Immanenz-Haltung. Der Ich-Knoten ist sehr hilfreich, aber irgendwann einmal muss er gelöst werden, irgendwann muss er platzen.

ICH-KNOTEN UND „PERSON"

Spätestens hier müsste nun ein Begriff fallen, in den sich das christ-
lich-abendländische Denken regelrecht verliebt hat: den der *Person*.
Sie ist für die meisten westlichen Menschen nicht nur ein „Knoten",
der sich irgendwann einmal löst, sondern etwas Einmaliges, Unwie-
derholbares. Für den Christen kommt zu dieser Einmaligkeit noch
der Zustand des Von-Gott-Geschaffenseins hinzu: Gott hat, zumindest nach der traditionellen christlichen Lehre, jeden Einzelnen von
uns durch sein Wort ins Dasein gerufen, ja, er hat jeden Einzelnen
beim Namen gerufen, und so, wie Gott ihn gemeint hat, wird jeder
Einzelne bis in alle Ewigkeit als Person weiter existieren.

Es versteht sich, dass sich der Gegensatz dieser – meist mit viel Pathos vorgetragenen – Position zur vedantischen *Atman*-Auffassung
und vor allem zur radikalen buddhistischen Lehre vom Nicht-Selbst
(*anatta*) nicht einfach durch ein paar nette interreligiöse Round-Ta-
ble-Gespräche aus der Welt schaffen lässt. Man muss ihn zuerst einmal so stehen lassen. Einigung besteht höchstens darüber, dass die
„egoistischen" Tendenzen, die „Haben"-Haltung des Ich überwunden
werden müssen. Darin sind sich der Papst und der Dalai Lama wohl
einig. Ob sich dann aber eine transformierte und verklärte Person für
ewig in Gottes Nähe aufhalten darf (das Problem einer ewigen Verdammnis, die Schattenseite dieses Konzeptes, klammern wir hier

einmal aus) oder ob sich ein nur scheinbar begrenztes Individuum (*jiv-atma*) im *Paratma* oder *Brahman* auflöst oder ob sich gar ein nur recht loses Bündel von Tendenzen und karmischen Bindungen, fälschlich „Ich" genannt, im Nirvana endlich selber loswird, lässt sich kaum auf die Schnelle „ausdiskutieren".

Im Vedanta, dessen Position mir persönlich am nächsten und vertrautesten ist, hat der „Ich"-Knoten zumindest einen Halt und Grund im *Atman,* dem Selbst. Und nichts hindert uns, alles Positive, das wir mit dem Begriff der „Person" verknüpfen, bis zu dem Zeitpunkt beizubehalten, wo sich der Knoten löst. Auch wer eine „Schöpfung aus dem Nichts" ablehnt und eher eine „Emanation" aus dem Göttlichen befürwortet, kann sich in diesem Zwischenzustand durchaus als Person empfinden, als „eigenständiger" Funke Gottes, und voll ausschöpfen, was uns das göttliche Maya-Spiel an Ich-Du und Ich-Es-Spielen anbietet. Die Auflösung des Knotens in der wahren Transzendenz bedarf einer gewissen Vorbereitung und Reife, und es schadet überhaupt nichts, wenn man sich für eine Weile für „einmalig" hält. In gewisser Hinsicht ist ja auch jedes Wesen einmalig, in jeder Sekunde seines Lebens. Die geradezu bestürzende Erkenntnis „Ich bin ein Ich", die zum Beispiel den jungen Jean Paul überfiel, ist schließlich bereits ein Reflex des göttlichen „Ich bin, der ich bin" im relativen Bereich, in Maya. Und das Gefühl, ein Individuum zu sein, reflektiert bereits die absolute In-dividualität, d.h. die Unteilbarkeit des Atman.

Die Atman-Erfahrung – die meines Erachtens gar nicht so weit von der buddhistischen *anatta*-Erfahrung entfernt ist – lässt sich kaum zu einem Diskussions-Gegenstand machen. Man macht diese Erfahrung oder man macht sie nicht. (Wobei ein Vedantin natürlich davon ausgeht, dass kein Mensch ewig an seiner wahren Natur vorbeileben kann, d.h. jeder Mensch am Ende seiner Pilgerfahrt – die nach vedantischer Auffassung selbstverständlich durch zahlreiche Existenz-Formen führen kann – den Atman verwirklichen wird. In den Worten Sri Ramakrishnas: „Es mag sein, dass einige ihr Mahl schon am Morgen bekommen, andere am Mittag, und einige erst am Abend; aber keiner wird ohne Nahrung ausgehen. Alle ohne Ausnahme werden mit Bestimmtheit ihr wahres Selbst verwirklichen.")

Von denjenigen, die die begrenzte und scharf umrissene „Person" für unaufhebbar halten, wird jedoch nicht nur der Wahrheitsgehalt einer solchen „Selbst"-Verwirklichung angezweifelt – es wird auch die Notwendigkeit eines radikalen Sich-auf-den-Grund-Gehens in Frage gestellt. Es genügt in ihren Augen völlig, ein anständiges und gott-gefälliges Leben zu führen. Sieht man einmal von jenen mystischen Strömungen ab, die auch die metaphysische und ontologische Spekulation vorantrieben, so ist die Selbst-Ergründung mit dem Ziel der Selbst-Verwirklichung im traditionellen Christentum entweder unbekannt oder verpönt. Die sokratische Aufforderung „Erkenne dich selbst" wurde nicht gerade zu einer christlichen Pflichtübung. Selbsterforschung meinte hier immer nur Gewissenserforschung, ein eher zerknirschtes Insichgehen. Der Kontrast zwischen Gottes Herrlichkeit und der eigenen Nichtigkeit wurde als niederschmetternd empfunden. Und außerdem: Würde man bei einer solchen Selbstergründung wirklich alle Schalen und Häute der Oberflächenpersönlichkeit abschälen, so käme ja doch „nichts" dabei heraus, denn hinter den kostbaren Gewändern, die Gottes Gnade uns schenkt, ist nach der kirchlichen Lehre nur unsere kreatürliche Nacktheit, mit der weiß Gott nicht viel Staat zu machen ist, und dahinter ist – *nichts*. Auf jeden Fall kein göttlicher „Kern", der freigeschält werden könnte.

WIE „ERGRÜNDE" ICH MICH ABER NUN KONKRET?

Eine der klassischen Methoden innerhalb der östlichen Mystik besteht darin, dass ich vieles, ja, so gut wie alles, was sich etwas großspurig als mein subjektives „Ich" ausgibt, auf die Objektseite schiebe. Ich versuche, Abstand zu mir zu gewinnen. Egal, was ich ins Visier nehme, ich sage „neti, neti": Ich bin weder dies noch das. Ich trenne zwischen dem, was ich „im Grunde" bin, und dem, was ich „habe". Demnach bin ich nicht der Körper, sondern habe einen Körper – der mal vor Gesundheit strotzt und im nächsten Moment mit einer starken Grippe im Bett liegt. Demnach bin ich nicht „meine" Gefühle und Gedanken, sondern ich habe nur Gefühle und Gedanken, die so kurzlebig und vergänglich sind wie die vorüberziehenden Wolken. Das Wichtige ist, den „Besitzer" herauszufinden, mein wahres Selbst. Und wenn man dieses herausgefunden hat, entdeckt man, dass dieses Selbst ganz bedürfnislos ist wie der „nackte Bube", der Eckhart aufsuchte, und an jeglichem „Besitz" völlig uninteressiert zu sein scheint.

In der Praxis empfiehlt es sich, mit der Beobachtung des Atems zu beginnen. Wenn es mir gelingt, mich in der Atmung loszulassen, wird mir die Behauptung „Ich atme" bald ziemlich sinnlos erscheinen. Ich bekomme ein Gespür dafür, dass sich da einfach „Vorgänge" abspielen, auch ohne mein eigenes Zutun. Das Universum funktioniert auch ganz gut ohne „mich" – selbst und gerade in „meinem" Körper.

Bei der Beobachtung von Gefühlen und Gedanken wird es schon schwieriger, da wir sehr schnell wieder in die alte Gewohnheit verfallen, uns mit den Emotionen und mentalen Schwingungen zu „identifizieren". Die Assoziationsketten laufen Amok, wie Affen springen die Gedanken von Ast zu Ast – man kann förmlich das elektrische „Knistern" der Gehirnzellen und deren Verbindungen hören. Doch ständige Übung macht auch hier den Meister, und wer auch nur für kurze Zeit – etwa die „Pause" zwischen zwei Gedanken – das Gefühl der Freiheit gekostet hat, das die Unabhängigkeit von allen äußeren und inneren Vorgängen mit sich bringt, wird danach trachten, diese Freiheit immer mehr auszudehnen.

Wichtig ist dabei natürlich, dass man die aufkommenden Gefühle und Gedanken nicht „bekämpft". Das würde ihnen nur zusätzliche Nahrung zuführen. Am besten, man denkt an eine geschwätzige ältere Tante, die beim Kaffeeklatsch stundenlang redet – und man fragt die Quasselstrippe im Kopf: „Noch was? Fällt dir noch irgendetwas ein?" Irgendwann ist sie erschöpft – vor allem, wenn wir ihr keine Aufmerksamkeit mehr schenken. Wir sollen zwar wach und aufmerksam sein, aber wir sollen dem *Inhalt* der Gedankengänge keine Aufmerksamkeit schenken, mögen sie auch noch so „interessant" sein. Wir sollen in den Raum der Stille und der lebendigen Gegenwart eintreten – wobei das Wort „sollen" auch schon wieder falsch am Platz ist. Wir sollen gar nichts – nichts.

Eine große Hilfe ist dabei, neben der ruhigen gleichmäßigen Atmung, das richtige „Sitzen", wie es im Zen, aber auch im Yoga geübt wird. Für einen verwirklichten Meister wie Ramana Maharshi ist es natürlich völlig gleichgültig, *wie* er sitzt, er kann sich lässig auf der

Couch herumlümmeln, um die absolute Entspanntheit des Selbst auszudrücken. Doch wer noch auf dem Weg ist, tut gut daran, sich in
einer aufrechten (und gleichzeitig entspannten!) Haltung zu „erden"
und seine Leib-Mitte, so wie Dürckheim es immer predigte, auszuloten. Unser Leib hat einen intuitiveren Draht zum „Grund" als unser
„Denken", wir sollten ihn deshalb zu unserem Verbündeten machen,
um der Tyrannei des Denkens zu entkommen. So paradox es auch
klingen mag: Wir müssen „sinken", wir müssen zur Wurzel und Basis unserer Existenz „hinabsteigen", um die Selbst-Transzendierung
zu schaffen – wobei kurze verbale Meditations-Impulse, wie sie uns
Dürckheim gegeben hat, von großer Hilfe sein können, etwa die mit
der Aus-und Einatmung verbundene Kette: „Sich loslassen, sich nie-
derlassen, sich eins werden lassen, sich neu kommen lassen."[14]

Andere Hilfsmittel sind die Konzentration auf ein Bild, eine Ikone
(und die allmähliche Identifikation mit dem Dargestellten). Ich bin
mir völlig bewusst, dass eine solche visuelle Konzentration heute
nicht mehr besonders „in" ist, da populäre Meditationsströmungen
wie Zen, Advaita und natürlich auch die Mystik eines Meister Eckhart gerade die „Bildlosigkeit" betonen; doch auch in diesem Punkt
möchte ich der „spiritual correctness" ein wenig zuwiderlaufen und
dafür plädieren, nicht alle Hilfsmittel allzu voreilig wegzuwerfen.
Ich weiß: Wir müssen uns von allen Bildern und Vorstellungen befreien, wenn wir den bildlosen Grund verwirklichen wollen – so wie
es Ramakrishna getan hat, als er das „Bild" seiner Göttlichen Mutter
mit dem Schwert der Erkenntnis entzweihieb, um in das gestaltlose
Absolute eintauchen zu können – getreu der Forderung Meister Eckharts, Gott so zu lieben, wie er ist: „ein Nicht-Gott, ein Nicht-Geist,
eine Nicht-Person, ein Nicht-Bild, mehr noch: wie er ein lauteres, reines, klares Eines ist, abgesondert von aller Zweiheit. Und in diesem
Einen sollen wir ewig versinken vom Etwas zum Nichts."[15]
Glücklicherweise hat uns Ramakrishna einen leisen Wink gegeben, um unsere Gewissensbisse, wenn wir uns auf ein „Bild" des
Göttlichen einlassen, in Grenzen zu halten. Er nannte die göttliche
Inkarnation, den Avatar, ein „Loch in der Mauer", durch das wir das
Absolute „sehen" können. Das heißt, wir stellen kein Denkmal vor
uns auf, das uns dann durch seine massive und undurchlässige Bild-

haftigkeit die Sicht auf das Absolute verstellt, sondern wir blicken durch ein „Loch" – und gegen ein solches „Loch in der Mauer" hätte selbst der strenge Meister Eckhart wohl nichts einzuwenden gehabt.

Hilfreich ist in diesem Zusammenhang auch eine weitere Bemerkung Ramakrishnas. Wenn er früh morgens die Götterbilder in seinem Zimmer abschritt, singend, dabei in die Hände klatschend, so verbeugte er sich unter anderem auch vor seinem eigenen Foto(!) – und beim Anblick dieses Fotos sagte er einmal: „Dies zeigt einen sehr hohen Yoga-Zustand an." Das heißt, es ging ihm nicht so sehr um die „Person", schon gar nicht um seine eigene, sondern um den Zustand einer sehr hohen Erleuchtung – so wie sie sich auch in den zahllosen Buddha-Statuen kristallisierte. Indem wir uns auf die „Ikone" eines solchen spirituellen Zustandes einlassen und uns darauf konzentrieren, schlüpfen wir gleichsam durch das „Loch" hinüber auf jene Wiese der gestaltlosen göttlichen Glückseligkeit, auf der Eckharts Ananda-Ross sich austobt, in absoluter „Gleichheit" mit der göttlichen Natur. Es geht dann, im fortgeschrittenen Stadium der Meditation, nicht mehr um „Anbetung", sondern um die Einswerdung mit dem Zustand des Dargestellten, der seine Funktion, uns ins Absolute zu locken, erfüllt hat und sich in eben diesem Absoluten auflöst.

Ein weiteres Hilfsmittel ist die Konzentration auf ein Wort, einen Laut, ein Mantra – wie etwa OM. Die „aktive" Konzentration verwandelt sich auch hier langsam in ein eher passives Inne-Werden, man „produziert" das Mantra nicht mehr, sondern schwingt sich ein in den inneren Laut, man hört ihn mehr als dass man ihn spricht – um schließlich von ihm ganz in die Stille gelockt zu werden.

DER DIREKTE PFAD

Ramana hat all diese Methoden der Konzentration und Meditation, die wir hier nicht weiter im Detail ausführen wollen, als „Hilfsmittel" akzeptiert, betonte aber immer wieder, dass für ihn die einfache „Selbstergründung" (*Atma-Vichara*) der direkteste Weg sei. Ja, selbst die „Methode" der Selbstergründung mit der ständigen Frage „Wer bin ich?" war für ihn schon ein Zugeständnis – denn genügte es nicht, die Vorstellung von einem abgetrennten individuellen Ich, das sich mit dem Körper und dem Geist identifiziert, einfach „loszulassen"?

Leider genügte es den meisten seiner Schüler und Zuhörer nicht, denn – wie Ramana seufzend zugeben musste: „Nur ein reifer Geist ist fähig, die schlichte Wahrheit in ihrer ganzen Nacktheit zu begreifen."[16] Der Schlüsselgedanke bei der Suche nach dem wahren Selbst ist die „Identifikation", denn ohne die Identifikation mit einem Objekt, mit dem Körper oder der mentalen Aktivität, gibt es kein separates „Ich". Das Ich scheint nur wirklich zu sein, weil es sich ständig an etwas „anhaftet". Wenn Ramana uns nun rät, sich nicht mehr mit dem Körper, den Gefühlen oder dem Denken zu identifizieren, so scheint er zuerst auf ein „reines" Ich hinauszuwollen, das nicht mehr sagt: „Ich bin dieses oder jenes", sondern einfach „Ich bin". Doch dies ist gleichsam nur ein Trick, um das Ich zu überlisten. Es wird ihm, durch die ständige Konzentration auf das reine „Ich bin", vorgegaukelt, es könne nun in seiner ganzen Ich-heit erstrahlen, losgelöst von der Welt. Doch wenn es keinen Halt und keine Anhaftung mehr hat, bleibt ihm am Ende nichts anderes übrig, als den Geist aufzugeben und in seiner wahren Quelle, dem transzendenten (und zugleich immanenten) Selbst zu „verschwinden".

Wenn Ramana auch gern vom „falschen" Ich spricht, so sieht er den ungeborenen und unzerstörbaren Atman doch als seine Quelle, seinen Grund an. D.h., das menschliche Ich ist keine Ausgeburt des Teufels, sondern es hat eine durchaus vorzeigbare „Herkunft", weshalb Ramana immer wieder betont: „Verfolgen Sie den Ichgedanken zurück zu seiner Quelle" oder „Finden Sie heraus, woher das ‚Ich' aufsteigt". Man könnte das menschliche Ich deshalb getrost als den „Statthalter" des wahren Selbst in Maya, der relativen Erscheinungswelt, bezeichnen – wenn es sich nicht immer so egoistisch aufführen würde und so schrecklich „uneinsichtig" wäre.

Doch so dicht und real das Ego für uns auch noch ist – der Erleuchtete hat eher das umgekehrte Problem, dass er es nicht finden kann. Er mag zwar noch Gedanken aussprechen, aber es gibt für ihn keinen „Denker" von Gedanken. Er mag sich in der Küche nützlich machen – und Ramana war sich da keiner „niedrigen" Arbeit zu schade –, aber es gibt für ihn keinen Handelnden, keinen Täter. Die Dinge geschehen von selbst. „Things just happen", sagte einmal eine ältere englische Dame zu mir, die dem wahren So-Sein der Dinge wohl schon sehr nahegekommen war.

Der menschliche Geist (im Englischen „mind") kam Ramana oft wie ein „Geist" vor, wie ein Gespenst, das man zu erhaschen sucht – und das sich dann in nichts auflöst. „Wenn der Geist unaufhörlich nach seiner eigenen Natur forscht, stellt sich heraus, dass es so etwas wie den Geist gar nicht gibt."[17] Damit meinte Ramana natürlich nicht, dass nur die Materie wirklich und der „Geist" eine Illusion sei, sondern dass sich der individuelle Geist (die „Welle") im Ozean des reinen Bewusstseins, das auch ganz gut ohne „Inhalte" existieren kann, auflöst. Dieser grenzenlose Ozean ist unser „Grund", und er zentriert sich wieder im „Herzen", das Ramana immer wieder als die existentielle „Mitte" des Menschen bezeichnete.

Natürlich könnte der menschliche Geist den Ozean des reinen Bewusstseins nie „erreichen", wenn er nicht wenigstens einen „Anteil", einen „Funken" dieses göttlichen Bewusstseins schon in sich tragen würde. Ramana nennt das menschliche Ich einmal *Chit-Jada-granthi*, d.h. den „Knoten" zwischen dem göttlichen Bewusstsein (*Chit*) und dem materiellen Körper. Der essentielle *Chit*-Aspekt des Ich muss bei der „Ergründung" des Ich benutzt werden, um der endlichen Ich-Schwingung (*Aham-vritti*) letztendlich den Garaus zu machen und in den unendlichen Grund einzutauchen.

Wie ich schon andeutete, wird die Natur des Atman, des reinen Selbst, zuerst in der „Pause", in dem Zwischenraum zwischen zwei Gedanken „entdeckt". „Das Ego ist wie eine Raupe", sagte Ramana, „die einen Halt erst loslässt, wenn sie einen anderen gefunden hat. Sein wahres Wesen wird entdeckt, wenn es keinerlei Kontakt zu Objekten oder Gedanken mehr gibt"[18] – wenn es also allen „Halt" verliert und „aus den Festigkeiten" in das Grenzenlose stürzt.

An allen anderen „Methoden" kritisierte Ramana vor allem, dass sie das „Ich" noch brauchen, das „über" etwas meditiert. „Auf all jenen Wegen entstehen so viele Zweifel, und die ewige Frage ‚Wer bin ich?' muss schließlich doch noch gelöst werden. Aber bei dieser Methode ist die letzte Frage die einzige, und sie wird von Anfang an gestellt. Keine *Sadhanas* (spirituelle Disziplinen) sind nötig, um diese Suche zu beginnen."[19]

Bei der „*neti, neti*"-Methode sah er das Problem darin, dass man sich zu sehr auf das konzentriert, was man nicht ist – anstatt sich der Quelle zuzuwenden. Bei der positiven Affirmation, etwa „Ich bin

Brahman", sah er die Schwierigkeit darin, dass man noch in einem Denkvorgang steckenbleibt. Die Antwort auf die Frage „Wer bin ich?" sollte nicht mental gegeben werden, durch etwas Auswendig-Gelerntes, sondern sich von selbst, d.h. aus der Tiefe des Selbst, ergeben.

Doch Ramana Maharshi war trotz oder gerade wegen seiner Erleuchtung viel zu „praktisch", um nicht zu sehen, dass vielen sein „einfacher" und direkter Weg zu abstrakt war. „Was ist leichter, als zu sich selbst zu kommen?", fragte er – und musste leider hinzufügen: „Aber Tatsache bleibt, dass diese Methode einigen schwierig erscheint und sie nicht anspricht. Deshalb werden so viele verschiedene Methoden gelehrt. Jeder muss herausfinden, was für ihn die beste und geeignetste ist."[20] Letztlich lehrte er wie Meister Eckhart den „weise-losen", „weg-losen" Pfad, der schnurstracks ins Herz der Wirklichkeit führt, und er konnte diese intuitive Erkenntnis der wahren Natur auch so manchen, die schon „reif" dafür waren, vermitteln, durch die Übertragung „vom Herzen zum Herzen". Doch er schlug denen, die zu ihm kamen, nicht wie manche Lehrer alle Hilfsmittel rigoros aus der Hand; er sagte ihnen auch nicht, dass sie sich nicht anstrengen müssten. Als jemand zu ihm sagte: „Ich möchte weiter erleuchtet werden. Sollte ich überhaupt keine Anstrengungen mehr machen?", erwiderte er: „Wo Sie jetzt stehen, geht es nicht ohne Anstrengungen."[21] Er lebte im Jetzt, im „ewigen Nun" – und doch ließ er sich, um den noch „Übenden" zu helfen, auf die Maya-Ebene zeitlicher Prozesse herab. „Hat man eine spirituelle Erfahrung gemacht, ohne die Vasanas (geistige Neigungen und Tendenzen) ausgerottet zu haben, so ist sie nicht beständig. Erkenntnis ist nur dann unerschütterlich, wenn alle *Vasanas* ausgerottet sind. – Wir haben gegen uralte Denkneigungen zu kämpfen. Sie müssen alle verschwinden. Das geschieht verhältnismäßig bald bei denen, die in der Vergangenheit *Sadhana* geübt haben. Bei den anderen dauert es länger."[22] Wenn ihn jemand über geistige Hilfsmittel wie *Japa*, die ständige Wiederholung eines Mantra, befragte, riet er ihm nicht automatisch von einer solchen Gebetsform ab, um seine „eigene" Methode anzupreisen. Als jemand fragte, ob die Wiederholung eines Mantra nicht aber eine „zweitrangige" Methode sei, erwiderte der Maharshi trocken: „Hat man Ihnen geraten, Japa zu üben, oder über dessen Rang im Rahmen der Dinge zu diskutieren?"[23]

FLANKIERENDE MASSNAHMEN

Es sollte uns also durchaus erlaubt sein, zusätzlich zur Selbstergründung „flankierende Maßnahmen" zu ergreifen, je nach Temperament und Veranlagung. Es ist eine Sache, das ewige „Jetzt" in der schweigenden Gegenwart eines verwirklichten Meisters zu „spüren" – und eine andere, dieses „Jetzt" als ideologischen Knüppel ständig über den Schädel geschlagen zu bekommen. Gerade was die Verwirklichung des Selbst angeht, verkrampfen sich viele, wenn ihnen von vorneherein alle Wege, Hilfsmittel, Rituale und Methoden aus der Hand geschlagen werden. Sie dürfen sich nicht anstrengen, weil jede Anstrengung ja beweisen würde, dass man sich des immer schon verwirklichten Selbst nicht bewusst ist. Dieses Sich-nicht-anstrengen-Dürfen erzeugt erhöhten Blutdruck. Auf der Suche nach absoluter Einfachheit und Direktheit wird man zum schlauen Sophisten erzogen. Man belauert sich, versucht sich zu überraschen, tritt plötzlich hinter sich und ruft laut „Ha!", denn irgendwie muss man seinem Selbst ja auf die Spur kommen. Und nachdem man in einem klugen Zen- oder Satsang-Buch gelesen hat, dass „es" in genau dem Augenblick aufleuchtet, wo wir die Suche aufgeben, versucht man die Suche aufzugeben, verhält sich ganz still, tut so, als würde einen die Selbstverwirklichung überhaupt nicht interessieren – und das Selbst denkt natürlich nicht daran, auf diesen Trick hereinzufallen.

Also: Entspannen wir uns ein wenig – und strengen wir uns ruhig ein wenig an. Es macht auch Spaß, auf dem „Weg" zu sein – egal, ob wir nun intensiv Tai Chi oder Hathayoga betreiben, Mantras singen, uns an meditativen Kreistänzen erfreuen oder stundenlang „sitzen". Das Selbst schimmert durch alles hindurch – so, wie wir die großen, alles aufsaugenden Augen Ramana Maharshis durch alles hindurchschauen sehen, wenn sie sich uns einmal eingeprägt haben. Wenn wir eine Ahnung des eigentlichen Grundes haben, wird sich die Gefahr, dass aus den Hilfsmitteln massive Hindernisse werden – eben weil wir uns zu sehr an sie klammern – in Grenzen halten. Im Ernstfall werden wir sie beiseiteräumen und uns dem nackten Sein ausliefern. Aber vorher dürfen wir noch ein wenig „üben"!

Warum Ramana Maharshi so hartnäckig beim „Ich" ansetzt – und nicht weitschweifige Vorträge über die Natur Gottes und der Schöpfung hält –, liegt auf der Hand: Die Schöpfung – und sogar „Gott" – hängt an der Nabelschnur des Ich. Hier gilt es anzusetzen, hier gilt es die Axt an die Wurzel zu legen. Wir können uns tausend Gedanken über die Natur des Kosmos machen, über Urknall, Evolution und mögliche Weltuntergänge – es wird uns alles wenig nützen, wenn wir nicht herausfinden, wer wir selber sind.

Im 15. Gesang der Bhagavad-Gita ist vom ewigen Ashvatta-Baum die Rede, vom „Weltenbaum", dessen Wurzeln „oben" sind und dessen Zweige weit hinunter reichen und unsere Samsara-Welt ausmachen. „Man kann den Baum in dieser Form nicht sehen ", sagt Krishna, „er hat nicht Anfang, nicht Mitte noch Ende; wenn man diesen fest verwurzelten Ashvatta mit dem scharfen Schwert der Erkenntnis fällt, dann kann man jenen Ort aufsuchen, von dem man nicht zurückkehrt, wobei man denkt: Ich wende mich zu der ursprünglichen Gestalt, aus der die Schöpfung einst hervorging."

Anstatt sich jedoch mit der ganzen Schöpfung anzulegen und ihr auf den Grund zu gehen, ist es erfolgversprechender, mit dem Schwert der Erkenntnis sein eigenes „Ich" zu fällen – auch wenn das Ich, wie wir sahen, sich streng genommen nicht „vernichten" kann. Deshalb nervte der Maharshi Fragesteller, die alles Mögliche über die Evolution und den Zustand der Welt wissen wollten, immer mit der Gegenfrage: „Wer ist es, der sich für all diese Dinge interessiert? Finden Sie zuerst einmal heraus, wer diese Fragen stellt!" – „Immer möchten die Leute wissen, was Täuschung, Maya, Illusion ist, und prüfen nicht, wer sich täuscht. Es ist töricht. Die Täuschung ist sozusagen außen und unbekannt, der Sucher danach aber wird als bekannt vorausgesetzt und ist innen. Erkennen Sie erst einmal das Unmittelbare, Nahe, bevor Sie versuchen, das Entfernte und Unbekannte herauszubekommen."[24]

Doch gerade das Allernächste, das eigene Ich, scheint sich am allerschwersten ergründen zu lassen. Der Drang nach außen ist so stark. Wir messen lieber die Entfernungen zwischen den Galaxien und träumen von der Besiedlung des Weltraums, als ruhig in unserem Zimmer zu sitzen und uns auf den Grund zu gehen. Lieber studieren wir die „Objekt"-Welt als unser Ich – was natürlich zum Teil auch daran liegt, dass sich das eigentliche Selbst, das reine Subjekt, nicht zum Gegenstand der Forschung machen lässt. Analysieren können wir nur seine Ich-Hüllen – und vor allem der Buddhismus hat diese mit gnadenloser Schärfe auseinandergenommen, das reine Selbst jedoch kann nie zum Objekt der Erkenntnis werden. „Durch welchen er dies alles erkennt, wie sollte er den erkennen?", fragt die Brihadaranyaka-Upanishad. „Wie sollte er doch den Erkenner erkennen?" Wir werden das Selbst nie „fangen" können, so wenig wie wir uns selber küssen können.

DER ZEUGE

Wenn sich die Identifikation mit dem empirischen Ich, das morgens gähnend aufsteht und sich abends wieder müde ins Bett legt, jedoch etwas lockert, lockert sich auch das Gefüge der Welt – und der Bezug zu ihr. Die Instanz des „Zeugen", des neutralen Beobachters, wird immer stärker. Wenn man so will, ist dieser Zeuge das allessehende Auge Gottes, vor dem manche von uns in der Kindheit einen Heidenrespekt hatten – nur dass dieses Auge nun zu unserem Auge geworden ist. Die verstärkte Wahrnehmung dieses Zeugen in uns, der nicht „wertet", sondern nur „bezeugt" – selbst in Phasen, in denen wir emotional sehr engagiert sind –, ist ein erstes Anzeichen der „Selbsttranszendierung". Dieser Zeuge ist noch nicht die absolute Atman-Wirklichkeit, da wir uns hier noch immer in der Dualität von Subjekt und Objekt befinden; aber wir können in ihm gleichsam schon einen „Vertreter" des Atman sehen – und ein Anzeichen der Befreiung. Denn er hilft uns, aus unserem ständig „involvierten" Maulwurfs-Dasein herauszukommen und uns unabhängiger von unseren eigenen Stimmungen und Gedanken wie auch vom „Andrang" der Welt zu fühlen.

Allerdings kann dieser „Zeuge", wenn wir noch nicht voll zu ihm erwacht sind und gleichsam nur seine Karikatur erleben, auch sehr lästig sein – indem er uns an einem direkten und spontanen Leben hindert. In meiner Jugend litt ich stark unter diesem Beobachter-Bewusstsein. Ich hatte immer das Gefühl, ein schwarzer Rabe sitze auf meiner Schulter und schaue allem nur zu. Ich wollte auch so lebendig sein wie die anderen, so ‚gut drauf' sein und einfach nur „leben" – aber immer hockte dieser Rabe auf der Schulter und gab seinen missmutigen krächzenden Kommentar. Er war sozusagen die schwarze Karikatur des Atman. Anscheinend müssen wir solche Verzerrungen und Verfremdungen in unserer spirituellen Entwicklung in Kauf nehmen. Als ich später Bücher über Spiritualität las und dabei auch auf dieses Beobachter-Ich stieß, wusste ich, dass der „Zeuge" keine psychische Krankheit, sondern eine wichtige Durchgangsstufe ist. Allerdings musste ich den schwarzen Raben noch ein wenig umerziehen: Statt blöde krächzende Kommentare zu geben, hielt er dann den Mund, übte sich in reinem ‚Gewahrsein" und verwandelte sich schließlich in den herrlichen, goldgefiederten Vogel, der in den Upanishaden das höhere Selbst symbolisiert und seinem kleinen Bruder, dem empirischen Ich, dabei zuschaut, wie es von Zweig zu Zweig durchs Leben hüpft.

Aber, so mag man kritisch fragen, läuft es nicht doch auf eine Gespaltenheit und eine Entfremdung von der Welt hinaus – während uns doch die Mystik, vor allem die östliche, zur Einheit und zu einem ganzheitlichen Weltbild führen soll, im Gegensatz zu unserem westlichen cartesianischen Dualismus?

Wir stehen hier vor einem Paradox: Wir sind immer in der Einheit – und müssen sie erst mühsam erringen. Wir können nicht einfach in die vorrationale Einheit des Paradieses oder des Mutterschoßes zurückfallen, das wäre Regression. Wir müssen die Einheit auf einer höheren Ebene wiedergewinnen. Und bevor wir die unendliche Weite des Seins verwirklichen, führt der Weg durch so manche Spaltungen und Verfremdungen. Die östliche Mystik, vor allem in ihren asketischen Strömungen, kennt durchaus das Schwert der Unterscheidung, die gnadenlose Spaltungsarbeit, bevor sie dann zum wahren Advaita, zur Nicht-Zweiheit, gelangt. Das scharfe Schwert der Unterscheidung *(viveka)* trennt unbarmherzig das Wesentliche vom Unwesentlichen, das Ewige vom Vergänglichen, die Wirklichkeit vom bloßen Schein. Das hat, ähnlich wie in der abendländischen Mystik, oft auch zu einer Leib- und Weltfeindlichkeit geführt, die wir in dieser Radikalität heute nicht mehr nachvollziehen müssen. Aber deshalb gleich eine mehr als zweitausend Jahre alte metaphysische Tradition über Bord zu werfen um einer doch sehr vordergründigen und oberflächlichen „Ganzheitlichkeit" willen, halte ich für absolut verfehlt.

OHNE LOSLÖSUNG GIBT ES KEINE
SEINSVERWIRKLICHUNG

Ganzheitlichkeit ist etwas, was *gelebt* werden muss – wenn ich auf dem Meditationskissen sitze und mich „erde", wenn ich mich konzentriert und gleichzeitig entspannt auf die Tai-Chi-Übungen einlasse, wenn ich im Garten den Komposthaufen umsetze. Ich habe etwas gegen Ganzheitlichkeit, wenn sie zur Ideologie verkommt. Selbst der verkopfteste und steifste Theologieprofessor darf vom Katheder herab von der Ganzheitlichkeit und Unauflöslichkeit von Körper und Geist, Leib und Seele faseln. In jedem Volkshochschulkurs wird uns eingehämmert, dass wir der Körper *sind* – und ihn nicht *haben*. Der leiseste Hauch von platonischem Dualismus wird verdammt. Und wenn ich auf dem Weg zur Selbstverwirklichung gewisse Formen der Entfremdung vom Körper oder gar von meinen Gefühlen und mentalen Gewohnheiten spüre, müsste ich mich im Rahmen dieser Ganzheits-Religion gleich in den Beichtstuhl stürzen, um die Sünden wider die „Ganzheitlichkeit" zu bekennen.

Man müsste zumindest, wie Dürckheim, zwischen dem *Körper*, den ich *habe*, und dem *Leib*, der ich *bin*, unterscheiden – und zwar nur dann bin, wenn ich ganzheitlich mit meinem leibhaftigen Sein im „ewigen" Sein verankert bin. Eigentlich kann erst der Erleuchtete von sich behaupten, dass er in seinem Leibe *ist* – nicht obwohl, sondern gerade weil er vom objekthaften „Körper" unabhängig ist. Wir sind paradoxerweise dann am meisten mit unserem Leib „eins", wenn wir ihn als Körper nicht mehr spüren. Ohne Loslösung gibt es keine Seinsverwirklichung. Und auch die Yoga-Übungen sind nicht dazu da, um uns mit dem Körper für ewig zu verschmelzen, sondern um diesen leichter und transparenter zu machen, um auch durch ihn etwas von der „Leichtigkeit" des Seins zu spüren.

Natürlich hatte die Loslösung in der früheren Askese oft etwas Gewaltsames. Wir brauchen uns zu diesem Zwecke heute nicht mehr auszupeitschen – ganz abgesehen davon, dass körperliche Selbstquälerei auch nur eine sublime Form der Anhaftung ist. Und auch das Schwert der Unterscheidung, das oft so rigoros und erbarmungslos geführt wurde, kann etwas sanfter geschwungen werden. Das eigentliche Ziel aber bleibt dasselbe: Selbsttranszendierung.

Der folgende Vers der Katha-Upanishad gilt auch heute noch: „Der höchste Geist weilt stets im Herzen aller Wesen. Ihn trenne man mit Ausdauer von seinem Körper, wie man vom Grasstengel die Ähren löst, ihn erkenne man als Licht, als die Unsterblichkeit." Ramana hätte diesen Satz auch 2500 Jahre später voll unterschrieben – und dabei ganzheitlich lächelnd in die Runde geschaut.

Auch die Stärkung des Beobachter-Ich, des „Zeugen", von dem ich bereits sprach, ist auf dem Weg zur Selbstverwirklichung notwendig – auch wenn sie die Dualität zuerst noch zu verstärken scheint. Ohne eine gewisse „Entfremdung" von unserem empirischen Ich lässt sich das „Unzerstörbare" nicht finden. Diese Entfremdung kann im Extremfall zu Bewusstseinsspaltungen führen, die auch eine therapeutische Begleitung notwendig machen – wobei man nur hoffen kann, dass der Psychotherapeut auch eine Ahnung von spirituellen Entwicklungsabläufen hat und nicht einfach versucht, die sogenannte „Normalität" wieder herzustellen. „Scharf wie die Schneide eines Rasiermessers ist der Pfad und schwer zu begehen", heißt es in der Katha-Upanishad.

DER WEG DER ACHTSAMKEIT

Man kann jedoch aus dem Beobachter-Ich, das manchmal auch unangenehme Züge aufweisen kann, einen Freund machen: die *Achtsamkeit*. Sie lähmt uns nicht, sondern lässt uns alles bewusster tun. Auch hier ist oft noch ein Hauch von Dualität zu spüren, aber es ist kein riesiger Spalt. Dieses achtsame Zusehen macht aus uns und den „anderen" nicht bloße Objekte und Automaten, die uns „lächerlich" vorkommen, sondern es macht uns lebendiger – und lässt auch unsere Umgebung lebendiger erscheinen. Wir sind ganz *in* dem, was wir tun – und doch schwebt ein gewisses Lächeln über dem Ganzen.

Nehmen wir ein Beispiel: Ich male ein Aquarell. Ich nehme den Pinsel und tauche ihn ins Wasser, der Pinsel erzeugt einen gewissen Ton, wenn er kurz an die Wand des Wasserglases stößt, ich freue mich über diesen Klang und sehe zu, wie der Pinsel etwas lichten Ocker von dem Schälchen aufnimmt und in das filigrane Gewebe der Äste auf dem Torchonpapier tupft: Ich bin ganz konzentriert bei der Arbeit und schaue mir gleichzeitig fasziniert zu. Wahrscheinlich ist das nur möglich, wenn man eine gewisse „Fertigkeit" in einer Technik erlernt hat. Ich weiß, manche werden sagen, die Vollkommenheit sei erst dann erreicht, wenn ich völlig eins mit meiner Arbeit sei. Aber sei's drum – im Augenblick genieße „ich"(!) diesen Zwischenzustand, der mich zumindest von einem bloßen „Involviertsein" befreit, einem Ausgeliefertsein an die „Materie" und die eigenen, oft sehr dumpfen Emotionen. Ich weiß von Sportlern, die auch diesen „Zuschauer" kennen, dieses fast transzendente Bewusstsein – und trotzdem oder gerade deshalb voll bei der Sache sind. Wir sollten da nichts „ideologisieren", wir sollten die Zustände und Erfahrungen einfach so nehmen, wie sie sind.

Die eher „weibliche" Achtsamkeit geht mit uns und mit der Natur etwas schonungsvoller um als das „männliche" Schwert der Unterscheidung, mit der frühere Asketen-Generationen gern herumfuchtelten und rigoros alles abhackten, was ihrer Meinung nach nicht das höhere Selbst ist. Ihr Zerbrechen der äußeren Schale ist behutsamer, ehrfürchtiger, aber auch sie will letztlich zum Kern vordringen, auch ihr geht es um Loslösung, um die Befreiung von Fesseln. Sie „bezeugt", ohne zu werten, sie nimmt zuerst einmal alles an – alles, was in uns „hochkommt" (und beim Meditieren kann erfahrungsgemäß sehr viel hochkommen!), und auch alles, was „geschieht". Sie nimmt es jedoch nicht an, damit wir uns nun damit identifizieren, damit wir sagen: „So bin ich nun mal!", sondern damit wir es *lassen*. Das heißt, damit wir es „sein" lassen – im doppelten Sinne des Wortes! Nur so finden wir zur wahren „Gelassenheit", die ein Gütesiegel fortgeschrittener Spiritualität ist.

Dasselbe gilt auch für unser Verhältnis zur „Welt". Ich sagte schon, dass die Welt an der Nabelschnur des Ich hängt, dass es also nicht darum gehen kann, die Welt zu negieren, aber am Ich festzuhalten. Je mehr ich „mich" lasse, desto mehr lasse ich auch die Welt. Und da ich mit dem empirischen Ich auch die Zeit lasse und transzendiere, kollabiert das, was wir gewöhnlich als „Welt" sehen, und offenbart sich als spielerischer Ausdruck des Unendlichen, in einem Ozean des Jetzt.

7.

ECKHART IN SCHWIERIGKEITEN

„Wenn ich in den Grund, in den Boden, in den Strom und in die
Quelle der Gottheit komme, so fragt mich niemand,
woher ich komme oder wo ich gewesen sei.
Dort hat mich niemand vermisst, dort entwird Gott.“

MEISTER ECKHART

Meister Eckhart war es leider nicht vergönnt, seinen Lebensabend entspannt im Kreise seiner Verehrer zu verbringen wie Ramana Maharshi – einmal davon abgesehen, dass sein dynamisches Temperament ihn wahrscheinlich auch unter normalen Umständen dazu getrieben hätte, weiter in seinen Ordensprovinzen herumzuwandern und in Kirchen und Klöstern zu predigen. Doch sein Lebensabend wurde bekanntlich überschattet von dem Prozess, der gegen ihn und einige seiner Lehren angestrengt wurde, und von seinen Bemühungen, seine „Rechtgläubigkeit" zu beweisen.

Mir geht es hier jedoch nicht um biografische Details (die auch heute noch nicht ganz von der Forschung geklärt sind), sondern um Aspekte von Eckharts Seelen- und Ich-Lehre, die den Auffassungen der indischen Vedanta-Lehre oft so verblüffend nahekommt. In einer Studie, die vor allem dem „Unzerstörbaren" und dem „Grund" gewidmet ist, ist es unvermeidbar, immer wieder um dieses Thema zu kreisen – zumal ein ungeborenes und unzerstörbares „Selbst" als eigentlicher Kern des Menschen im traditionellen Christentum nicht existiert.

Eckhart wurde nicht müde, diesen „Kern", der sich hinter der Schale des „kreatürlichen" Menschen verbirgt, in immer neuen Anläufen zu umschreiben – schien sich dieser Kern doch naturgemäß allen Versuchen der menschlichen Sprache, ihn zu „erfassen", zu entziehen. Da Eckhart diese Versuche nicht nur in scholastischem Latein, sondern – als einer der ersten – auch in der mittelhochdeutschen

Sprache unternahm, wurde er dabei geradezu zum Sprachschöpfer, d. h., wir können bei der Geburt von etwas zuschauen, was eigentlich ungeboren und unvergänglich ist. Die Sprache Eckharts hat deshalb dieselbe Lebendigkeit wie die der Rishis der Upanishaden, die auch ganz davon berauscht waren, den Atman zu „entdecken" – während die Sprache späterer Vedanta-Bücher oft schon etwas sehr Statisches und Katechismushaftes hat.

„NUN ABER SAGE ICH..."

Ein Grund für die Lebendigkeit ist sicherlich auch der vom Mystiker vorausgeahnte Widerstand der Kirche. Er war sich dessen bewusst, dass seine Sprache äußerst kühn war. Er berief sich gern auf frühere „Meister", hatte aber auch nichts dagegen, wenn seine Lehre gegen die Lehre aller anderen Meister verstieß und etwas völlig Neues aussprach. Niemand seit dem Ketzer von Nazareth hat so emphatisch gesagt: Die früheren Propheten (bzw. Meister) haben gesagt – *ich* aber sage! Vor allem, wenn man Eckharts Sprache mit der verwandter Mystiker wie Tauler und Seuse vergleicht, wird einem der kühne Duktus seiner Predigten bewusst.

Lauscht man diesen Predigten, so meint man oft das Meer rauschen zu hören: Welle um Welle brandet heran. Und zugleich sieht man einem Bergsteiger zu, der immer wieder neue Anläufe zur Gipfelersteigung unternimmt. „Ich habe bisweilen gesagt, es sei eine Kraft im Geiste, die sei allein frei. Bisweilen habe ich gesagt, es sei eine Hut des Geistes; bisweilen habe ich gesagt, es sei ein Licht des Geistes; bisweilen habe ich gesagt, es sei ein Fünklein. Nun aber sage ich: Es ist weder dies noch das; trotzdem ist es ein Etwas, das ist erhabener über dies und das als der Himmel über der Erde... Es ist von allen Namen frei und aller Formen bloß, ganz ledig und frei, wie Gott ledig und frei ist in sich selbst. Es ist so völlig eins und einfaltig, wie Gott eins und einfaltig ist, so dass man mit keinerlei Weise dahinein zu lugen vermag."[1]

DAS SEELEN-„BÜRGLEIN"

Um die Unvergleichlichkeit dieses Seelen- „Fünkleins" (oder auch „Bürgleins", wie er es manchmal nennt) herauszustellen, kontrastiert er es mit zwei Kräften, von denen er kurz vorher gesprochen hat und bei deren Beschreibung der Hörer meint, bereits ins Innerste der Seele oder gar der Gottheit vorgedrungen zu sein. In der einen Kraft „blüht und grünt" Gott mit seiner ganzen Gottheit und gebiert in ihr seinen eingeborenen Sohn (eine „Geburt", in der viele bereits den Höhepunkt Eckhart'scher Mystik erblicken!), in der anderen „glimmt und brennt Gott mit all seinem Reichtum und mit all seiner Wonne" (einer Wonne, in der sich wahrscheinlich viele der Nonnen, die Eckhart spirituell betreute, gern „badeten"). Aber beide Kräfte sind nicht würdig, „dass sie je ein einziges Mal (nur) einen Augenblick in dies Bürglein hineinlugen". Ja – und wir haben den Eindruck, dass der Prediger Eckhart noch einmal tief Luft holt und dass seiner Zuhörerschaft endgültig der Atem stillsteht. „In voller Wahrheit und so wahr Gott lebt: Gott selbst wird niemals nur einen Augenblick da hineinlugen und hat noch nie hineingelugt, soweit er in der Weise und ‚Eigenschaft' seiner Person existiert. Dies ist leicht einzusehen, denn dieses einige Eine ist ohne Weise und ohne Eigenschaft. Und drum: soll Gott je darein lugen, so muss es ihn alle seine göttlichen Namen kosten und seine personhafte Eigenheit; das muss er allzumal draußen lassen, soll er je darein lugen. Vielmehr, so wie er ein einfaltiges Eins ist, ohne alle Weise und Eigenheit, so ist er weder Vater noch Sohn noch Heiliger Geist in diesem Sinne und ist doch ein etwas, das weder dies noch das ist. – Seht, so wie er eins und einfaltig ist, so kommt er in dieses Eine, das ich da heiße ein Bürglein in der Seele, und anders kommt er auf keine Weise da hinein; sondern nur so kommt er dahinein und ist darin. Mit dem Teile ist die Seele Gott gleich und sonst nicht. Was ich euch gesagt habe, das ist wahr; dafür setze ich euch die Wahrheit zum Zeugen und meine Seele zum Pfande."[2]

Für jemanden, der ein Leben lang vor der Heiligen Kommunion gebetet hat: „Herr, ich bin nicht würdig, dass Du eingehst unter mein Dach; aber sprich nur ein Wort, so wird meine Seele gesund" – ist dies natürlich starker Tobak. Dabei hatte Eckhart gegen Demut überhaupt nichts einzuwenden; nur radikalisierte er sie so sehr, dass der Mensch in der absoluten „Armut im Geiste", jenseits aller mentalen Aktivitäten, zu jenem nackten „Einen" vorstieß, zu dem „Gott" eben keinen Zugang mehr hatte – es sei denn, er verzichtete auch demütig auf sein „Herr"-Sein und wurde „arm im Geiste".

In dieser äußersten Nacktheit *kommt* Gott natürlich „im Grunde" nicht einmal in diesen weise-losen Seelen-Grund, da muss er gar nicht anklopfen, da ist er immer schon „drinnen", als der Grund selber – so dass man auch nicht im eigentlichen Sinne von einer Vereinigung sprechen kann, sondern von einem Zustand ewiger Nicht-Zweiheit (Advaita).

Auch in anderen Predigten kommt Eckhart wieder und wieder auf dieses geheimnisvolle „Etwas", das „Bürglein" der Seele zu sprechen. „Ich sage, dass es etwas gibt, das über der geschaffenen Natur der Seele ist. Manche Pfaffen verstehen das aber nicht, dass es etwas geben soll, was Gott so verwandt und so eins ist."[3] Und hier noch einmal die herrliche Stelle, die wir bereits zitierten: „Es gibt etwas, das über dem geschaffenen Sein der Seele ist und an das kein Geschaffensein, das (ja) *nichts* ist, rührt... Hierüber kommen manche Pfaffen zum Hinken. Es ist eine Fremde und eine Wüste und ist mehr namenlos, als dass es einen Namen habe, und ist mehr unerkannt, als dass es erkannt wäre. Könntest du dich selbst vernichten nur für einen Augenblick, ja, ich sage, selbst für kürzer als einen Augenblick, so wäre dir alles das eigen, wie es in sich selbst ist."[4]

Den Einwand Ramana Maharshis, dass das Ich gar nicht das Ich „vernichten" könne, hätte Eckhart wahrscheinlich freudig akzeptiert; er hätte sich, sozusagen von Jnani zu Jnani, nicht um Worte gestritten. Sie hätten sich nur schweigend angeschaut – und „erkannt".

GESCHAFFEN UND UNGESCHAFFEN

Die „Pfaffen" – damals übrigens kein verächtlicher Ausdruck – kamen jedoch nicht nur zum Hinken; einige von ihnen, vor allem der Erzbischof von Köln, holten zum Gegenschlag aus. Leider machte auch Eckhart in dem folgenden unrühmlichen Prozess nicht immer eine gute Figur. Vor allem stiftete er, was das geheimnisumwitterte „Etwas" in der Seele angeht, mit seinem „Widerruf" reichlich Verwirrung: „Niemals habe ich auch meines Wissens gesagt, noch bin ich der Meinung gewesen, dass etwas in der Seele sei, was zwar ein Teil der Seele sei, indes ungeschaffen und unschaffbar, weil so die Seele aus Geschaffenem und Ungeschaffenem bestände. Vielmehr habe ich das Gegenteil geschrieben und gelehrt, wenn nicht einer (kommt und) erklärt, ungeschaffen und nicht geschaffen heiße so viel wie nicht an und für sich erschaffen, sondern hinzugeschaffen..."[5]

Damit war wohl alle vielleicht noch vorhandene Klarheit restlos beseitigt! In seinen Predigten ist seine Sprache glücklicherweise um einiges klarer (und mitreißender!), und hätte er in jenem Land gelebt und gewirkt, das die Seher der Upanishaden und große Philosophen wie Shankara hervorgebracht hat, wäre er wohl nicht in solche Verlegenheiten und Peinlichkeiten verwickelt worden. Mag sein, dass sein leidenschaftlicher Geist sich auch dort in den Streit zwischen den verschiedenen vedantischen und buddhistischen Schulen gestürzt hätte, doch er wäre nie von einer kirchlichen Behörde zur Verantwortung gezogen worden, er hätte sich nie verteidigen und rechtfertigen müssen.

Vor allem hätte ihm ein Vokabular zur Verfügung gestanden, das eine etwas größere Klarheit in das Verwirrspiel mit dem „geschaffenen" und „ungeschaffenen" Seelen-Teil gebracht hätte. Denn es geht hier zweifellos um die Unterscheidung zwischen dem *jiv-atma,* der verkörperten Einzelseele, und dem *par-atma*, dem transzendenten Selbst, das nach vedantischem Verständnis ungeschaffen und unzerstörbar ist. In seiner berühmten Predigt über die „Armut im Geiste" – die allem Anschein nach eine seiner letzten (und radikalsten!) Predigten gewesen ist und noch *nach* dem Inquisitionsverfahren in Köln gehalten wurde – drückt Eckhart diesen Unterschied so aus: „Und darum bin ich Ursache meiner selbst meinem Sein nach, das *ewig* ist, nicht aber meinem *Werden* nach, das zeitlich ist. Und darum bin ich ungeboren, und nach der Weise meiner Ungeborenheit kann ich niemals sterben. Nach der Weise meiner Ungeborenheit bin ich ewig gewesen und bin ich jetzt und werde ich ewiglich bleiben. Was ich meiner Geborenheit nach bin, das wird sterben und zunichte werden, denn es ist sterblich; darum muss es mit der Zeit verderben..."[6]

Hinzuzufügen wäre höchstens, dass auch der „sterbliche" Teil, die verkörperte Einzelseele *(jivatma)*, nach der Lehre des Vedanta nicht eigentlich „geschaffen" ist, sondern – poetisch ausgedrückt – als ein „Funke" des Brahman aufgefasst wird, der sich dann in einer Reihe von Wiederverkörperungen so lange inkarnieren muss, bis er seine Einheit mit dem höheren Selbst (*paratma* oder *purusha* genannt) (wieder-)verwirklicht. Die „Beziehung" der beiden wird in der bildhaften Sprache der Upanishaden so beschrieben:

„In unzertrennlicher Freundschaft sitzen
zwei schön gefiederte Vögel auf demselben Baum,
der eine isst mit Behagen die Feigen,
der andere schaut ohne zu essen zu.

Sitzend auf demselben Baum klagt der eine Vogel,
der getäuscht wurde und leidet, weil er nicht Herr ist,
doch wenn er den anderen verehrt und erkennt,
dass alle Größe von ihm ist, wird er von Kummer frei.
Wenn der in Gott Versunkene den Goldfarbenen erschaut,
den Bewirker, den Herrn, den Ursprung Brahmas (des Schöpfergottes),
dann schüttelt er Verdienst und Sünde ab
und erlangt, von Flecken frei, den höchsten Gleichmut."[7]

Die „Dualität" zwischen dem niederen und dem höheren Selbst wird jedoch nur so lange wahrgenommen, solange der „kleine" Vogel, der *jiva,* unruhig von Zweig zu Zweig hüpft und sich dabei seinem goldgefiederten „großen Bruder" immer mehr nähert (besonders wenn er eine bittere Frucht erwischt hat!). Am Ende sitzt er nicht neben dem höheren Selbst im Wipfel des Baumes, gleichsam wie der „Sohn" in der christlichen Trinität neben dem „Vater", sondern geht in ihm auf – und erkennt, dass er eigentlich immer dort „oben" gesessen hat, in sich ruhend, so wie Eckhart bei seiner Rückkehr in den göttlichen Grund erstaunt feststellen muss, dass ihn dort niemand fragt, wo er gewesen sei, dass ihn dort niemand „vermisst" hat.[8]

Im Grunde genommen kann deshalb auch nicht von einem unerschaffenen göttlichen Teil der Seele die Rede sein. Hier kämpft Eckhart nicht nur mit der deutschen oder lateinischen Sprache, sondern auch mit der menschlichen Angewohnheit, die Wirklichkeit „dualistisch" zu sehen. Solange wir von einem „Teil" sprechen, sind wir im Bereich der *Maya,* im Bereich des „Zufalls", wie Eckhart es nannte, im Bereich der Zahlen, im Reich von Zeit, Raum und Kausalität. Jene Wirklichkeit, die Eckhart ständig sprachlich umkreist, mit eher negativen als positiven Ausdrücken, ist kein Teil, ja, sie ist nicht einmal das „Ganze", sondern weder „dies noch das". Man kann ihr nichts hinzufügen und auch nichts wegnehmen. In Maya können wir so sprechen, als würde sich ein ungeschaffener Seelen-Teil von der übrigen Welt der relativen Erscheinungen abspalten, um dann gleichsam für „ewig" konserviert zu werden. Was jedoch verwirklicht wird, ist schlicht die Wirklichkeit.

Ein Erleuchteter muss sich sehr seltsam vorkommen, wenn er nur diese eine Wirklichkeit wahrnimmt – und alle ihn mit Fragen bestürmen, wie man zu dieser Wirklichkeit *gelangen* könne. Will er seine Guru-Funktion wahrnehmen, muss er sich zumindest dem Schein nach auf die relative dualistische Sprachebene begeben – und dort gibt es dann noch ein falsches und ein wahres Selbst, Sterblichkeit und Unsterblichkeit, Gott und Kreatur, Erleuchtete und Unerleuchtete. Doch hin und wieder huscht, wie bei Ramana Maharshi, dieses unbeschreibliche Lächeln übers Gesicht, und für einen kurzen Moment fühlen wir uns hineingenommen in diese Wirklichkeit, in der es keine Teile und kein Ganzes gibt.

(So ist, vom absoluten Standpunkt aus gesehen, jedes Einzelwesen und jede Einzelperson nicht ein „Teil" der göttlichen Wirklichkeit, sondern jeder scheinbare Teil *ist* das unendliche Brahman. In jeder einzelnen, noch so kleinen und unscheinbaren Hostie ist der ganze Christus, und wenn wir die Hostie teilen, ist jedes winzigste Fragment wieder der ganze unendliche Christus!)

DER GEREINIGTE TEMPEL

Manchmal spricht Eckhart nicht von einem „Teil" der Seele, der mit Gott gleich sei, sondern spricht von der Seele als einer Gesamtheit, die aber der Reinigung bedarf. Er vergleicht sie mit dem Tempel, in dem noch Krämer und Händler ihr Unwesen treiben – und empfiehlt, diese wie Jesus mit der Geißel zu vertreiben. „Wenn dieser Tempel so frei wird von allen Hindernissen, das heißt von Ich-Bindung und Unwissenheit, so glänzt er so schön und leuchtet so lauter und klar über alles (hinaus) und durch alles (hindurch), das Gott geschaffen hat, dass niemand ihm mit gleichem Glanz zu begegnen vermag als einzig der ungeschaffene Gott. Und in voller Wahrheit: Diesem Tempel ist wirklich niemand gleich als der ungeschaffene Gott allein."⁹

Mit großer Kühnheit setzt Eckhart die Seele des Menschen sogar über die Engel. „Die höchsten Engel selbst gleichen diesem Tempel der edlen Seele bis zu einem gewissen Grade, aber doch nicht völlig. Dass sie der Seele in gewissem Maße gleichen, das trifft zu für die Erkenntnis und die Liebe. Jedoch ist ihnen ein Ziel gesetzt; darüber können sie nicht hinaus. Die Seele aber kann wohl darüber hinaus. Stünde eine Seele – und zwar die (Seele) eines Menschen, der noch in der Zeitlichkeit lebte – auf gleicher Höhe mit dem obersten Engel, so könnte dieser Mensch immer noch in seinem freien Vermögen unermesslich höher über den Engel hinausgelangen in jedem Nun neu, zahllos, das heißt ohne Weise, und über die Weise der Engel und aller geschaffenen Vernunft hinaus."¹⁰

So kühn Eckhart in dieser Predigt 1 (in der Quint-Ausgabe: Deutsche Predigten und Traktate) jedoch auch klingen mag – er dringt hier noch nicht in den „Grund" vor, in dem sowohl Gott als auch die Seele „ent-wird". Hier hat die Seele noch kein „eigenes" Reich, in dem sie „nach Hause" kommen könnte. „Gott allein ist frei und ungeschaffen," sagt er, „und daher ist er allein ihr gleich der Freiheit nach, nicht aber im Hinblick auf die Ungeschaffenheit, denn sie ist geschaffen. Wenn die Seele in das ungemischte Licht kommt, so schlägt sie in ihr Nichts so weit weg von ihrem geschaffenen Etwas in dem Nichts, dass sie aus eigner Kraft mitnichten zurückzukommen vermag in ihr geschaffenes Etwas. Und Gott stellt sich mit seiner Ungeschaffenheit unter ihr Nichts und hält die Seele in seinem Etwas. Die Seele hat gewagt, zunichte zu werden und kann auch von sich selbst aus nicht (wieder) zu sich selbst gelangen – so weit ist sie sich entgangen, ehe Gott sich unter sie gestellt hat."¹¹

Hier wird einerseits die Schwierigkeit des „Zurückkommens" aus extremen Ekstase-Zuständen geschildert – eine Schwierigkeit, die auch indischen Yogis nicht unbekannt ist. Metaphysisch und mystisch ist Eckhart hier jedoch noch nicht auf der Höhe seiner späteren Erkenntnis und Verwirklichung, die durchaus eine Basis, einen Grund kennt, der ihn nicht nur „trägt", sondern der er ist. Der persönliche Schöpfergott muss sich da nicht mehr unter ihn stellen, um ihn zu „halten", sondern er muss „weg", damit der Grund verwirklicht werden kann. „Darum bitte ich Gott, dass er mich Gottes quitt mache", heißt es dann in der berühmten Predigt 32; „ denn mein wesentliches Sein ist oberhalb von Gott, sofern wir Gott als Beginn der Kreaturen fassen."[12]

Man kann natürlich anhand der Predigt-„Nummern" keine „Entwicklung" Eckharts, geschweige denn eine genaue Chronologie konstruieren. Doch es ist erstaunlich, wie kühn der Mystiker bereits in Predigt 2 (Intravit Jesus in quoddam castellum...) den „Grund" der Seele herausarbeitet – und es ist umso bedauerlicher, dass der durch die Anklage verstörte Meister einräumt, der Text dieser Predigt könne „Sinnloses, Dunkles, Verwirrtes und gleichsam Schlaftrunkenes" enthalten[13]. (Doch hatte Eckhart nicht bereits seinem lateinischen Hauptwerk, dem *Opus tripartitum,* den mahnenden Satz vorangestellt: „Es ist aber zu beachten, dass manches aus den folgenden Thesen, Problemen und Auslegungen auf den ersten Blick ungeheuerlich, zweifelhaft oder falsch erscheinen wird"?) Der Text selber, vor allem die Stelle über das „Bürglein" der Seele, die wir teilweise schon zitiert haben, ist alles andere als schlaftrunken, sondern äußerst klar. Er beschreibt den Seelengrund, in den nicht einmal Gott hineinlugen kann, sofern er noch Person ist, und fügt hinzu: „Mit *dem* Teile ist die Seele Gott gleich und sonst nicht."[14]

DIE KLEINE LOTOSBLÜTE

Das „Bürglein" (*castellum*), von dem Eckhart spricht, erinnert an die „Brahma-Burg" in der Chandogya-Upanishad: „In der Brahmaburg (des Leibes) ist eine kleine Lotusblüte als Behausung. Darin ist ein kleiner Innenraum. Was in diesem sich befindet, muss man erforschen, das muss man zu erkennen versuchen." So „winzig" dieser Raum jedoch auch zu sein scheint, so heißt es dann doch von ihm: „Himmel und Erde sind beide darin enthalten... Blitz und Gestirne.

Was hier (des Menschen) ist und was nicht, das ist alles darin enthalten." Und weiter: „Nicht wird sie durch des Menschen Alter morsch, noch durch seine Tötung vernichtet. Dies ist die wahre Brahmastadt. Dies ist das Selbst. Es hat alle Übel abgeworfen, ist frei von Alter, Tod, Kummer, Hunger, Durst..."[15]

Ebenfalls in der Chandogya-Upanishad wird der Atman, das wahre Selbst, als „kleiner als das Kleinste" und „größer als das Größte" beschrieben: „Dieser mein Atman im Inneren des Herzens ist feiner als ein Reis- oder Gersten- oder Senf- oder Hirsekorn oder das Korn eines Hirsekorns. Dieser mein Atman im Inneren des Herzens ist größer als die Erde, größer als der Luftraum, größer als der Himmel, größer als alle Welten..."[16]

Negativ ausgedrückt, in der Sprache Eckharts: Er ist „weder dies noch das", oder vedantisch: neti, neti. Doch eine solche negative Sprache erwärmt unser Herz natürlich nicht so stark wie eine positive Ausdrucksweise, die in der Leere zugleich die Fülle sieht, und die weiß, dass sich die unendliche Weite zugleich im „Herzen" zentriert. Diese Herz-Mitte, auf die auch Ramana Maharshi immer wieder hinwies, sowie das Zentriertsein im Hara, der Bauchmitte, die im Zen und auch in der Praxis Dürckheims so stark betont wird, stellen eine wichtige positive Ergänzung dar zum negativen „Verlust" des empirischen Ich und sorgen dafür, dass der überpersönliche Grund, das unbegrenzte Bewusstseins-Meer des göttlichen Seins, nicht nur als auflösende Kraft, sondern auch als „Halt", als feste „Burg" und als tragende Basis realisiert wird.

„ALS ICH NOCH IN MEINER ERSTEN URSACHE STAND..."

In vielen seiner Predigten lehrte Eckhart eine radikale *Demut,* ja, eine *Armut im Geiste*, und doch klingen viele Passagen alles andere als demütig. „Als ich (noch) in meiner ersten Ursache stand," sagte er in der Predigt über die geistige Armut (32), „da hatte ich keinen Gott, und da war ich Ursache meiner selbst. Ich wollte nichts, ich begehrte nichts, denn ich war ein lediges Sein und ein Erkenner meiner selbst im Genuss der Wahrheit. Da wollte ich mich selbst und nichts sonst; was ich wollte, das war ich, und was ich war, das wollte ich, und hier stand ich Gottes und aller Dinge ledig. Als ich aber aus freiem Willensentschluss ausging und mein geschaffenes Sein empfing, da hatte ich einen Gott; denn ehe die Kreaturen waren, war Gott (noch) nicht ‚Gott': er war vielmehr, was er war."[17]

Solche und ähnliche Aussagen waren nicht nur der kirchlichen Autorität ein Gräuel. Der flämische Mystiker Jan van Ruysbroeck polemisierte gegen einen Zweig der damals florierenden „Brüder und Schwestern des Freien Geistes", deren Ansichten er unter anderem wie folgt zitiert: „Während ich in meiner ewigen Essenz war, hatte ich keinen Gott. Aber was ich war, das wollte ich, und was ich wollte, war ich. Aus meinem eigenen Willen bin ich geworden... Ohne mich hätte Gott weder Wissen noch Willen, denn ich bin es, der mit Gott seine eigene Persönlichkeit und alle Dinge geschaffen hat. An meiner Hand hängen Himmel, Erde und alle Geschöpfe. Und wie immer man Gott verehrt, so verehrt man mich, denn in meinem wesentlichen Sein bin ich von Natur aus Gott. Für mich selbst hoffe und liebe ich nicht, und ich habe keinen Glauben, kein Vertrauen in Gott. Nichts will ich erbitten, nichts erflehen, denn ich ehre Gott nicht höher als mich selbst. Denn in Gott gibt es keine Unterscheidung, weder Vater noch Sohn noch Heiligen Geist... Mit diesem Gott bin ich eins, und ich bin sogar, was Er ist... und was Er ohne mich nicht ist."[18]

Ein interessanter Eckhart-Verschnitt, der Ruysbroeck vor allem deshalb in Rage brachte, weil manche dieser „Sektierer" daraus die Legitimation für eine extrem libertinistische Lebensweise nahmen. Ein Buddhist würde diese ganze Aufregung wahrscheinlich gar nicht verstehen, denn sie ist nur möglich und verständlich in einem geistigen Klima, das durch die Autorität eines machtvollen persönlichen Gottes, der alle „Transzendenz" als seinen alleinigen „Besitz" ansieht – und einer Amtskirche, die sich auf ihn beruft –, einen gewaltigen Druck von oben erzeugt – und damit hin und wieder auch einen Gegendruck von unten. Die Exzesse mancher – keineswegs aller! – dieser Brüder und Schwestern des Freien Geistes haben oft etwas Trotziges, es fehlt ihnen die innere Souveränität und Gelassenheit Eckharts, doch andererseits ist es zumindest psychologisch verständlich, dass auf den göttlichen Autoritätsdruck von oben nicht nur Demut und Zerknirschung auf der menschlichen Seite antworten, sondern hin und wieder auch ein kräftiges „Ego", das sich dann spirituelle Kleider überwirft.

Doch auch Eckharts „Original"-Sätze geben einige Rätsel auf. Dass Eckhart erst als „Kreatur" einen Gott „hat", ist einleuchtend, denn im Grunde ist ja Gott noch nicht „Gott" im herkömmlichen Sinne, sondern ein über-seiendes Sein, ja ein „Nichts". Aber wenn schon Gott als „Person" nichts im Grund zu suchen hat, was hat dann Eckhart als „Ich" im Grund verloren – wenn er dort doch eigentlich, wie auch der persönliche „Gott", ent-wird? Prä-existiert er dort als eine Art platonischer Idee des später fleischgewordenen individuellen Eckhart oder als ein selbständiger, aller Dinge und selbst Gott lediger Atman, der nur sich selber will? Und warum, wenn er nichts will und nichts begehrt, fasst er dann den freien Willensentschluss, sich ausgerechnet in dieser trübseligen dualistischen Maya-Welt, dieser Welt des „Zufalls", zu inkarnieren?

Darüber kommen nicht nur die Pfaffen zum Hinken, darüber kann selbst ein Vedantin ins Grübeln kommen. Und man versteht, dass solche und ähnliche kühnen Sätze nicht nur die damaligen Brüder und Schwestern des Freien Geistes „high" machten, sondern auch noch die deutschen Idealisten inspirierten. Diese waren ja, zumindest in ihrer Anfangszeit, geradezu besoffen vom transzendentalen „Ich". Eckhart war jedoch keineswegs nur ein Metaphysiker, der seinen Kopf heiß laufen ließ, sondern ein tiefer Mystiker, dem es wirklich um die radikale „Armut im Geiste" ging. Wie verträgt sich diese mit jenem stolzen Ich, das nicht erst wartet, bis irgendein Gott es erschafft, sondern das sich aus „freiem Willensentschluss" auf das Abenteuer der Schöpfung und Selbstbeschränkung, die jede Inkarnation mit sich bringt, einlässt?

Eine mögliche Erklärung wäre die, dass Eckhart, ähnlich wie das indische Sankhya-Yoga-System, von einer Vielzahl von *Purushas* (vollkommenen Einzelseelen) ausgeht, die sich im reinen, absoluten Bewusstsein, jenseits aller Verwicklungen mit der *Prakriti,* der „Natur", einer Art „splendid isolation" erfreuen. Allerdings käme keiner dieser indischen Yogis auf die Idee, sich „aus freiem Willensentschluss" auf die Verfilzung mit eben dieser Natur einzulassen. Warum sich dieser reine Geisteskern je „verunreinigt" hat, bleibt in diesem System ein Rätsel. Den Yogis geht es ja, wie dem Buddha, um die Erlösung von diesem Zustand – und nicht um die Lösung der Frage, wie sie in dieses Schlamassel hineingeraten sind.

Eine andere – und wohl ertragreichere – Sichtweise: *Eckhart über-nimmt die volle Verantwortung für seine Existenz.* Er sieht die „Ur-sache" seines Daseins nicht in seinen Eltern, ja nicht einmal in Gott, sondern im innersten Kern seines Wesens, das er bis auf den Grund, seine „erste Ursache", zurückführt. An seiner äußeren Formgebung mögen seine Eltern und auch der Schöpfergott beteiligt sein, wes-halb er klärend hinzufügt: „Und darum bin ich Ursache meiner Selbst meinem Sein nach, das ewig ist, nicht aber meinem Werden nach, das zeitlich ist." Doch selbst diese zeitliche Existenz als das einmalige In-dividuum „Eckhart" scheint er nicht als einen Zufall oder gar Unfall anzusehen, sondern er sieht „sich" auch am Anfang oder genauer im Uranfang seiner Existenz, „willens diesen Menschen zu schaffen". Eckharts „Selbst-Bewusstsein" ragt also bis in den letzten Grund hinein, und dieses Grund-Gefühl nährt wiederum seine äußere Exis-tenz. Sein gesundes Selbst-Bewusstsein ergänzt und korrigiert auf gewisse Weise seine Aussagen über die „Ich"-Auflösung im Grund, „in dem wir ewig versinken vom Etwas zum Nichts".

FINGERZEIGE AUS KYOTO

Die gewöhnliche christliche Terminologie reicht hier bei weitem nicht mehr aus, um diesen mehr als schwierigen Sachverhalt zu klä-ren. Der vedantische Begriff *Atman,* der sowohl auf das „Selbst" hinweist, das im Innersten des Menschen seinen „Sitz" hat, als auch auf den eher unpersönlichen Grund der Seele, dürfte dem, was Eckhart in seiner halb platonischen, halb christlichen Terminologie sagt, sehr nahekommen. Auch die subtile Dialektik des Mahayana-Buddhismus gibt uns hier wichtige Fingerzeige, so etwa in den para-dox klingenden Aussagen des stark vom Zen geprägten japanischen Philosophen Nishitani: „Das wahre Nichts ist ein lebendiges Nichts; und ein lebendiges Nichts kann sich nur im Selbstsein und als das Selbstsein bezeugen."[19] Oder: „Die lebendige Aktivität der Person ist, so wie sie ist, eine Verwirklichung des absoluten Nichts."[20] Vielleicht hat Nishitani, der der berühmten Kyoto-Schule angehörte, die Furcht christlicher Theologen vor der „Selbst-Überschätzung" – oder auch vor der „selbstischen" Einkapselung des Selbst in sich selbst – im Auge, wenn er weiter schreibt: „Dies ist nicht mehr die der Person gewöhnlich zugeschriebene Subjektivität. Es ist vielmehr deren Negation oder, noch tiefer gesehen, die Negation jener Subjektivität, die eine Person sich in ihrer personzentrierten Selbstinterpretation zuschreibt. Diese Negation zeigt eine Umkehr innerhalb jener in sich selbst verfangenen Person an, das Hervorbrechen einer völlig neuen Lebenskraft. Sie ist der eigentliche Schlüssel zu jener Zellentür, die verschlossen ist, seit personales Sein seinen Anfang, den ‚anfanglosen' Anfang, genommen hat. Durch diese Negation wird die Person von innen her aufgebrochen, durch sie offenbart das personale Sein sich als authentische und ursprüngliche Subjektivität, als die wahrhaft absolute Selbstheit."[21]

Die scheinbare Diskrepanz zwischen „Armut im Geiste" und einem „adeligen" Selbst-Bewusstsein wird hier aufgehoben. Für Eckhart ist – in der Sprache Nishitanis, der sich ausführlich mit Eckhart (und Heidegger!) beschäftigt hat –„allein in der Offenheit des absoluten Nichts die Vollendung der Freiheit und Unabhängigkeit des Menschen... zu finden."[22] Nishitani versteht völlig, warum sich Eckhart als bloße von Gott geschaffene Kreatur, die einen Gott „hat", äußerst unwohl fühlt. „Erst wenn ‚Gott' ins absolute Nichts der Gottheit transzendiert ist, wird der Grund der Subjektivität freigelegt. *Dies* ist der Ort des ‚unkreatürlichen' *bin*."[23]

„Bei Eckhart wird das Gegenüber der menschlichen Subjektivität (der Freiheit und Unabhängigkeit des Menschen) zu Gott... auf die Spitze getrieben", schreibt Nishitani. Er ortet ihn in seiner Radikalität jenseits des Theismus eines Kierkegaard und auch jenseits des Atheismus eines Nietzsche. „In seinem Gewahren des ‚Nichts' der Gottheit im Grunde des persönlichen ‚Gottes' steht er und entfaltet er sein Denken ‚auf dem anderen Ufer', jenseits von Theismus und Atheismus, an dem Ort, wo gerade umgekehrt die Unabhängigkeit der ‚Seele' im wesenhaften Einssein mit dem Wesen Gottes gründet."[25]

Das wesenhafte Einssein mit Gott ist nie auf der relativen Ebene, im Reich der Dualität, zu verwirklichen. Es kann nur dort verwirklicht werden, wo es keinen „Gott" mehr gibt. Deshalb bittet Eckhart Gott, ihn Gottes quitt zu machen. Im Einssein mit ihm im Grund erfährt er jedoch gerade seine „Unabhängigkeit". In die Sprache des

Advaita-Vedanta übersetzt: Jedes Wesen ist nicht nur ein „Teil" des göttlichen Ganzen, sondern es ist dieses Göttliche, es ist ihm nicht das Geringste hinzuzufügen. Jedes In-dividuum ist das unteilbare Brahman. Wenn wir Eckhart auf der Straße begegnen, begegnen wir nicht nur einem kleinen herausgefallenen Stückchen des göttlichen Grundes, sondern dem ganzen Grund in seiner unermesslichen Weite. Und gleichzeitig diesem konkreten einmaligen Eckhart. (Oh, wie gern wüsste ich, wie er „ausgesehen" hat – und wie froh bin ich andererseits, dass wir keine „Bilder" von ihm haben!) In der paradoxen Sprache Nishitanis – die für manche Leser gewiss etwas gewöhnungsbedürftig ist: „Das Selbst in dieser absoluten Selbstheit ist nicht das, was man allgemein als personales oder bewusstes Selbst bezeichnet, das sogenannte ‚Ich'. Dennoch ist es zugleich eben dieses personale und bewusste Selbst."[25]

Die westlich-christliche – und wohl auch allgemein menschliche – Befürchtung, die Einmaligkeit der Person könne im unpersönlichen Grund untergehen, ist also eigentlich unbegründet. Denn gerade der Grund gewährleistet meine Einmaligkeit. Das Gefühl der Einmaligkeit, Unabhängigkeit und „Autarkie", das ich in der dualistischen Maya-Welt habe, ist eine Illusion. Sie ist zumindest oberflächlich und muss zerbrechen, wenn ich wirklich aus der Quelle meines Ichseins trinken will. Als geschaffene Kreatur bin ich nichts weiter als ein armes Würstchen mit meinen kümmerlichen Ängsten und Hoffnungen, als „Erscheinung" bin ich flüchtiger als der Wind. Aber im Grunde – der auch Gottes Grund ist – bin ich einmalig und einzigartig, ein absolutes Wunder, mit jedem einzelnen meiner noch verbliebenen weißen Haare. Und dieser Grund ist nicht irgendwo über den Wolken oder im Erdinneren, sondern er ist „eben hier zur Stelle, tiefgründig und klar", wie es im „Cheng-tao-Ke" heißt.

MYSTISCHE WURZELBEHANDLUNG

Ein solches Zu-Grunde-Gehen, das die Wurzel unserer Selbstheit nicht abschneidet, sondern freilegt, führt uns gewiss tiefer und weiter als alle Gewissenserforschungen, die uns die herkömmliche Frömmigkeit anbietet. Wenn christliche Theologen in der Mystik oft auch eine „Ego"-Falle und in allem mystischen Bestreben nur das „*Cor incurvatum in se*", das auf sich selbst gekrümmte Herz (das Luther noch so sehr am Herzen lag!), erblicken, so kann man in der ständigen Zerknirschung und Selbstdemütigung mit noch viel größerem Recht starke Ego-Reste sehen, denn derjenige, der sich als „Sünder" sieht, will ja gewöhnlich nicht sein Ich auslöschen, sondern sich vor Gott und den Mitmenschen „produzieren". Er hält seine Schwächen für ungeheuer wichtig. Deshalb empfehlen Meister wie Eckhart oder Ramana Maharshi kein In-sich-herum-Bohren, sondern eine radikale Wurzelbehandlung, die dem Ego den Garaus macht und das eigentliche Selbst offenbart.

Dieses eigentliche Selbst ist völlig frei und unverfügbar – wie der „nackte Bube", der Eckhart besuchte. Wer auch nur einen „Augenblick" in seinen eigenen Grund geschaut hat, ist durch nichts mehr zu beeindrucken oder gar einzuschüchtern. (Man darf wohl annehmen, dass nicht Angst oder Feigheit Eckhart zu seinem „Widerruf" bewogen, sondern sein Verantwortungsgefühl gegenüber seinen Zuhörern sowie auch seine feste Überzeugung, noch immer auf dem Boden der Rechtgläubigkeit zu stehen. Er hielt das Ganze, auch als er sich auf den Weg nach Avignon zum Papst machte, wohl für ein einziges „Missverständnis", das aufgeklärt gehörte.)

Es gibt Versuche kirchlicherseits, die Kühnheiten Eckharts ein wenig zu stutzen und ihn wieder „einzugemeinden". Doch statt ihn kleiner zu machen, sollte sich die Kirche ausweiten und endlich einmal Eckhart'sches Format gewinnen. Sie braucht keineswegs jeden Sonntag von der Kanzel jene „letzten" Wahrheiten zu verkünden, die dem großen Meister so sehr am Herzen lagen, sie darf auch kleinere Brötchen backen – aber in einem Rahmen, in dem es sich frei atmen lässt und in dem jene Wahrheiten, „die da gekommen sind aus dem Herzen Gottes unmittelbar", immer wieder einmal durchblitzen – wie auch die Jesus-Worte: „Und ihr werdet die Wahrheit erkennen und die Wahrheit wird euch frei machen."

8.

DER ABGRUND RUFT DEN ABGRUND –
JOHANNES TAULER PREIST DAS NICHTS

*„Meine Lieben! Wer allein dahin käme, diesen Grund seines eige-
nen Nichtseins zu erreichen, der hätte den nächsten, kürzesten, den
geradesten, sichersten Weg zur höchsten und tiefsten Wahrheit gefunden, die man auf Erden erreichen kann. Diesen Weg einzuschlagen, ist niemand zu alt oder zu schwach, auch nicht zu einfältig
oder zu jung, nicht zu arm oder zu reich. Dieser Weg lautet: ‚Ich bin
nichts!' Ach, welch unaussprechliches Leben liegt in diesem ‚Ich bin
nichts'"!*

JOHANNES TAULER

Wir haben den Mystiker Johannes Tauler (um 1300 – 1361), den man
nur im weitesten Sinne als „Schüler" Eckharts bezeichnen kann, bereits am Anfang dieses Buches kurz getroffen: Da erregte er sich darüber, dass die armen Christen jenen „Grund", den die „Heiden" längst
entdeckt hätten, nicht finden würden – ja, sich nicht einmal für ihn
interessierten, weil sie einfach zu sehr „beschäftigt" seien. Ich hatte
ihn also als Kronzeugen für das mystische „Grund"-Gefühl angeru-
fen. Doch schaut man genauer hin, entpuppt sich dieser Mönch als
etwas widerborstig. Zumindest lässt er sich nicht so leicht in jene ein-
heitliche Stromlinienform bringen, in die viele oberflächlich von der
Mystik Begeisterten gern alle mystischen Aussagen pressen wollen.

Man muss es Tauler hoch anrechnen, dass er sich wiederholt vor
Eckhart stellte und sich nicht in jene gehässigen Polemiken verwi-
ckeln ließ, die etwa den goldenen Glanz des Heiligenscheins Jan
van Ruysbroecks ein wenig beeinträchtigen. Obschon das Sprechen
vom „Grund", vom „Seelenfunken" und von der Präexistenz eines
ungeschaffenen Wesenskerns durch den Eckhart-Prozess stark bela-
stet war, scheute sich Tauler nicht, sich mit klaren Worten in diese
„neuplatonische" Tradition zu stellen: „Von diesem inneren Adel, der

im Grunde verborgen liegt, haben viele Lehrmeister gesprochen, alte und neue: Bischof Albrecht, Meister Dietrich, Meister Eckhart. Der eine nennt ihn ein ‚Seelenfünklein', der andere einen ‚Grund' oder einen ‚Wipfel, einer einen ‚Ursprung'… Dieser Funke fliegt, wenn wohl vorbereitet, so hoch, dass (menschliche) Erkenntniskraft ihm nicht folgen kann, denn er rastet nicht, bis er wieder in den (göttlichen) Grund gelangt, von dem er ausgegangen ist und wo er im Stande seiner Ungeschaffenheit war."[1] Oder an anderer Stelle: „Der inwendige edle Mensch ist aus dem edlen Grund der Gottheit gekommen und nach dem edlen lauteren Gott gebildet und wird wieder dorthin eingeladen und hineingerufen und hingezogen, dass er all des Guten teilhaftig zu werden vermag, das der edle, wonnigliche Grund von Natur besitzt; das kann die Seele durch göttliche Gnade erlangen."[2]

Tauler würde uns hier jedoch kaum interessieren, wäre er nur eine etwas blasse Kopie des großen Meister Eckhart. Was die metaphysischen Höhenflüge und mystischen Kühnheiten angeht, so war Eckhart zweifellos nicht mehr zu überbieten. So sah denn Tauler seine Aufgabe vor allem darin, der hoch spekulativen Mystik eine größere Praxis-Nähe zu geben, wobei er auch kirchlichen „Frömmigkeits"-Übungen – Christus-Nachfolge, Marien- und Sakramenten-Verehrung usw. – einen größeren Platz einräumte. Stärker als Eckhart betonte er auch das Angewiesensein des Menschen auf die göttliche Gnade und, damit zusammenhängend, die Bedeutung der Demut. Louise Gnädiger spricht in diesem Zusammenhang von einer ausgesprochenen „Mystik des Sinkens". Wir könnten auch sagen: des „Zu-Grunde-Gehens". Und hier wird Tauler für uns und unser Thema nicht nur „anregend", sondern auch zu einer einzigen Herausforderung.

Eckhart kennt auch den kontingenten Charakter des menschlichen Lebens, seine Gebrechlichkeit, ja, seine „Nichtigkeit". Er macht sich nichts vor, was die menschlichen Schwächen angeht, aber er hält sich nicht lange bei ihnen auf, fegt diese ganze Nichtigkeit beiseite, um so rasch wie möglich den „Durchbruch" zur wahren Natur des Menschen zu schaffen, zu seinem *Sein*, frei von aller „Zufälligkeit". *Erkenne dich selbst* heißt für ihn – wie auch für jeden Vedantin: Erkenne deine Göttlichkeit, deine Atman-Natur.

„BAUE AUF NICHTS ALS
DEIN AUSSCHLIESSLICHES NICHTS…"

Taulers „Erkenne dich selbst" ist dagegen höchst ambivalent. Er kennt auch die Höhenflüge zum äußersten „Wipfel" der Seele, aber zur seiner eigentlichen Höchstform läuft dieser Mystiker auf, wenn er in den Grund versinkt. Und dieser ist für ihn leider nicht immer göttlicher Natur.

„Baue auf nichts als dein ausschließliches Nichts"[3], sagt er. Diese „Nichtigkeit" des Menschen rührt für ihn erstens ontologisch von der „Erschaffung aus dem Nichts" her, und zweitens durch seine moralische Verderbtheit infolge des Sündenfalls. „O, wer sich recht bei sich aufhielte und mit sich selbst vertraut wäre", ruft er aus, „ wie abgründig müsste er sich in seiner sündlichen Schwäche erkennen und so recht erfahren, wie seine Natur uneingeschränkt (!) in dieser Schwäche besteht."[4] Man begreift, dass Luther, der ansonsten kein großer Freund der Mystik war, sich von diesem Tauler gern inspirieren ließ. Denn dieser verlangt vom Menschen, sich ganz unter die gewaltige Hand und Kraft Gottes zu beugen und „von Grund aus sein natürliches und sein gebrechliches Nichts zu erkennen. Das natürliche Nichts, das ist, dass wir von Natur aus nichts sind; das gebrechliche Nichts ist unsere Sünde, die uns zu einem Nichts gemacht hat."[5]

Eckhart hasst dieses kreatürliche Nichts, da es ihn nicht „selig" machen kann, und rät dem Menschen, sich so schnell wie möglich von diesem kreatürlichen „Frust" zu befreien. Tauler dagegen schwelgt in diesem Nichts. Er sieht den spirituellen Königsweg nicht darin, diesem Gefühl der Minderwertigkeit und Nichtigkeit zu entfliehen und so schnell wie möglich einen positiven, göttlichen „Kern" in sich zu entdecken, der uns dann allen Niederungen „enthebt", sondern er nagelt den Menschen zuerst einmal mit einer wahren, fast „protestantischen" Wollust auf seine absolute Nichtigkeit fest. „Meine Lieben! Wer allein dahin käme, diesen Grund der Erkenntnis seines eigenen Nichtseins zu erreichen, der hätte den nächsten, kürzesten, den geradesten, sichersten Weg zur höchsten und tiefsten Wahrheit gefunden, die man auf Erden erreichen kann. Diesen Weg einzuschlagen, ist niemand zu alt oder zu schwach, auch nicht zu einfältig oder zu jung, nicht zu arm oder zu reich. Dieser Weg lautet: ‚Ich bin nichts!' Ach, welch unaussprechliches Leben liegt in diesem ‚Ich bin nichts!'"[6]

Man muss zugeben: Diese Lehre hat einen gewissen Charme. Dieser liegt natürlich nicht darin, dass uns Tauler einen starken Minderwertigkeitskomplex einreden will, so wie ihn die Kirche ihren Gläubigen über Jahrhunderte eingeredet hat. Der Charme liegt in ihrer *Radikalität*, die ja schon fast etwas „Buddhistisches" hat. Anstatt sich vor dem Nichts zu fürchten, stürzt sich Tauler mit einer wahren Begeisterung hinein, noch enthusiastischer als Eckhart. Er gleicht einem Kamikaze-Flieger, der sich in den Abgrund stürzt. Hier geht es nicht darum, noch irgendetwas „Wertvolles" aus dem menschlichen Dasein zu retten, das vielleicht vor Gott „vorzeigbar" wäre, sondern „Tabula rasa" zu machen: „Heißa! Ich bin nichts!"

LUZIFER WOLLTE „ETWAS" SEIN

Wenn das Heil im „Ich bin nichts" liegt, so liegt die Sünde im „Ich will Etwas sein". „Luzifer erhob sich zum Himmel und wollte (etwas) sein; das stürzte ihn nieder in den tiefsten Grund, den Grund des Nichts, schlimmer als alles Nichts. Das trieb auch unsere Stammeltern, das vertrieb sie aus dem herrlichen Paradies und hat uns allen viel Not und Mühsal gebracht."[7] Und Tauler schwärmt seufzend vom Frieden des Nichtseins: „Ach, das Nichtsein, das hätte in jeglicher Art, an allen Orten, mit allen Menschen ganzen, wahren, wesentlichen, ewigen Frieden und wäre das Seligste, Sicherste, das Edelste, das diese Welt hat, und doch will sich niemand darum bemühen…"[8]

Keine Spur von abendländischer *Seins*besessenheit – die der Philosoph Ludger Lütkehaus in seiner Studie über das „Nichts" so heftig beklagt! Doch so friedlich dieses Nichtsein auch sein mag – es wirft leider einige Fragen auf.

Isoliert man Stellen wie die gerade zitierte, so hätten wir einen friedlichen, „regressiv" gestimmten Taoismus vor uns, der, wenn er konsequent wäre, nicht erst im Sündenfall, sondern bereits im Akt der Schöpfung das Grundübel sehen müsste. Warum blieb der Schöpfer nicht in seinem Grund, als friedliches Nichtsein, und vor allem: Warum riss er uns aus dem süßen Schlaf des Nichtseins, warum machte er uns zu „etwas"? Und außerdem: Wenn das Nichts eine so großartige Sache ist, warum wurde dann Luzifer zur Strafe dafür, dass er „etwas" sein wollte, ins tiefste Nichts gestürzt?

So widersprüchlich Taulers Aussagen jedoch auch sein mögen – eine gewisse Logik liegt in seiner Annäherungsweise an den göttlichen Grund schon. Wir können Gott nicht dadurch nahekommen, dass wir unser geschöpfliches „Etwas", sprich unsere Person, noch weiter aufblähen. Wir können Gott nicht „überbieten". Wir können nur den umgekehrten Weg gehen – den auch Eckhart vorschlägt – und uns Gott gleichsam von „unten" her annähern, indem wir paradoxerweise den Gegensatz zwischen seinem Seinsreichtum und unserer Dürftigkeit noch steigern – in der verrückten Hoffnung, dass sich unser „Nichts" und Gottes Fülle irgendwo im Unendlichen treffen. Ja, wir sollen nicht einmal irgendetwas erhoffen und wir sollen uns unserer Demut auch nicht „bewusst" sein. „Diese Demut, die versinkt ganz und gar in einen Abgrund", sagt Tauler, „und verliert ihren Namen und steht auf ihrem lauteren Nichts und weiß nichts von Demut."[9]

Aber irgendwie bleibt Tauler im Nichts stecken wie in einem zähen Schlamm. Er schwärmt mehr vom Nichts, aus dem Gott angeblich alles erschuf, als von der Herrlichkeit der Schöpfung. „Als Gott alle Dinge erschaffen und machen wollte, da stand ihm nichts zur Verfügung als das Nichts. Mit nichts anderem als allein mit nichts machte er ein Etwas. Er machte alle Dinge aus nichts. Wo Gott in der ihm eigenen Weise wirken soll und will, da braucht er dazu nichts als Nichts. Das Nichts, das ist sein (Werk)-Stoff in erleidender Weise, empfänglicher als irgendein Etwas."[10] Daraus folgert Tauler nun, dass der Mensch wieder zu „Nichts" werden soll, um sich Gott als gefügiger „Stoff" zur Verfügung zu stellen und ihm gleichsam eine absolute „Neuschöpfung" zu ermöglichen.

Wenn jedoch bei der ersten Schöpfung aus dem Nichts etwas so Minderwertiges herauskam wie der nichtige Mensch, warum sollte dann bei einer erneuten Einstampfung ins Nichts und einer Neuschöpfung etwas Besseres herauskommen? Es ist ja gerade diese *Herkunft* aus dem Nichts, die dem Menschen seine ontologische Nichtigkeit beschert. Und selbst wenn man diese beiseite ließe: Wer garantiert, dass diese Neuschöpfung aus dem Nichts nicht wieder „neurotisch" wird, sich auf die Zehenspitzen stellt und so werden möchte wie Gott?

Außerdem ist das Nichts, so wie Tauler es versteht, eigentlich kein „reines" Nichts mehr. Es ist eher ein passiver „Stoff", „empfänglicher als irgendein Etwas". Diese Passivität und „Empfänglichkeit" hat, archetypisch gesehen, etwas Weibliches, und wenn Tauler im Weiteren darüber ins Schwärmen gerät, wie der Abgrund dieses geschaffenen Nichts den Abgrund des ungeschaffenen göttlichen Nichts gerade zu sich herabzieht, kommt ein Hauch erotischer Anziehungskraft in dieses eigenartige mystische Spiel. Die weibliche „Hohlform" zwingt geradezu den männlichen Gott, sich in dieses „Nichts" zu ergießen, es zu schwängern, zu füllen und zu formen. Mit Recht schreibt Louise Gnädinger von Tauler: „Ein derart heftiges Pathos der Selbstverkleinung und –vernichtigung, der Selbstenteignung und des Selbstverlusts äußert sich eigentlich nur noch in den „*Offenbarungen*" Mechthilds von Magdeburg"[11] – also einer Mystiker*in*. In der Ent-werdung und völligen Selbsthingabe will die weibliche Seele, die sich als ein Nichts empfindet, von der Überfülle des göttlichen Seins „geschwängert" werden – und „vertritt" damit gleichsam stellvertretend das Nichts, das sich am Anfang dem männlichen Schöpfergott hingibt und sich zur Schöpfung formen lässt.

Doch ist es wirklich nur eine bloße Wiederholung des Schöpfungsvorgangs, dem trotz aller Großartigkeit doch immer etwas „Nichtiges" anhaftet? Gott habe sich in der Schöpfung zu „eng" gefühlt, sagt Eckhart einmal, weshalb er die Seele erschaffen habe. Verliebt sich Gott in das reine Nichts – oder nicht vielmehr in die Seele, die sich „nichtet"? Was will Gott schon mit dem bloßen Nichts anfangen? Und wozu gibt es so wunderbare „Brückenköpfe" wie den höchsten „Seelenfunken", wenn sie für dieses mystische Drama überhaupt nicht gebraucht werden, wenn das „Nichts" und der persönliche Schöpfergott als „Personal" auf der Bühne genügen? Etwas im Grund der menschlichen Seele muss doch dem göttlichen Grund „entsprechen", damit es überhaupt zur „unio mystica" kommen kann, und dieses Etwas kann unmöglich das Nichts sein.

WER SICH NICHT ERHEBT, KANN NICHT FALLEN

Nun war Tauler kein Philosoph, geschweige denn ein Systematiker. Er benutzte die verschiedensten Bilder und Konzepte, um den Reichtum seines mystischen Innenlebens auszudrücken, und es scherte ihn wenig, wenn sich dabei Widersprüche ergaben. Auch sah er sich mehr als „Seelsorger", als „Lebemeister" denn als „Lesemeister". Und als Seelsorger wollte er auf Nummer Sicher gehen. Deshalb betonte er die Selbstvernichtung mehr als die positive Hervorhebung eines unzerstörbaren, göttlichen „Seelenfunkens". Wer sich selbst verleugnet und zu einem Nichts wird, kann nicht viel falsch machen. Wer sich nicht erhebt, kann nicht fallen. Wer dagegen eher in einem positiven Sinne „erleuchtet" werden will, läuft – zumindest in den Augen Taulers – schnell Gefahr, seine „Erleuchtung" als persönlichen Besitz anzusehen. Seine Polemik gegen so manche Brüder des „Freien Geistes" offenbart uns nicht so sehr den kirchentreuen Geistlichen, der es nicht zulassen kann, dass man sich über die üblichen Frömmigkeitsübungen und Demutsgebärden „erhebt", sondern eher den Psychologen, der das menschliche Ego vor allem dort durchschaut, wo es im Mäntelchen spiritueller „Erleuchtung" daherkommt.

Darüber hinaus hatte Tauler, um es in hinduistischer Terminologie auszudrücken, eher ein weibliches *Bhakti*-Gemüt, er war kein stolzer „männlicher" Jnani wie Eckhart – oder gar ein Vivekananda. *Bhakti* ist ungestüme Liebe und Hingabe, sie lebt vom Hin- und Hergewoge der Gefühle. *Jnana* ist ein „Feststehen" in der Wahrheit. Deshalb sind Eckharts Predigten trotz ihres sprachlichen „Schwungs" viel klarer und direkter als die Taulers, ihre Triebfeder ist vor allem der Erkenntnisdrang, die höchste „Vernunft", die Gott aller „Kleider" beraubt und nicht eher ruht, bis sie den letzten Grund verwirklicht. Und aus diesem letzten Grund heraus spricht sie dann mit absoluter Autorität, als lebendes Zeugnis der „Philosophia perennis".

Tauler gibt einmal zu, dass er den letzten Grund noch nicht verwirklicht habe (oder war es wieder einmal seine abgrundtiefe Demut, die ihn daran hinderte, eine Verwirklichung „zuzugeben"?). Er ist nicht so sehr an ewigen „Gewissheiten" interessiert, trotz allen Zitierens neuplatonischer Weisheiten, sondern am dynamischen Wechselspiel der mystischen Liebe. Er sagt nicht: „Gott ist ein unendliches

Meer", sondern stürzt sich hinein – wie der junge Ramakrishna, der sich in seiner Verzweiflung, weil er seine Göttliche Mutter nicht sehen konnte, auf das große Schwert im Kalitempel stürzte, um sich zu „nichten" – und dann diese „Mutter" als einen Ozean des Geistes erlebte – „grenzenlos, unendlich, blendend", wie er später berichtete. „So weit mein Blick reichte, sah ich glänzende Wogen, die sich von allen Seiten her erhoben und mit schrecklichem Rauschen auf mich einstürzten, als wollten sie mich verschlingen." Auch Tauler kennt dieses „Rauschen": „Die Weite, die sich in diesem Grund da zeigt, besitzt weder die Form eines Bildes noch einer Gestalt, noch sonst eine Art und Weise; es gibt kein Hier noch Dort; denn es ist ein unergründlicher Abgrund, der in sich selber schwebt, ohne Grund, so wie die Wasser wogen und wallen; jetzt sinken sie in einen Abgrund, und es scheint, als sei gar kein Wasser da; kurz darauf rauscht es daher, als ob es alles ertränken wolle..."[12]

Nicht dass Tauler nur ein „Ekstatiker" wäre! Er ist nicht umsonst in die Schule Eckharts gegangen und weiß, dass es auch Zeiten der „Trockenheit" gibt, die es „männlich" durchzustehen gilt. Der Protestantismus schätzte vor allem diesen Tauler, der sich in solchen Trocken-Perioden nur noch auf seinen nackten „Glauben" verließ und auch die ihm anvertrauten Nonnen ermahnte, nicht immer auf göttliche „Tröstungen" aus zu sein. Er hat auch durchaus „Zen"-Qualitäten; das reine „Sitzen" um des Sitzens willen – oder gar das „Sterben auf dem Kissen"! – hätte ihm bestimmt gefallen – und an Koans hätte sich sein widersprüchliches Gemüt sicherlich auch erfreut.

Doch zurück zum „Gewoge". So nackt sich der Bhakta auch ins Kali-Schwert oder ins unendliche Meer der Gottheit stürzen mag – ganz wird man den Verdacht nicht los, dass er trotz aller Ungeschütztheit und Abenteuerlust in seinem hintersten Hinterkopf sehr wohl um gewisse mystische Gesetzmäßigkeiten weiß. Also: Wenn ich mich ins Schwert stürze, dann *muss* sich mir die Göttliche Mutter im letzten Augenblick offenbaren. Oder: Wenn ich mich zunichte mache, dann *muss* mich Gott mit seiner ganzen Fülle des Seins erfüllen. Auch die Mystik kennt das Gesetz, dass die Natur kein „Vakuum" duldet. Eckhart drückt es recht drastisch aus: „Gottes Natur ist es, dass er gibt, und sein Sein hängt daran, dass er uns gebe, wenn wir unten sind. Sind wir's nicht und empfangen wir nichts, so tun wir ihm

Gewalt an und töten ihn."[13] Oder: „Gott begehrt so sehr danach, dass du deiner kreatürlichen Seinsweise nach aus dir selber ausgehest, als ob seine ganze Seligkeit daran läge… Geh völlig aus dir selbst heraus um Gottes willen, so geht Gott völlig aus sich selbst heraus um deinetwillen."[14] Erst in seiner radikalsten Predigt (32) geht er noch weiter und offenbart sich als „reiner" *Advaitin*: „Ist es so, dass der Mensch aller Dinge ledig steht, aller Kreaturen und seiner selbst und Gottes, steht es aber noch so mit ihm, dass Gott in ihm eine Stätte zum Wirken findet, so sagen wir: Solange es das noch in dem Menschen gibt, ist der Mensch (noch) nicht arm in der eigentlichsten Armut."[15]

TAULERS ABENTEUERLICHE DIALEKTIK

Diesen radikalen Schritt zur „eigentlichsten" Armut, die auf einen reinen *Advaita* (Nicht-Dualismus) hinausläuft, vollzieht Tauler nicht. Auch seine „Grund"-Lehre ist noch dualistisch gefärbt. Während Eckhart immer wieder betont, dieser Grund sei frei von allen Bildern und Personen, selbst von der heiligen Dreifaltigkeit, sagt Tauler, das Bild der Dreifaltigkeit sei dem Grund der Seele „eingeprägt". Und während Eckhart den Höhepunkt der mystischen Verwirklichung darin sieht, dass der Mensch nicht einmal mehr eine „Stätte" in sich hat, in der Gott wohnen kann, heißt es bei Tauler: „Wir streben danach, dass Gott diesen unseren Grund frei und mächtig besitzen möge, in den er sein göttliches Bild gelegt hat, und dass er darin wohnen möge, woran all seine Freude und sein Streben liegt."[16] Eckhart geißelt nicht nur das Besitz-Denken beim Menschen – als radikaler spiritueller Demokrat verlangt er auch von Gott, dass er auf alles „Besitzen" verzichtet.

Tauler versucht es mit einer abenteuerlichen Dialektik. So sehr er sich auch „nichtet", so sehr ist ihm doch bewusst, dass er sich nicht deshalb in seine „Minderwertigkeit" und damit in seine unendliche Ferne von Gott hineinsteigert, um diese Gott-Ferne für ewig zu zementieren, sondern um sie zu überwinden. Er sagt das unverhohlen: „Je klarer und unverhüllter und unverhohlener die Nichtübereinstimmung (mit der göttlichen Natur) erkannt wird, umso tiefer und innerlicher wird die Übereinstimung hervorgebracht und damit erreicht."[17] (Man könnte fast denken, Tauler sei in die stark vom Zen-Buddhismus geprägte Kyoto-Schule Nishitanis gegangen!) Was jedoch der mystische Theoretiker klar erkennt, muss der Praktiker sofort wieder vergessen, denn sonst wäre seine Dialektik ja nichts weiter als eine spirituelle „Taktik". Er muss sich ohne geheimen Fallschirm im Gepäck, ohne Netz und doppelten Boden in den Abgrund stürzen, getragen nur von einem Grundvertrauen und vor allem von der Kraft der Liebe, die laut Tauler – und auch hier trennt er sich von Eckhart – weit tiefer in das Innere Gottes vordringen kann als die „Erkenntnis". „Der Überschlag vom maßlosen menschlichen Nichts in Gottes maßloses Sein... vollzieht sich kraft der Liebe", schreibt Louise Gnädinger in ihrer Tauler-Studie, „jenseits des Verstands und der Vernunft."[18] Oder in Taulers eigenen Worten: „O, welch eine unaussprechliche Frucht würde aus diesem Grunde geboren, wenn der geläuterte Geist (des Menschen) mit diesem Ungleichen zusammen in Liebe versänke und verschmölze in der wahren Erkenntnis seiner Ungleichheit, und wenn der Geist (des Menschen), über sein Vermögen hinaus, einen Überschlag täte in den göttlichen Abgrund."[19]

Überschlag – das lässt uns fast schon an Kierkegaards berühmten „Sprung" denken oder gar an die „dialektische Theologie" eines Karl Barth. Und wir werden uns bewusst, wie schnell diese Mystik, wenn sie sich von ihrem natürlichen mittelalterlich-neuplatonischen Boden trennt, in theologischer Überanstrengung endet. Tauler konnte seine Sprünge und Überschläge noch auf dem Boden neuplatonischer „Gewissheiten" vollführen – so sehr er diese dann, fast schon aus taktischen Gründen, in seiner mystischen Praxis zu vergessen vorgab. Wer wie Tauler sagt: „Der inwendige edle Mensch ist aus dem edlen Grund der Gottheit gekommen und nach dem edlen lauteren Gott gebildet und wird wieder dorthin eingeladen und hineingerufen", kann dann, mit diesen metaphysischen und ontologischen Sicherheitsgurten versehen, getrost seine Kapriolen im Abgrund vollführen, er kann seine Nichtigkeit bis ins Unendliche steigern, weil er genau weiß, dass er mit Sicherheit wieder im göttlichen Grund landen wird. Ein Kierkegaard – und schon ein Martin Luther – ist sich da nicht mehr so sicher, so wie auch schon Paulus und Augustinus ihre Heilszweifel hatten. Tauler scheint da genau in der Mitte zu stehen: zwischen einem Christentum, das aus der Schöpfungsformel „Creatio ex nihilo" und der Erbsündenlehre die menschliche Nichtigkeit ableitet und höchstens noch in einem waghalsigen „Überschlag" im Schoß der

Gottheit zu landen hofft – und einer neuplatonisch gefärbten Mystik, die – auf die simpelste Formel gebracht – *weiß*: Ich komme aus dem göttlichen Grund und kehre in den göttlichen Grund zurück – ja, ich *bin* „im Grunde" immer in diesem Grund, im „ewigen Nun".

Eben dies macht Tauler so anregend – und verwirrend. „Geschlossener", wenn auch nicht ganz ohne Spannungen, ist zweifellos Eckharts Werk. Der „hochgemute" Ton absoluter, aber keineswegs „dogmatischer" Gewissheit, die sich durch all seine Predigten zieht, ist beeindruckend. Nie hält er sich bei den menschlichen Defiziten lange auf. Er zielt immer nur auf das „Eine", das „nottut".

„EUCH ZIEMT NICHT, GOTTES GEHEIMNIS ZU KENNEN..."

Das tut auch Tauler, doch seine Botschaft lautet vor allem: „Erfahre dich in deiner völligen Nichtigkeit!" – „Unser Herr sagte: ‚Eines tut not!' Welches ist nun dieses eine? Dieses eine besteht darin, dass du erkennest dein Nichts, das dein eigen ist"[2] – und Tauler macht seinen Zuhörern und vor allem Zuhörerinnen klar, dass er diese negative Selbsterkenntnis für viel wichtiger halte als alle mystischen „Aufschwünge": „Lasst darum fahren alles, was ich selbst und alle Lehrmeister je gelehrt haben, (alles, was sie) über Wirksamkeit und Beschauung, über erhabene Betrachtung (gesagt haben)..."[21] Ein moderner Zen-Meister fast, der seinen andächtig lauschenden Schäfchen wieder alles Hohe und Erhabene aus der Hand schlägt. „Du aber frage nicht nach hoher Weisheit, sondern geh in deinen eigenen Grund, und lerne dich selber kennen, und frage nicht nach Gottes Seinslosigkeit, nach dem Ausfluss und dem Rückfluss (der Dinge in Gott), nach dem Seelengrund in der Nichtigkeit (der Seele) und nach dem Seelenfunken in Gottes aus sich selbst seiendem Sein. ‚Euch ziemt nicht', sprach Christus, ‚Gottes Geheimnis zu kennen'."[22]

Vielleicht hatte sich schon damals ein eifrig diskutierender „esoterischer" Kreis gebildet, der mit Eckharts mystischen Begriffen jonglierte und von Tauler nun zur harten meditativen Praxis verdonnert wurde. Könnte man ihn allein in diesem Licht sehen – der praktische „Lebemeister", der seine Zuhörer wieder auf den Teppich zurückholt und ihnen nahelegt, sich erst einmal zu „erden" –, könnte man ihn als eine erfrischende Ergänzung zu Eckhart sehen. Doch leider trägt der Zen-Meister auch das Gewand der Amtskirche: „Wir sollen einen wahren, einfältigen, ganzen Glauben an den einen Gott in der Dreifaltigkeit der Personen haben, einen Glauben allein auf Gott gerichtet, arglos und lauter."[23]

Zu diesem Verdonnern der Gemeinde zu einem „einfältigen" kirchlichen Glauben, das wir so nirgendwo in Eckharts Predigten finden, gesellt sich noch das negative „Augustinische" Menschenbild, das viele Mystiker übernommen haben und das dem „modernen" Leser heute so aufstößt. Denn wenn Tauler sagt: „Geh in deinen eigenen Grund", dann meint er eben nicht immer den „göttlichen" Grund, sondern viel öfter die „niedrige" Natur des Menschen, seinen kreatürlichen Bodensatz. „Sieh, was du bist," sagt Tauler. „Woher bist du gekommen? Aus unsauberem, faulem, bösem, unreinem Stoff, widerlich und ekelerregend in sich selbst und für alle Menschen. Und was ist aus dir geworden? Ein unreines übelriechendes Behältnis voll des Unrates."[24] Wie Augustinus ist Tauler der Ansicht, dass der Mensch, diese *massa damnata*, eigentlich die ewige Verdammnis verdiente, und es letztlich unerklärlich sei, warum sich Gott seiner annehme. Nicht damit genug also, dass Tauler dem Menschen ständig seine ontologische „Nichtigkeit" vorhält – er umhängt diese Nacktheit auch noch mit all jenen Bettelgewändern, mit denen die kirchliche Moraltheologie diese Dürftigkeit seit eh und je „umkleidet" hat: mit seiner körperlichen Unansehnlichkeit und seiner durch die Erbsünde verursachten Verderbtheit.

Wenn sich dem heutigen Leser der Tauler'schen Predigten immer wieder mal die Haare sträuben, so rührt diese „Auflehnung" nicht nur von einem eitlen Ego her, das sich in seiner „Nichtigkeit" entlarvt fühlt, sondern aus einem Gefühl gesunder "Emanzipation" heraus. Die Predigten Eckharts sind ein Beweis dafür, dass alle wesentlichen Botschaften, die den Menschen an seine wahre Natur erinnern, auch ohne diese ständige Betonung der menschlichen Minderwertigkeit möglich sind. Das Wort „Grund" ist bei ihm immer nur im positiven Sinne gebraucht (auch wenn er mit negativen Termini umschrieben werden kann): als unsere wahre Heimat, als die Urquelle allen Lebens, als Seins-Basis für unser „zufälliges" Dasein. Es wird nicht unterschieden zwischen Gottes Grund und „meinem" Grund, eben weil alle Unterschiede in diesem Grund sinnlos geworden sind. Nie würde Eckhart wie Tauler sagen: „In diese einsame, stille, freie Gottheit trage deinen unnützen, hässlichen Grund...“ [25] Dieser kreatürliche Grund ist in den Augen Taulers „überwachsen mit viel Unkraut, ledig alles Guten, voll der wilden Tiere...“ Wir würden heute von den dunklen Kammern des Unbewussten oder Unterbewussten sprechen. Doch die menschliche Ratio steht bei Tauler auch nicht in hohem Ansehen, da sie immer wieder zur Selbstüberschätzung neigt. Deshalb lässt Gott nach Tauler den Menschen manchmal bewusst eine kleine Sünde begehen. „Er hat es für dein größeres Wohl geschehen lassen,“ sagt er, „damit du noch tiefer in dein Nichts versinkst... (Denn) daran liegt alles: in einem abgründigen Entsinken in ein unergründliches Nichts.“ [26] Selbst ein indischer *jivanmukta*, ein „Befreiter schon in diesem Leibe“, oder der „Gerechte“ Eckharts hätten bei Tauler keine guten Karten, denn: „Kommt der Mensch auf den Gipfel aller Vollkommenheit, so hat er es nötiger denn je, niederzusinken in den allertiefsten Grund und bis zu den Wurzeln der Demut.“ [27]

Wenn Tauler deshalb sagt, der Mensch solle sich wenigstens einmal am Tag in seinen Grund kehren, ist nicht ganz klar, welchen Grund er nun meint: den göttlichen oder den Grund unserer Nichtigkeit. Bei Eckhart können solche Zweifel gar nicht aufkommen. Zweifellos verlangt auch er das Äußerste von uns, auch er predigt keinen bequemen New Age-Weg, er attackiert unsere Haben-Haltung und unser Besitzdenken, das sich gerade im spirituellen Bereich in so elegante Gewänder hüllen kann; aber er erspart uns Meditationen darüber, dass wir eigentlich Nichtsnutze im Angesicht Gottes sind und von Rechts wegen nichts als die Hölle verdient hätten.

DAS PRINZIP GNADE

Ein Blick hinüber in die östliche Mystik mag das Gesagte noch verdeutlichen. „Das Wasser der göttlichen Gnade kann sich nicht auf dem hohen Gipfel der Selbstsucht sammeln“, sagte zum Beispiel Ramakrishna. „Es läuft herunter. – Es sammelt sich nur in den Niederungen. Dort gehen die Samen auf und werden zu Bäumen, die dann Früchte tragen.“ [28] Es erstaunt uns nicht, dass wir in Taulers Predigten ganz ähnliche Formulierungen finden. Gott erfülle „die Täler und die

Tiefen, die ihm entgegengehalten sind, mit allem Reichtum, mit Gnade, Liebe und Gaben" [29,] sagt er etwa – ähnlich wie Mechthild von Magdeburg, die Gott selber sagen lässt: „Wo ich je besondere Gabe gab, da suchte ich dazu stets die niedrigste, geringste, verborgenste Stätte. Die irdischen höchsten Berge können die Offenbarungen meiner Gnaden nicht empfangen, denn die Flut meines Heiligen Geistes fließt von Natur zu Tal."[30]

Wir brauchen uns hier nicht über den Wert der Demut zu streiten. So wie Tauler an manchen Vertretern des „Freien Geistes", die sich in intellektueller Vorwitzigkeit mit der göttlichen Natur identifizierten, ohne sie auch „verwirklicht" zu haben, herbe Kritik übte, so kritisierte Ramakrishna manche Anhänger des Vedanta, die sich noch mit ihrem Körper identifizierten und trotzdem lautstark verkündeten, sie seien das absolute Brahman. Als einer dieser Möchtegern-Erleuchteten zu ihm sagte, er folge dem Weg des Advaita und könne deshalb tun und lassen, was er wolle, da er ja eins mit Brahman sei, sagte Ramakrishna: „Wenn das dein Advaita ist, dann spuck' ich drauf!" (Im Bengalischen Original liest es sich noch drastischer: „Dann piss' ich drauf!")

Derselbe Ramakrishna, der das „Prinzip Gnade" so sehr betonte, hatte jedoch keinerlei Hemmungen, den stolzesten seiner Schüler, Narendra (den späteren Swami Vivekananda) zu seinem Hauptapostel zu machen. Er ermutigte ihn, die Schriften zu studieren, die einen Nicht-Dualismus zwischen dem innersten Selbst des Menschen und dem göttlichen Grund (Brahman) verkündeten, und wenn andere Schüler, die eher dem Bhakti-Weg folgten, der Anbetung des persönlichen Gottes, sich über die „Arroganz" dieses Lieblingsjüngers beschwerten, sagte Ramakrishna nur lächelnd: „Nun, Naren kann so etwas sagen; er geht immer mit einem gezückten Schwert umher."

Mit anderen Worten: Wir haben es hier mit einer spirituellen Kultur zu tun, in der verschiedene Haltungen nebeneinander existieren können – und manchmal auch bewundernswerte lebendige Synthesen bilden! Ein anderer Schüler Ramakrishnas, Nag Mahashay, besaß zum Beispiel eine Bescheidenheit und Demut, die in ihrer „Verrücktheit" durchaus franziskanische Züge hatte und auch einen Tauler in helle Begeisterung versetzt hätte. Jemand sagte dann einmal lächelnd, Narendra und Nag Mahashay hätten Maya, die große Verblenderin, jeder auf seine Weise überlistet: Narendra habe sich so groß gemacht, dass sie ihn mit ihrem Netz nicht einfangen konnte, und Nag Mahashay habe sich so klein gemacht, dass er durch ihre Maschen hindurchschlüpfen konnte.

Ich frage mich, ob das Christentum je die Souveränität (und den Humor) aufbringen wird, um beide Haltungen akzeptieren zu können: den männlichen Stolz eines Vivekananda und Meister Eckhart auf die Atman-Natur, und die „weibliche" Demut und Hingabe. Bisher hatte eigentlich nur die letztere Tugend eine Chance: empfohlen, ja von oben „verordnet" von einer durch und durch „männlichen" Autorität – die leider oft auch von der Mystik unterstützt wurde.

SCHAFE UND OCHSEN

So lesen wir bei Tauler: „Gott sucht nicht große Rosse und starke Ochsen... Er sucht nur Demut und Sanftmütigkeit, das heißt die kleinen, gelassenen Menschen, die sich von Gott suchen lassen, und die, wo man sie sucht, sich als Schafe erweisen."[31]

Was für Tauler (und die kirchliche Autorität) die Schafe, das waren für Ramkrishna die kleinen Kätzchen. In einer seiner berühmten Parabeln gab er nicht dem Affenjungen, das sich mit einer gewissen „Eigeninitiative" an die Mutter klammert, den Vorzug, sondern dem jungen Kätzchen, das überhaupt nichts tut, sondern nur miaut und sich von der Katzenmutter hintragen lässt, wohin immer es dieser beliebt. Man könnte denken, damit sei Ramakrishnas Haltung gegenüber Gott für immer festgelegt, doch glücklicherweise war sein zoologischer Garten – und damit auch die möglichen spirituellen Haltungen gegenüber Gott – um einiges vielfältiger, und so sagte er zum Beispiel über die Ochsen: „Wenn die Bauern zum Markt gehen, um sich Ochsen für ihre Pflüge zu kaufen, dann können sie die guten von den schlechten sehr gut unterscheiden, indem sie sie am Schwanz packen. Einige von ihnen legen sich sanftmütig am Boden nieder, wenn man sie am Schwanz ergreift. Die Bauern erkennen sofort, dass mit ihnen nichts los ist – und lassen sie links liegen. Sie wählen nur diejenigen aus, die ungestüm hochspringen und zeigen, wie lebendig sie sind, wenn man sie am Schwanz packt. Narendra gehört dieser Ochsenklasse an. Er ist voller Leben und sprüht vor Geist!"[32]

Dieser Narendra (Vivekananda) sagte dann später: „Sprich nicht von der Schlechtigkeit der Welt und all ihren Sünden… Schwäche sie nicht noch mehr. Denn was sind Sünde und Elend anderes als das Ergebnis von Schwäche? Die Welt wird Tag für Tag noch mehr geschwächt durch diese Lehren. Von Kindheit an bringt man den Menschen bei, dass sie schwach und sündig sind. Lehre sie, dass sie alle prächtige Kinder der Unsterblichkeit sind, selbst jene, die noch am schwächsten in ihrer Manifestation sind…"[33]

In den Predigten Taulers finden wir beide Stimmen: die Stimme absoluter Demut und Abhängigkeit – und jene Stimme, die den „Adel" der menschlichen Seele verkündet. Aber sie finden nicht recht zusammen. Die christliche Demutshaltung, die sich aus der Lehre von der „Schöpfung aus dem Nichts" und dem Erbsündedogma herleitet, und die neuplatonisch gefärbte Lehre vom Verankertsein des Menschen im göttlichen Grund stehen als disparate Elemente nebeneinander und schließen sich letztendlich gegenseitig aus.

Das heißt: Nicht der praktische Wert der Demut und Bescheidenheit soll hier also hinterfragt werden, sondern der weltanschauliche Hintergrund, aus dem sie sich speist. Bei Tauler resultiert die Demut aus einem Gefühl absoluter Minderwertigkeit und Nichtigkeit angesichts göttlicher Größe, während sich Eckharts radikale „Armut im Geiste" aus der absoluten *Bedürfnislosigkeit* (nicht *Bedürftigkeit!*) des göttlichen Grundes nährt, mit dem der Mensch in seinem innersten Kern eins ist. In Taulers Mystik bedingen die Höhe Gottes und die Niedrigkeit des Menschen einander, sie sind gleichsam aufeinander angewiesen. Ohne die Seinsfülle Gottes wäre dem Menschen seine absolute Bedürftigkeit nicht bewusst. Es bedarf des starken Kontrastes, um die besondere Spielart dieser Mystik in Schwung zu bringen – wobei es einem Tauler sicherlich nie eingefallen wäre, wie Ramakrishna zu sagen: „Ich möchte mit Gott spielen!"

Man erkennt den großen Abstand an folgendem Zitat. Nannten Ramakrishna und Jesus Gott auf sehr persönlich-intime Weise „Mutter" oder „Abba", so fällt Tauler selbst beim schlichten „Vater unser" vor allem der Abstand zwischen Gott und Mensch ein: „Alles, was der Priester um und an hat, das ist geheiligt; er hat die Vollmacht, den ehrwürdigen Leib unseres Herrn aufzuheben oder niederzulegen; und bei allem Heben und Senken wagt er nicht zu sprechen: ‚Vater unser', es sei denn, er sage zuvor und entschuldige sich gleichsam mit den Worten: ‚Oremus; praeceptis salutaribus moniti', das heißt: ‚Gemahnt durch göttliches Gebot und unterwiesen durch göttliches Gesetz, wagen wir zu sprechen: ‚Vater unser'. In dem gewaltigen Abstand des kleinen Menschen von dem großen, ehrwürdigen Gott ist es begründet, dass man Gott mit furchtsamen Zittern aussprechen muss. – Solcher Art soll der Mensch betrachten, welch Wunder das ist, dass der Mensch in seiner Kleinheit und Schwäche Gott seinen Vater nennen darf." [34]

Wie zäh diese Haltung innerhalb des Christentums ist, beweist ein ausgewiesener Kenner der Mystik wie Alois M.Haas, wenn er sogar die Eckhart'sche Lehre von der „Gottheit" und vom „Grund" in dieses Demuts-Schema presst: „Alle apophatische (verneinende) Theologie wird hier zum Zwecke der größeren Ehre und Herrlichkeit Gottes eingesetzt; selbst die Bezeichnung Gottes als ‚Nichts' meint nichts anderes als den ‚überswank der luterkeit sines Wesens'. Kommt dazu, dass dieser ‚grunt gotes' in rätselhafter Zuwendung zum ‚grund der sele' steht, die nicht weiß, womit sie diese Gnade verdient haben könnte."[35]

So rätselhaft diese „Zuwendung" für einen Tauler sein mag – für Eckhart ist sie alles andere als rätselhaft, will doch auch Gott endlich in sein „Eigenes" kommen, in den Grund. Dieser wendet sich dem Grund der Seele nicht zu, sondern ist mit diesem ewig eins. Und er ist auch nicht eine bloße „Steigerung" der Größe und Allmacht des persönlichen Schöpfergottes, sondern eher deren „Nichtung"; sie werden, genauso wie das Ego des Menschen, in Grund und Boden gestampft.

„WARUM SOLLTEN WIR GOTT BARMHERZIG NENNEN?"

Weder Jesus noch Ramakrishna sahen es als ein unbegreifliches „Wunder" an, dass wir Gott unseren Vater und unsere Mutter nennen dürfen. „Gott ist unsere eigene Mutter", rief Ramakrishna aus. „Stelle deine Forderungen an sie!"[36] Wenn man Gott als besonders barmherzig pries, fragte er: „Warum sollten wir Gott barmherzig nennen? Er ist unser Schöpfer. Was ist daran so staunenswert, wenn er uns gut behandelt? Eltern ziehen ihre Kinder auf – nennt ihr das einen Akt der Güte? Sie müssen so handeln." Und der bengalische Mystiker hätte bestimmt den Worten Eckharts zugestimmt: „Ich will Gott niemals (besonders) dafür danken, dass er mich liebt, denn er *kann's* gar nicht lassen, ob er wolle oder nicht: seine Natur zwingt ihn dazu."[37]

Wer von zu Hause „nichts" mitbringt, eben weil er aus dem Nichts geschaffen ist, hat keine Rechte, keine Ansprüche, ja nicht einmal eine richtige Identität. Für Ramakrishna war der Mensch dagegen ein „legitimes" Kind Gottes, das durchaus seine Forderungen stellen kann. „Wenn der Sohn sein väterliches Erbe fordert und Essen und Trinken aufgibt, um seinen Forderungen Nachdruck zu verleihen, dann händigen seine Eltern ihm sogar sein Erbe drei Jahre vor dem gesetzlichen Termin schon aus."[38] Und ein anderes Mal: „Gott wird euere Gebete gewiss erhören, wenn ihr ihn ununterbrochen anruft und euch intensiv nach ihm sehnt. Da er uns hervorgebracht hat, können wir sicherlich sein Erbe von ihm fordern. Er ist unser Vater und unsere Mutter. Wir können zu ihm sagen: ‚Offenbare dich mir – oder ich werde mir die Kehle mit einem Messer durchschneiden!'"[39]

Wir haben bereits gesehen, dass Ramakrishna diese Haltung auch in die Praxis umsetzte – indem er zum Schwert im Kalitempel griff, um seinem Leben ein Ende zu setzen. Und wir haben auch schon über das Problem der „Taktik" gesprochen, die in einer solchen „Nötigung" liegt. Was Ramakrishna betrifft, so liegt die Betonung wohl vor allem auf der Intensität des Gefühls, des extremen Verlangens nach Gott – und dem Bewusstsein, ein Recht darauf zu haben, dass Gott sich uns enthüllt. Dieses Recht besteht im traditionellen christlichen Verständnis eigentlich nicht – und so muss sich der Mystiker, wenn er nicht so mutig und unerschrocken ist wie Eckhart, eher auf die abenteuerliche Dialektik von „hoch" und „niedrig" verlegen: Je *tiefer* ich sinke, desto *höher* steige ich; je mehr ich mich *entleere*, desto mehr werde ich *gefüllt*; je weniger ich von Gott verlange, desto mehr erhalte ich. Diese Haltung ist natürlich auch bei Eckhart und in der östlichen Mystik anzutreffen, und es besteht kein Zweifel daran, dass sie in der spirituellen Praxis auch „funktioniert". Denn es gibt auch im normalen Leben immer zwei Möglichkeiten, wenn man etwas bekommen will:

Entweder konzentriert man sich intensiv darauf – oder man lässt es völlig los. Beides kann auch nebeneinander existieren. So wird der Schüler im Zen ganz heiß auf die Erleuchtung gemacht – um ihm dann nahezulegen, den Wunsch, je erleuchtet zu werden, endlich loszulassen.

Doch der Zen-Meister, der seinen Schüler auffordert, den Wunsch nach Erleuchtung endlich aufzugeben, sagt damit ja mit keinem Wort, dass der Schüler kein Anrecht auf die Erleuchtung habe. Zuerst einmal müssen wir wissen, dass wir als Kinder Gottes das Recht haben, ungestüm an die Tür des Gottesreiches zu klopfen, damit uns aufgetan wird; über verfeinerte spirituelle Techniken des „Anklopfens" kann man sich dann noch immer unterhalten.

Der Vergleich mit der hinduistischen Mystik zeigt uns auch, dass die Tugend der Demut, die auch Ramakrishna stark betonte, nicht unbedingt mit einem gesteigerten Sündenbewusstsein einhergehen muss. Ramakrishna hasste es, wenn in seiner Umgebung ständig von Sünde gesprochen wurde. „Einmal gab mir jemand ein christliches Buch", erzählte er. „Ich bat ihn, mir daraus vorzulesen. Es handelte von nichts anderem als Sünde. (Zu Keshab, dem Führer des Brahmo Samaj:) Auch in euerem Brahmo Samaj ist nur von Sünde die Rede! Der Wicht, der ständig sagt: ‚Ich bin gebunden, ich bin gebunden!' erreicht am Ende nur, dass er wirklich gebunden ist."[40] Als jemand von symbolischen Bildern in seinem Zimmer sprach, zum Beispiel einem Gemälde, das „Sünde und Tugend" darstellte, sagte Ramakrishna nach längerem Schweigen: „Manchmal denke ich auch über diese Ideen nach – und merke, dass ich sie nicht mag. Am Beginn des spirituellen Lebens sollte der Mensch über Sünde nachdenken und darüber, wie er sich von ihr befreien kann. Aber wenn durch die Gnade Gottes Anbetung und ekstatische Liebe in seinem Herzen erweckt werden, dann vergisst er völlig Tugend und Sünde."[41] Und als eine Gruppe von Bauls in seiner Gegenwart ein Lied sang, in dem eine Zeile lautete: „Wir sind Sünder. O rette uns, o barmherziger Herr!", sagte Ramakrishna: „Es ist die Haltung eines Anfängers, Gott aus Furcht heraus anzubeten. Bitte singt ein Lied von der Verwirklichung Gottes – Lieder, die göttliche Freude ausdrücken!"[42]

Vivekananda steigerte dann diese Abneigung seines Meisters gegen ein übertriebenes Sündenbewusstsein zu der Aussage: „Es gibt nur eine Sünde, nämlich den Menschen einen Sünder zu nennen!" Man mag auch diese bewusst polemische Aussage wieder für übertrieben halten, doch wenn man bedenkt, welch düsteren Schatten die Augustinische Auffassung vom Menschen als einer *massa damnata* auf das abendländische Christentum und überhaupt auf das religiöse Bewusstsein geworfen hat, sind solche emphatischen Versuche, dieses Bewusstsein endlich wieder abzuschütteln, auch verständlich. In einer seiner „radikalen" Stimmungen konnte Vivekananda dann selbst den Wert eines langsamen Stufenweges von einer „dualistischen" Gottesanbetung, die sich noch von Gott getrennt fühlt, zu den Höhen des Advaita, auf denen Gott und Schöpfung als „nicht-zwei" erkannt werden, bezweifeln: „Wie lange wird die Menschheit noch warten müssen, die Wahrheit zu erlangen, wenn sie diesem langsamen Prozess von Stufe zu Stufe folgt? Wie lang? Bis jetzt hat es zu keinem Erfolg geführt. Denn schließlich – ob nun allmählich oder nicht allmählich, ob leicht oder nicht leicht für die Schwachen – beruht nicht die dualistische Methode auf Falschheit? Sind nicht die vorherrschenden religiösen Praktiken oft schwächend und deshalb falsch? Sie gründen auf einer falschen Idee, einer falschen Anschauung des Menschen. Ergeben zwei ‚Falsch' ein ‚Richtig'? Kann die Lüge zur Wahrheit werden? Die Dunkelheit zum Licht?"[43]

TAULER – EIN BUDDHIST?

Gewisse Aussagen Taulers könnten einen dazu verführen, ihn eher in einem „buddhistischen" Licht zu interpretieren. Wir hätten demnach nicht so sehr einen vedantischen Jnani vor uns, der sich im Vollbesitz metaphysischer Wahrheiten weiß, sondern einen Dialektiker der gegenseitigen Abhängigkeiten, der „Interdependenz". So wie im Mahayana-Buddhismus eine geheimnisvolle „Beziehung" zwischen der Substanzlosigkeit der Geschöpfe und der Leerheit (*Shunyata*) des letzten Grundes besteht, so scheint auch in der Mystik Taulers der Abgrund des „geschaffenen Nichts" den Abgrund des „ungeschaffenen Nichts" anzuziehen. „Abyssus abyssum invocat", wie es im Psalm 41(42),8 heißt: Der Abgrund ruft den Abgrund. Nicht auf das Vertrauen in das „Unzerstörbare" kommt es hier an, in eine feste spirituelle Essenz, einen ewigen *Atman*, sondern auf das Sich-Einschwingen in Wechselbeziehungen und Energieströme.

Auch die gnadenlose Analyse des geschöpflichen Daseins, die wir bei Tauler finden, hat hier und da eine buddhistische Färbung. „Dieser Mangel der (menschlichen) Natur ist uns allen wohlbekannt", sagt

Tauler. „Alles endet im Nichts. So wie wir aus dem Nichts gekommen sind, kehren wir wieder dahin zurück."[44]

Doch die Unterschiede liegen auch auf der Hand. Während Buddha das alldurchdringende Leiden nur deshalb so stark betont, um dann desto triumphierender den Weg aufzuzeigen, der dieses Leiden beendet, kultiviert Tauler geradezu die Leidensmystik. Und wo es Buddha um eine spirituelle „Emanzipation" geht, die ihn selbst über den Schöpfergott Brahma hinausträgt, scheint Tauler nicht besonders daran interessiert zu sein, den Menschen aus seiner „selbstverschuldeten Unmündigkeit"(Kant) herauszuführen. Viele Elemente einer „mittelalterlichen" Frömmigkeit lassen diesen leidenschaftlichen Mystiker deshalb immer wieder in einer zeitlichen Ferne entschwinden, zu der wir glücklicherweise kaum noch einen Zugang finden. Hier wirkt Eckhart um vieles moderner, und es ist gewiss kein Zufall, dass er und nicht Tauler zur Leitfigur des interreligiösen Dialoges geworden ist.

Dennoch lohnt es sich noch immer, sich auf Tauler einzulassen, sich seinen Predigten „auszusetzen". Denn es geht ja nicht darum, Orden für „korrekte" mystische Ansichten zu verteilen und die Texte eines Mystikers nur daraufhin zu untersuchen, wo er „recht" und wo er „unrecht" hat. Eine solche Rechthaberei ist ein ziemlich unfruchtbares Geschäft. Selbst dort, wo Tauler vom absoluten Standpunkt aus „unrecht" haben mag, erwischt er mich vielleicht in einem blinden Winkel. Solange ich im göttlichen Grund noch nicht wirklich verankert bin, besteht noch immer die Gefahr, dass ich mich Täuschungen hingebe – und in dieser Hinsicht ist Tauler ein ausgezeichneter Guru, der sich dankenswerterweise auch mit Winkeln und Ecken der Seele beschäftigt, für die Eckhart in seinem kühnen Adlerflug keinen Blick mehr hatte.

Man kann sich auch gut vorstellen, wie Tauler und Eckhart – vielleicht noch gemeinsam mit dem „kriegerischen" Vivekananda – plötzlich in den Tempel esoterischer Messen einbrechen und die Stände umwerfen, um diesem ganzen Maya-Getriebe im Namen der Spiritualität den Garaus zu machen. Doch dort, wo uns Tauler allzu genüsslich in den Schlingen menschlicher Minderwertigkeitsgefühle festzuhalten droht, haben wir das Recht, uns aus diesen Fesseln der Abhängigkeit zu befreien und dem Rat Vivekanandas zu folgen, die zu eng gewordenen Kirchenräume zu verlassen und uns eine erfrischende Dusche zu gönnen. „Kommen Sie heraus und waschen Sie sich", sagte Vivekananda. „Waschen Sie sich wieder und wieder, bis Sie von allem Aberglauben gereinigt sind, der durch all diese Zeitalter an Ihnen klebte."[45]

9.

HINGABE AN DIE SHAKTI

„Keine Furcht, kein Betteln. Man muss fordern, das Höchste fordern. Die echten Verehrer der Göttlichen Mutter sind so hart wie Diamant und so furchtlos wie Löwen. Sie sind nicht im geringsten bestürzt, wenn die ganze Welt plötzlich zu ihren Füßen in Staub zerfällt. Zwingt Sie, euch anzuhören. Nicht dieses unterwürfige Winseln vor der Mutter. Denkt daran, Sie ist allmächtig. Sie kann aus Steinen Helden machen."

SWAMI VIVEKANANDA

Shakti ist die Sanskritbezeichnung für die schöpferische Energie Gottes, die dann in personifizierter Form als weibliche Gottheit aufgefasst und angebetet wird. So verehrte zum Beispiel Ramakrishna Gott vor allem als „Mutter", insbesondere unter dem Namen Kali. In diesem Zusammenhang könnte man die Frage stellen, ob Gottvertrauen und Grundvertrauen vielleicht mehr zusammenwachsen, wenn wir in Gott nicht so sehr einen allmächtigen Vater, sondern eher ein weiblich-mütterliches Wesen sehen.

Natürlich kann auch das Vertrauen zu einem Vatergott durchaus Züge eines Grundvertrauens haben. Ich habe sie – nämlich Gottvertrauen und Grundvertrauen – am Anfang dieses Buches nur deshalb so stark getrennt, um überhaupt darauf hinzuweisen, dass beide nicht unbedingt dasselbe sein müssen. Ich kenne gläubige Menschen, die sich von den Armen Gottes einfach getragen wissen – und die keine Probleme damit haben, in diesem Gott den Vater zu sehen. Wir haben kein Recht, über ein solches kindliches Vertrauen zu spotten. Wenn es ein Darüber-Hinaus gibt, dann wird die göttliche Wirklichkeit schon selber für eine Weiterentwicklung sorgen.

Gott selber ist selbstverständlich weder männlich noch weiblich, weder Vater noch Mutter. Er transzendiert alle Gegensätze, er ist ja „im Grunde" der göttliche Grund selber, über den nichts mehr aus-

gesagt werden kann. Deshalb ist jedes Gottvertrauen auch Grundvertrauen. Die Weise des „Verborgenseins" – siehe Kafka – liegt nur
darin, dass wir den Grund aufteilen in einen mächtigen Gott und
hilflose Wesen, die seiner Hilfe bedürfen. Wir projizieren unser wahres Selbst, unsere innere Stärke und Unzerstörbarkeit auf eine allmächtige göttliche Person, an die wir uns nun klammern. Außerhalb
des Grundes *haben* wir, laut Eckhart, einen Gott – der unsere eigene
transzendente Göttlichkeit nun gleichsam „vertritt". Und solange wir
unser abgespaltenes, hilfsbedürftiges „Ich" für wirklich halten, ist
auch – zumindest für viele von uns – dieser abgespaltene, allmächtige Gott wirklich.

Der persönliche Gott, sagte Vivekananda, ist das Absolute – durch
den Schleier der Maya gesehen. Und in dieser Maya kann uns Gott auf
die verschiedenste Art begegnen: als allmächtiger jähzorniger Jahwe,
als tanzender Shiva, als leidender oder triumphierender Christus, als
liebevolle oder auch grausame Shakti – oder, wenn wir Glück haben,
als unser eigenes Selbst. Und natürlich auch als unsere Hauskatze.

Das Unglück liegt nur darin, dass viele Menschen einen relativen
Aspekt Gottes für absolut erklären, dass sie sich damit begnügen,
einen Gott zu „haben" – und ihn allen anderen aufdrängen wollen.
Wären sich alle der Relativität der Gottesbilder und der Wirklichkeit
des göttlichen Grundes bewusst, wären wir dem Paradies auf Erden
schon ein paar Zentimeter näher gerückt.

„Warum aber überhaupt Gottes-Bilder?", mag man nun fragen.
„Warum eine Göttliche Mutter? Genügt nicht der unpersönliche
Grund und unser wahres Selbst? Wenn wir dieses Spiel einmal durchschaut haben – warum sich dann wieder von neuem in es hineinstür-
zen?"

Nun, zuerst einmal müssen wir uns die Frage stellen, ob wir es nur
theoretisch durchschaut haben, etwa durch das Lesen vieler Bücher.
Es geht ja um praktische Spiritualität – und nicht um das Verteilen
von Fleißkärtchen für korrekte spirituelle Einstellungen. Die gibt es
in einer verknöcherten kirchlichen Dogmatik – und ebenso in esoterischen Kreisen. Wenn selbst große Yogis wie Ramakrishna, die den
überpersönlichen Grund verwirklicht haben, wieder zu ihrer Göttlichen Mutter zurückkehrten und sie weiter verehrten, dann ist es

auch nicht unter unserer Würde, diesen dynamischen persönlichen Aspekt Gottes zu bejahen. Wir müssen es nicht tun, es gibt durchaus auch spirituelle Disziplinen und Ausdrucksformen, die ohne diesen Aspekt auskommen, wie etwa den Buddhismus. Ich persönlich fühle mich jedoch in religiösen Traditionen wohler, die beides kennen: den stillen überpersönlichen Grund und die Liebe zu einem persönlichen Gott. Es macht das spirituelle Leben farbenreicher. Ich erwähnte schon in der Einleitung den Satz Ramakrishnas, dass eine Flöte viele Löcher habe. Warum soll ich immer nur ein Loch benutzen? Warum soll ich immer nur eine Note spielen?

Wenn wir nun Gott als Shakti, als Göttliche Mutter, betrachten, dann hat diese göttliche „Persönlichkeit" allerdings schon weichere und durchlässigere Konturen, als es der Fall beim traditionellen Vaterbild ist. Denn während sich der göttliche Vater gewöhnlich stark von seiner Schöpfung abhebt – die er ja angeblich auch nicht hätte erschaffen können! –, ist die Göttliche Mutter zugleich ihre eigene Schöpfung, auch wenn sie sie transzendiert. Sie ist beides: Gott und Mutter Natur. Sie streckt uns nicht nur die Arme aus einem transzendenten Himmel entgegen, sondern sie trägt uns auch von unten her: als der Schoß aller Wesen. Sie *umgibt* uns als die gesamte Schöpfung, sie *durchdringt* uns als die kreative Energie, die alles durchpulst. Dadurch ist sie dem Grund-Gefühl schon etwas näher als ein Vatergott, der sich als ein rein geistiges Wesen scharf vom ursprünglichen Chaos, von der Natur, vom Meer des Unbewussten und auch vom Weiblichen absetzt.

Das heißt natürlich nicht, dass der göttliche Grund, von dem wir hier sprechen, mit dem ursprünglichen Chaos oder dem Unbewussten identisch wäre. Ich habe das schon angedeutet – und ich will mich hier bemühen, nicht zu theoretisch zu werden. Der Grund ist für uns, die wir uns zuerst einmal auf den spirituellen Weg machen, völlig transzendent, das „Ganz Andere", das Unerreichbare. Wenn wir nach ein paar Glas Bier ein wohliges Einheitsgefühl haben oder uns mit einer weiteren Maß völlig außer Gefecht setzen, sind wir dem Grund noch nicht unbedingt nähergerückt. Zuerst ist er fast eher ein Gipfel, den wir erklimmen müssen, und zwar nüchtern – und ebenso ein Abgrund, in den wir uns ohne heimlich eingebaute Fallschirme stürzen müssen. Von Gemütlichkeit, Wohligkeit, Wellness-Feeling oder auch einem bequemen Dösen in unterbewussten Regionen weit und breit keine Spur. Wer auch nur ein paar Predigten von Eckhart, Tauler, Johannes vom Kreuz – oder auch Zen- oder Vedanta-Texte – gelesen hat, merkt gleich, dass diese Grund-Schule eine recht harte Schule ist, die alles von uns fordert.

„DIE ANBETUNG DER SHAKTI IST KEIN SPASS…"

Wenn ich nun die Shakti, den dynamischen Ausdruck des göttlichen Grundes, als Göttliche Mutter verehre, so ist das nicht unbedingt ein Gegenprogramm, das die Härte abmildert. „Die Anbetung der Shakti ist kein Spaß", sagte Ramakrishna. Zumindest am Anfang nicht. Denn die Göttliche Mutter ist keineswegs nur ein sanftes Wesen, das uns die Dornen aus dem Weg räumt; eher scheint sie uns die Dornen noch absichtlich auf den Weg zu schütten. Nicht zufällig wird sie auch als grausame Kali angebetet. Wenn wir uns auf sie einlassen, müssen wir uns auf die Wirklichkeit einlassen – in ihrer Totalität, mit all ihren Aspekten, positiven und negativen. Insofern ist sie allumfassender als das, was wir gewöhnlich mit dem göttlichen „Vater" – oder gar dem „lieben Gott" – verbinden. Und deshalb eignet sie sich vielleicht auch besser, um den Grund nach außen hin „auszudrücken": als das „Außer-sich-Sein" des Grundes.

Das Sympathische an ihr ist jedoch, dass sie nicht auf ihr Gott-Sein pocht. Sie nervt ihre Kinder nicht mit der ständig wiederholten Behauptung, nur sie allein sei Gott und nur sie „besitze" die Transzendenz, an der sich ihre Geschöpfe nicht „vergreifen" dürften. Sie erlaubte ihrem „Sohn" Ramakrishna sogar, das Schwert der Erkenntnis in die Hand zu nehmen und sie entzweizuhauen. Sie kann sich das leisten – weil sie die ganze Wirklichkeit ist. Und wenn wir sie entzweigehauen, wenn wir sie „getötet" haben, empfängt sie uns wieder als nackter Grund der Gottheit.

Doch so schnell lässt sie sich natürlich nicht töten. Wir sind heute immer schnell dabei, mit dem Schwert herumzufuchteln. Kaum haben wir ein Zen-Buch gelesen, lauern wir schon an jeder Ecke dem Buddha auf, um ihn zu töten. Doch bevor wir ihn töten, müssen wir ihm überhaupt begegnen. Und wenn wir ihm begegnen, wenn wir uns wirklich auf ihn einlassen – was ja wohl den Tod unseres Egos zur Folge haben dürfte -, dann gibt es wohl niemanden mehr, der ihn töten könnte.

Mit der Shakti ist es ähnlich. Unser Ego wird ihr bestimmt nicht den Garaus machen können, denn es ist ein Produkt ihrer Maya. Bevor Ramakrishna das Schwert gegen sie richtete, um den letzten Hauch von Dualität zu zertrümmern, hat er dieses Schwert gegen sich selbst gerichtet. Nur im gegenseitigen Sterben offenbart sich der Grund.

Deshalb gibt es eigentlich nur einen Weg, die Shakti zu überwinden: die völlige Hingabe an sie. In den seltensten Fällen ist diese Hingabe gleich eine totale Kapitulation. Sie kann zuerst durchaus darin bestehen, dass wir mit ihr ringen wie Jakob mit dem Engel; ja, ich habe sogar den Verdacht, dass sie es gern hat, wenn wir mit ihr kämpfen, wenn wir ihr unsere Lebendigkeit, ja auch unsere Aggressivität zeigen. Wir dürfen sie beschimpfen, wir dürfen unserer Frustration reinen Ausdruck verleihen, wir dürfen ihr kräftig unsere Meinung über sie und ihre ganze chaotische Schöpfung sagen. Das alles gehört zur leidenschaftlichen Hingabe.

Ich weiß auch nicht, ob „Kapitulation" ganz das richtige Wort ist. Hiob kapitulierte vor Jahwe, der ihn einfach mit seiner schieren göttlichen Macht überwältigte. Hier geht es nicht darum, dass die Göttliche Mutter am Ende als Siegerin dasteht, sondern dass sie sich am Ende als Grund offenbart, in dem wir mit ihr eins sind. Sie tritt beiseite, wenn auch wir beiseite treten, wenn wir allen Widerstand aufgeben. „Es genügt, sich zu überantworten", sagte Ramana, „denn das bedeutet, sich der Ur-Ursache seines eigenen Seins hinzugeben."

Ihre Stärke und Größe offenbart sie gern so nebenbei. Als Vivekananda einmal einen von Moslems entweihten Kalitempel entdeckte, regte er sich fürchterlich auf. Wenn er hier gewesen wäre, sagte er, hätte das nicht passieren können. Da hörte er die Stimme der Mutter: „Was geht es dich an, wenn die Ungläubigen in meinen Tempel eindringen und mein Bild besudeln? Beschützt du mich oder beschütze ich dich?"

Am Anfang des Weges glauben wir vielleicht noch, der Mutter irgendetwas darbringen und opfern zu können. Wir sind stolz auf unsere Demut, wir bieten ihr vielleicht unsere Sinnlichkeit, unseren weltlichen Besitz, unsere Kreativität oder gar das Opfer unseres Verstandes an. Bis wir erkennen, dass uns absolut nichts gehört, dass alles, was unsere Person ausmacht – unser Körper, unser Atem, unsere Libido, unsere Emotionen, unser Denken, unsere kreativen Fähigkeiten – aus ihren Maya-Hüllen besteht. Am Ende stellt sich gar die Frage, wer sich da überhaupt hingibt – und wem. Und genau an diesem Punkt beginnt dieser scheinbar so harte Weg Spaß zu machen: Wir sind endlich im Einklang mit dem Sein, wir reiben uns nicht mehr an der Wirklichkeit, wir leben aus demselben Grund, aus dem auch die Mutter in jedem „Nun" immer wieder fröhlich tanzend hervorbricht wie ein junges Mädchen.

MIT DER SHAKTI TANZEN

Dieses Element des Tänzerischen muss natürlich nicht erst am Ende stehen, sondern kann auch den *Weg* schon sehr stark prägen. Es nimmt der religiösen Praxis das Verbissene und Tod-Ernste (aber keineswegs die Intensität!). Alles kann einbezogen werden in den spirituellen Prozess: die körperliche Dimension mit ihren vielfältigen Übungen, die kreativen Fähigkeiten usw., denn die Göttliche Mutter schaut dem Ganzen ja nicht nur etwas gönnerhaft von „oben" zu, sondern sie ist in all unseren Tätigkeiten, sie ist die alles durchdringende Energie, die uns hüpfen und arbeiten und lieben lässt. Sie übersetzt das eher stille, in sich ruhende „Grund"-Gefühl in den dynamischen Strom des Lebens, von dem wir uns „getragen" fühlen: wenn wir tanzen, wenn wir verliebt sind, wenn wir ein Bild malen, wenn wir uns selbstlos für andere einsetzen. Dieser „Flow" ist noch kein Ersatz für das eigentliche tiefe Grund-Erlebnis, aber er ist doch bereits ein Vor-Schein – und auch wieder die *Folge* des Tiefen-Erlebnisses, das uns mit der transzendenten Wirklichkeit eins werden lässt.

Das bedeutet nicht, wie ich schon andeutete, dass es im Reich der göttlichen Shakti nicht auch die „negativen" Phasen der Entfremdung, Trockenheit und Frustration geben würde. Die Göttliche Mutter ist zwar auch das berühmte „Universum", das für uns „sorgt" und bei dem man, jedenfalls wenn man dem positiven New Age-Denken folgt, seine „Bestellungen" aufgeben kann. Ihre Brüste geben reichlich Milch, um uns zu versorgen: mit guter Laune, mit besseren Jobs, mit Parkplätzen, die auf wunderbare Weise plötzlich frei werden, mit herrlichen licht-durchfluteten und feng-shui-getesteten Wohnungen – ja, auch mit „good vibrations" während der Meditation. Doch wie lange wollen wir an diesen Brüsten hängen? Wie lange wollen wir nur verwöhnt werden? Hin und wieder ist es doch aufschlussreich, sich wieder mit den alten Mystikern zu beschäftigen und etwa in der „Dunklen Nacht" des Johannes vom Kreuz nachzulesen, in der der spanische Mystiker Gott mit einer Mutter vergleicht, die ihr Kind zuerst mit „süßer Milch und weicher und wohlschmeckender Speise nährt", es in ihre Arme nimmt und pflegt. „Je mehr das Kind aber heranwächst, um so mehr entzieht die Mutter ihm die Pflege, indem sie ihre zarte Liebe verbirgt und ihre süße Brust mit Bitterstoff bestreicht; sie nimmt es nicht mehr auf ihre Arme, sondern lässt es auf eigenen Füßen stehen, damit es die Eigenheiten des Kindes ablegt..."[1]

Ramakrishna, der sein Leben lang gern ein Kind geblieben wäre (und es bis zu einem gewissen Grad auch geblieben ist!), hat diese „Bitterstoffe" auf der mütterlichen Brust oft genug zu schmecken bekommen: In seinen dramatischen Krisen, die mit der von Johannes vom Kreuz geschilderten „dunklen Nacht" der Seele durchaus vergleichbar sind, und am Ende seines Lebens während seiner tödlichen Krebskrankheit. Kali ist auch die ausgemergelte, hässliche Alte mit heraushängender Zunge und leeren Hängebrüsten. Sie ist Geburt und Tod, Schöpfung und Zerstörung – und der „Grund", der beides transzendiert. Sie ist der tanzende Krishna, der mit den Gopis flirtet, und der nackte Christus am Kreuz. Wer nur von ihren süßen üppigen Brüsten trinken will, wird sie nie in ihrer „Totalität" verwirklichen. Auf gewisse Weise ist sie fast noch grausamer als Jahwe. Sie lässt uns an ihren Brüsten trinken – und ehe wir es uns versehen, hören wir ihr schallendes Gelächter, das uns erstarren lässt. Sie hat den jungen Fürstensohn Gautama über die negativen Aspekte des Lebens aufgeklärt und ihn aus seinem fürstlichen Narrenparadies vertrieben – und sie nahm ihn wieder in Empfang als die absolute Leerheit des Nirvana, als der Grund der Gottheit.

Mit anderen Worten: Die Hingabe an die Shakti ist ein sehr vielschichtiger Prozess. Sie bedeutet keineswegs nur, sich an ihre Brüste und Röckschöße zu hängen. Die Göttliche Mutter wünscht sich „emanzipierte" Menschen, die auf eigenen Füßen stehen können und am Ende ihres Reifeprozesses ihren Atman bzw. ihre Buddha-Natur verwirklichen – ein Ziel, woran Jahwe anscheinend nicht das geringste Interesse hatte, da ihm mehr an „Untergebenen" gelegen war. Doch auf dem Weg zu diesem Ziel kann die Göttliche Mutter durchaus Methoden anwenden, die man auch dem Jahwe des Hiob-Buches zutrauen würde. Sie jagt uns durch alle Höhen und vor allem Tiefen des Lebens und sorgt – schon allein durch ihr Karma-Gesetz – dafür, dass wir keine Stufe vorwitzig überspringen.

Doch so grausam sie auch mit uns umgehen mag – am Ende gibt sie uns immer das Gefühl, dass da nicht ein irrationaler göttlicher Tyrann seine „Kurzweil" mit uns hatte, sondern dass uns unsere eigene Lebensenergie, unser eigener evolutionärer Drang uns durch alle Krisen und Frustrationen zu jenem Gipfel der Transformation geführt hat, der zugleich jener mysteriöse „Grund" ist, der uns die ganze Zeit über „getragen" hat.

DAS SPIEL DER WANDLUNGEN

Natürlich können wir uns auch ausschließlich der reinen „Trockenheit" der Zen-Meditation aussetzen – ohne mütterliche Archetypen, ohne leidende und wieder auferstehende göttliche Inkarnationen, ohne das Spiel der Sehnsucht und Liebe. Aber ich meine, es macht den Prozess der spirituellen Reifung „reicher", wenn hier noch ein wenig „Spielraum" ist zwischen dem Menschen mit all seinen Widersprüchen, der sich auf dem Weg zu seinem wahren Selbst befindet, und einem Gott, der dieses Ziel einerseits schon seit Ewigkeiten erreicht hat und andererseits den Prozess selber darstellt und vorantreibt. Das bringt die nötige „Poesie" in die Sache. Mag der ganze Prozess auch, vom „Ende" oder von der absoluten Ebene aus gesehen, eine reine Maya-Story sein, so sollte sie trotzdem oder gerade deswegen doch den „Saft" einer guten Erzählung haben – und die Hingabe an die Shakti bringt gerade diesen lebenswichtigen Saft in die Geschichte unserer spirituellen Entwicklung.

Nun gibt es natürlich kluge Leute, die uns immer wieder darauf hinweisen, dass es so etwas wie eine „Entwicklung" und einen „Fortschritt" gar nicht gebe. Und sie haben selbstverständlich recht: „Im

Grunde" gibt es keine Entwicklung. Diese gibt es nur in Raum und Zeit, also in Maya. Wer in den zeitlosen Grund gelangt, entdeckt wie Meister Eckhart zu seinem Erstaunen, dass ihn dort niemand fragt, wo er gewesen sei, dass ihn dort niemand vermisst hat. Im ewigen Jetzt gibt es keine Prozesse, keinen Fortschritt, keine Evolution – ja, auch keinen Schöpfungsakt.

Wir können nun, wie manche Erleuchtete oder Semi-Erleuchtete, aus dieser Erfahrung des ewigen Jetzt heraus jede Frage nach „Entwicklung" niederknüppeln. Wir können aber auch, was im Gespräch vielleicht fruchtbringender ist, einfach akzeptieren, dass es zwei Stufen der Wahrheit gibt, die relative und die absolute – und auf der relativen Ebene die Notwendigkeit spiritueller Entwicklung und Reifung bejahen. Und zu dieser Bejahung hilft uns auch die Wertschätzung der Shakti, des dynamischen Prinzips des Absoluten, denn was im Grunde ewig eins ist, ist in ihrem Maya-Reich unterschieden und den Gesetzen der Entwicklung unterworfen. Hier haben wir Stufen und Hierarchien, hier haben wir Fortschritte und schmerzhafte Prozesse der Ablösung und Transformation. Hier gilt auch, zumindest in meinen Augen, das Gesetz des Karma und der Reinkarnation. Es ist eine Sache, all dies – Reinkarnation, Karma, Entwicklung usw. – im Licht der Ewigkeit sich in Luft auflösen zu sehen, und eine völlig andere, es auf der relativen Ebene zu leugnen. Für manche spirituellen Lehrer scheint es fast schon eine Zumutung zu sein, überhaupt noch auf Fragen nach den Gesetzen der Entwicklung und Transformation – oder gar der Reinkarnation – einzugehen.

So schreibt zum Beispiel Suzanne Segal am Ende ihres Bestsellers „Kollision mit der Unendlichkeit", in dem sie das spirituelle Abenteuer ihres Ich-Verlustes schildert: „Die Vorstellung von persönlichem Wachstum oder innerer Entwicklung steht in jeder Beziehung im Widerspruch dazu, wie die unendliche Weite existiert."[2] Sie behauptet das, nachdem sie auf über hundert Seiten die verschiedenen Stadien ihrer Entwicklung mit ihren dramatischen Krisen geschildert hat. Ich würde dies hier nicht erwähnen, wenn es nur eine Einzelmeinung wäre, aber es hat den Anschein, dass sich diese Ansicht, dass es kein Wachstum gebe, in gewissen spirituellen Kreisen „ideologisch" verhärtet hat und gleichsam zum guten Ton gehört. Ramakrishna sagte oft – und machte es fast zu seinem Losungswort –: „Setze Gott keine

Grenzen!" Woher wissen wir so genau, wie die „unendliche Weite" existiert? Warum soll in ihr nicht auch das Entwicklungs-Spiel der dynamischen Shakti ihren Platz haben?

Ken Wilber nannte dieses Entwicklungs-Spiel das „Atman"-Projekt"[3]. Das Unendliche wickelt sich gleichsam ein (involviert), wird endlich und verbirgt sich im Chaos, um sich dann wieder zu ent-wickeln und schließlich zu sich selber zurückzukehren. Dieses „Projekt" des göttlichen Selbst ist nichts anderes als der Maya-Prozess oder der Tanz der Shakti. Wir können die verschiedenen Stufen dieser fortschreitenden Entwicklung und Transformation mit Hilfe der Tiefenpsychologie, der verschiedenen mystischen Traditionen und der transpersonalen Psychologie recht gut studieren – auch am eigenen Subjekt! – und vergeben uns nichts, wenn wir dieses Spiel der Wandlungen ernst nehmen.

Natürlich sind wir *immer* die „Unendliche Weite", wie Suzanne Segal die absolute Wirklichkeit nennt: Als Dinosaurier, als homo erectus, als Steinzeitmensch, der sich ängstlich nach möglichen Gefahren umsieht, als völlig durchgeknallter Kaiser Nero, als ekstatischer Franz von Assisi, als Dorftrottel, als Einstein oder als Ken Wilber. Ich bin die „Unendliche Weite" als daumenlutschendes Kleinkind, als krisengeschüttelter, pubertierender Internatszögling, als stolzer Manager einer aufstrebenden Firma, als Penner am Münchner Hauptbahnhof und als Satsang-Lehrer, der feierlich zum Darshan einlädt. Die unendliche Weite des Grundes hat die Freiheit, sich immer wieder „zusammenzuziehen" und verschiedene Ausdrucksformen durchzuexerzieren, und aus ihrem zeitlosen Augenwinkel heraus gesehen sind alle diese Daseinsstufen „gleich", da hat der soeben „erwachte" Gautama keinen höheren Seinsstatus als das plumpeste Rhinozeros. Doch diese unendliche Weite hat auch die Freiheit, zum Logos, zum Christus-Geist, zur Chit-Shakti und zum Guru zu werden und die Evolution voranzutreiben, im individuellen Leben des Einzelnen wie auch auf globaler Ebene.

Das Spiel der Shakti „ernst" zu nehmen, bedeutet zweierlei: auf der relativen Ebene die Gesetze des Wachstums und der Transformation anzuerkennen – und gleichzeitig zu wissen, dass dies alles nur ihr Spiel und Tanz ist. Ersteres bedeutet, dass wir uns aus der Dunkelheit befreien wollen und zum Licht streben, dass wir den Dorn des Bösen und der Unwissenheit mit dem Dorn des Guten und des Wissens entfernen, dass wir uns immer wieder von einer erreichten Stufe lösen, um die nächsthöhere zu erklimmen, dass wir ethische Gebote ernst nehmen usw. Und das zweite bedeutet, dass wir das Relative nicht absolut setzen, dass wir uns nicht einbilden, Spiritualität würde sich im Erfüllen ethischer Gebote oder Meditationstechniken erschöpfen, dass alle „Dornen", böse wie gute, irgendwann einmal fortgeworfen werden müssen, dass wir das Boot, mit dem wir den Fluss überquert haben, nicht weiter auf dem Rücken tragen müssen.

Das „Auf-den-Grund-Gehen" und das „Zu-Grunde-Gehen" wird ja nicht erst am Ende der Entwicklung gefordert, sondern eigentlich schon auf jeder Stufe des Aufstiegs. Immer wieder gilt es, von einer bestimmten Stufe Abschied zu nehmen, sich wieder zu lösen und eine neue „Identität" zu finden – bis man aus allen „Identitäten" herausgewachsen ist und mit dem Atman, dem göttlichen Selbst, „identisch" ist. Wir verübeln es einem einjährigen Kind nicht, wenn es am Daumen lutscht, sondern schauen ihm vergnügt zu, doch wenn jemand mit zwölf Jahren immer noch am Daumen lutscht, hält sich unsere Begeisterung und Toleranz in Grenzen – wie Ken Wilber es so humorvoll beschreibt. Eigenartigerweise übertragen wir diese Gesetze des Wachstums und Loslassens jedoch nicht auf alle weiteren Lebensstufen, sondern rufen im Namen eines aufgeklärten Humanismus plötzlich „Stopp": Hier bin ich Mensch, hier darf ich's sein – für alle Ewigkeit! Der klassische Psychoanalytiker, der stets vor der Gefahr der Regression warnt, weiß auf einmal sehr genau, was ein „reifes" menschliches Ich ist, und hält alle Anstrengungen, noch darüber hinaus zu gehen, für Rückfälle ins „Es". Auch der „normale" Christ weiß anscheinend sehr genau, worin sich die Natur des Menschen erschöpft, und wird alle Versuche, diese Grenzen zu sprengen, für Anmaßung und Größenwahn halten.

SELBSTAKZEPTIERUNG UND TRANSFORMATION

Natürlich ist es im Verlauf unserer Entwicklung immer wieder wichtig, uns zu akzeptieren, uns „anzunehmen". Wir müssen uns nicht ständig auspeitschen und für unser Menschsein bestrafen. Doch dieses „Annehmen" hat nicht den Sinn, uns auf einer bestimmten Stufe für immer festzunageln und zu zementieren. Es hilft uns, die ständige innere „Zerreibung", die ungeheuer viel Energie vergeudet, zu beenden und uns freier zu machen. Doch im Idealfall ist dieses Sichakzeptieren so radikal, so „lösend", dass es uns wieder durchlässig und bereit für weitere Transformationen macht.

Angenommen, jemand entdeckt plötzlich seine homosexuelle oder masochistische Veranlagung. Anstatt diese zu verdrängen, „outet" er sich nach langen inneren Kämpfen und ist mit einer gewissen Berechtigung stolz auf diesen Mut. Doch heißt das nun, dass er sich für immer und ewig mit dieser Veranlagung identifizieren muss? Genügt es, einfach zu sagen: „So bin ich nun einmal?" Für unsere aufgeklärte, offene Gesellschaft ist damit die lange Reise der Selbstfindung zu Ende, man ist endlich in den Hafen eingelaufen und weiß, wer und was man ist. Das ist ein gewisser gesellschaftlicher Fortschritt gegenüber früherer Intoleranz, doch es ist natürlich noch weit entfernt von wirklicher Selbstfindung. Denn das wahre Selbst ist erst dann gefunden, wenn das scheinbar autarke und autonome Ich verloren – oder besser: transzendiert worden ist.

Dies gilt natürlich nicht nur für sexuelle Veranlagungen. Muss ich mich, wenn ich meine künstlerische Ader entdeckt habe, für ewig als „Künstler" fühlen? Muss ich, wenn mir auf dem Gymnasium beim Schreiben von dialektischen „Besinnungsaufsätzen" eine gewisse Begabung für intellektuelle Tätigkeit bewusst geworden ist, nun für ewig an diesem intellektuellen „Daumen" lutschen?

Ich gebe zu, die Option eines größeren Entwicklungsbogens durch die Reinkarnationslehre hilft auch hier aus so manchen einseitigen Überlegungen heraus, was „Identität" und „Selbstwertgefühl" angeht. Man braucht wirklich manchmal ein ganzes Leben, um eine besondere Begabung oder eine besondere Veranlagung auszuleben und auszuüben. Shakti bietet ja nicht nur kurze Schnupperkurse an, sondern ist auch daran interessiert, dass wir die eine oder andere Sache richtig „professionell" betreiben und durchziehen. Wie viele Jahrtausende haben unsere Vorfahren gebraucht, um sich aus ihrem primitiven Höhlendasein zu befreien? Es geht mir also nicht so sehr um Zeiträume, sondern um Grundsätzliches: dass wir auf Transzendenz angelegt sind und eine Zwischenalm nicht schon für den Gipfel halten sollen.

Die moderne Arbeitswelt mit ihrer Betonung der Flexibilität hilft uns hier vielleicht zu einem Umdenken. Das Beharren auf einer einzigen Berufs-„Identität" wird wahrscheinlich immer seltener werden, Umschulungen und Quereinstiege werden zur Regel. Ich will damit das teilweise brutale Klima, das dadurch in der Arbeitswelt entstanden ist, keineswegs verherrlichen, doch dieser enorme Druck hilft uns vielleicht auch, über unsere „Identität" neu nachzudenken und uns nicht mehr ausschließlich über unsere „Tätigkeiten" zu definieren.

PROFESSIONALITÄT GEWÜNSCHT

Wer sich der Shakti hingibt, „reibt" sich nicht mehr ständig an der Wirklichkeit. Doch bedeutet dies auch, dass wir die Augen vor den sogenannten „Missständen", die es in der Welt zweifellos gibt, verschließen sollen?

Wenn wir uns wirklich auf die Shakti einlassen, so neigen wir sicherlich nicht zu einem oberflächlichen Optimismus oder zur Schönfärberei. Wir sehen die Schöpfung in all ihren Aspekten, auch ihren grausamen. Wir werden verhungernde Kinder oder vergewaltigte Frauen nicht auf elegant-esoterische Weise wegabstrahieren.

Doch es geht natürlich nicht nur darum, wie wir die Dinge *sehen*, sondern es treibt uns vor allem die Frage um, ob wir *eingreifen* sollen.

Was die Grausamkeit in der Natur angeht, das ewige Fressen und Gefressenwerden, so wird sich wohl kaum einer der Illusion hingeben, diese grundsätzlichen Verhaltensmuster verändern zu können – so sehr wir auch vom utopischen Zustand träumen mögen, wo der Löwe und das Lamm friedlich nebeneinander ruhen. Zumindest werden wir diese Zustände gewiss nicht durch ein aggressives Eingreifen und durch wilde Agitation ändern, sondern höchstens durch einen friedlichen Seinszustand, den etwa Gestalten wie Franz von Assisi oder Ramana Maharshi ausstrahlten und damit sogar die Tierwelt beeindruckten. Das heißt: Was wir als ein eher passives Sein betrachten, hat durchaus eine verändernde und transformierende Kraft.

Das heißt nicht, dass sich das Sein nicht auch in Tun umsetzen könnte – wie im Falle Gandhis. Wer an Missständen leidet und der

Überzeugung ist, dass sie zu überwinden sind, sollte dies schnurstracks tun – egal, ob es sich nun um die Befreiung Indiens vom kolonialen Joch oder um das Gießen einer Zimmerpflanze handelt. Um dieses Beispiel hier noch einmal anzuführen: Wenn eine Topfpflanze ihre Blätter hängen lässt, verheddere ich mich ja auch nicht in unendliche innere Diskussionen darüber, ob ich hier „karmisch" eingreifen darf, ob der Zustand des Blätter-Hängenlassens nicht vielleicht ganz „natürlich" ist, sondern ich gieße sie einfach. Die Pflanze braucht Wasser, ein Volk braucht Freiheit. Und solange ich noch nicht völlig im göttlichen Sein ruhe, schadet mir die Beteiligung an solchen Aktivitäten nicht nur nicht, sondern hilft mir, dem Käfig meines kleinen Egos zu entkommen und dem Ziel der Unendlichkeit näher zu kommen.

Eine solche „praktische" Einstellung weiß aber auch, dass man sich ganz auf ein Ziel konzentrieren muss. Wenn ich die Pflanze gieße, dann tue ich nichts anderes, als die Pflanze zu gießen. Wir werfen Gandhi nicht vor, dass er neben seiner politischen Tätigkeit, die ja durchaus auch eine spirituelle Dimension hatte, nicht auch noch ein großer Künstler oder ein Frauenheld war. Wir bewundern seine „onepointedness", sein absolutes Engagement, seine völlige Konzentration – und seine Fähigkeit, dies alles relativ selbstlos zu tun und nicht an den Ergebnissen oder gar am „Profit" seiner Aktionen zu kleben.

Aus eben dieser „praktischen" und hoch-konzentrierten Einstellung heraus müssen wir aber auch Verständnis dafür aufbringen, dass ein Ramakrishna seine rein spirituellen Trips durchzieht oder ein Ramana Maharshi jahrelang in Höhlen und Tempeln herumsitzt, um sich in seinem „Selbst" zu verankern. Auch hier gilt eine gewisse „Professionalität". Wir verübeln Ramana Maharshi nicht, dass er Indien nicht von den Engländern befreit hat, aber wir würden es ihm mit Recht verübeln, wenn er sein wahres Selbst nicht verwirklicht hätte.

Shakti denkt nicht daran, das alles gegeneinander auszuspielen: Aktivität gegen Kontemplation, Nächstenliebe gegen Grunderfahrung. Es sind alles ihre Kinder: Mutter Teresa und der tanzende Ramakrishna, der aktive Gandhi und der kontemplative Benediktinerpater Henri Le Saux (Swami Abhishiktananda), dem der Vorwurf

– von christlicher Seite –, er katapultiere sich durch seine spirituelle Intensität aus der Schöpfung heraus, am Ende seines Lebens nichts mehr ausmachte. Shakti ist auch das nicht mehr artikulierbare namenlose Eine, das einen Le Saux so unwiderstehlich anzog – und sie ist die Sterbenden in den Straßen Kalkuttas, die Mutter Teresa pflegte.

Will man konsequent sein, dann ist sie natürlich auch in brutalen Diktatoren, in Großkonzernen, in der Rüstungsindustrie. Könnten diese sonst überhaupt existieren? Kann jemand auch nur einen Schritt tun, ohne von der göttlichen Kraft angetrieben zu werden? Fällt ein einziger Spatz vom Dach ohne den Willen Gottes? – Gleichzeitig ist diese Kraft aber auch in den Menschen, die gegen den Zynismus der Macht ankämpfen. Und in all denen, die sich über ethische Fragen den Kopf zerbrechen.

Hingabe an die Shakti heißt nicht, sich vor weltlicher Macht zu ducken und die Augen vor ungerechtem Verhalten zu verschließen. Als Sarada Devi, Ramakrishnas Frau, – die von ihren Bhaktas selber als Verkörperung der Göttlichen Mutter verehrt wurde und wird – einmal von der willkürlichen Verhaftung zweier junger Frauen hörte, rief sie aus: „Wenn die (englische) Regierung dafür verantwortlich ist, wird sie nicht mehr lange am Ruder sein. War denn da kein einziger junger Mann in der Nähe, der den Polizisten ins Gesicht geschlagen und die Mädchen befreit hätte?" Es ist eben nicht immer damit getan, dem Bösen nicht zu widerstehen und die andere Wange hinzuhalten. Hin und wieder ist auch Zivilcourage angesagt. Und gerade die gewöhnlich äußerst schüchterne und zurückhaltende Sarada Devi zeigte in mehreren Fällen, dass auch eine unerschrockene Kali in ihr steckte.

Hingabe an die Shakti heißt aber auch: das ständig fragende, anklagende, zweifelnde, sich so gern entrüstende Ich hingeben und still werden, ganz einfach still. Die Welt wird nicht besser und nicht schlechter dadurch, dass wir mal für eine Weile still sind. Oder vielleicht doch einen Hauch besser.

Und wir sollten uns fragen: Spüren wir wirklich Liebe für die Mitmenschen – oder ist unsere Entrüstung nur Getue und Gedöns? Oder eine Pflichtübung? Natürlich sollten wir nicht nur unseren Instinkten folgen, sondern auch lernen, unsere Feinde zu lieben – oder konkreter: gegenüber einem Onkel, der einem eigentlich zuwider ist, besonders aufmerksam und fürsorglich zu sein. Nur so können wir wachsen und uns aus der Tyrannei bloßer instinktiver Gefühle befreien.

Der Nachteil dieser Strategie ist, dass Menschen, die von Haus aus eigentlich recht unfürsorgliche Leute sind, aus dieser „Fürsorge" nun eine Ideologie machen und sie allen Menschen aufzwingen wollen. Es ist so eine Art Flucht nach vorn. Alle Menschen in der unmittelbaren oder auch entfernteren Umgebung werden nun zur Nächstenliebe und zum gesellschaftlichen Engagement verdonnert, aus der Fürsorge wird ein „Programm" gemacht, an das sich alle zu halten haben, nach dem Motto: Wenn ich schon selber ein schlechtes Gewissen habe, so sollen wenigstens auch alle anderen ein schlechtes Gewissen haben. Und genau an diesem Punkt wäre es vielleicht wieder gut, in sich hineinzuspüren und herauszufinden, was man wirklich fühlt. (Gurdieff versetzte einmal einen jungen Mann, der alle Welt mit seinen ehrgeizigen Weltverbesserungsplänen nervte, in Hypnose und fragte ihn: „Was möchtest du wirklich?" Und der junge Mann antwortete mit einer kläglich leisen Kinderstimme: „Ein Marmeladebrötchen!")

Zugegebenermaßen hat der Gedanke, dass sich die göttliche Kraft sowohl in den positiven als auch in den negativen Aspekten des Lebens ausdrücken kann, etwas Beunruhigendes – und ich habe nicht die Absicht, diese Beunruhigung hier mit weitschweifigen Erklärungen über die Ursache des Bösen zu beruhigen. Hier geht es eher um die spirituelle Praxis, genauer um die Frage: Was bringt uns im spirituellen Leben wirklich weiter? Ich kann mich in tausend Diskussionen stürzen und mit hochrotem Kopf und schriller Stimme fragen, ob es dann im Grunde nicht völlig egal sei, ob ich jemanden genussvoll zu Tode quäle oder einem hungernden Kind helfe. Ich kann mich aber auch im Stillen fragen: Ist das wirklich in diesem Augenblick mein Problem? Stellt sich für mich überhaupt eine solche Alternative – oder versuche ich nur wieder einmal, zu „diskutieren"? Bei Diskussionen geht es darum, Stellung zu beziehen, Recht zu haben, den anderen ideologisch zu überzeugen. Damit kann man sein ganzes Leben verbringen – und ist dem eigenen Seelengrund um keinen Zentimeter näher gekommen.

Natürlich dürfen wir uns auch an Themen und Aufgabenstellungen „abarbeiten" (wie ich es ja auch in diesem Buch tue!) Es gibt nicht nur eine gesunde Gymnastik des Körpers, sondern auch des Geistes. Tibetische Mönche verbinden sogar beides, wenn sie in Diskussions-Turnieren unter leidenschaftlichem Körpereinsatz gegeneinander antreten. Man kann auch davon ausgehen, dass Shakti diese männlichen Turniere liebt – fast wie ein aufgeregtes Burgfräulein, das den Ritterspielen zuschaut. Sie hat wahrscheinlich auch die geistigen Schlachten der Dominikaner und Franziskaner in Paris oder die Gefechte der verschiedenen vedantischen und buddhistischen Geistesschulen in Indien mit größtem Interesse verfolgt. Wir sollen ja, wie Eckhart immer wieder betonte, vom Unwissen ins Wissen kommen – bevor wir uns in die letzte „geistige Armut" katapultieren. Es geht nicht um ein Denkverbot, wie es manchmal von den Schaltstellen kirchlicher Macht verordnet wurde, und auch nicht um ein Niederknüppeln von allen gedanklichen Anstrengungen, wie es in manchen heutigen spirituell-esoterischen Kreisen gepflegt wird. Es geht darum, das Werkzeug scharfen Denkens so lange zu schleifen, bis es sich gleichsam selber aufhebt – in eine höhere Transzendenz hinein. Wie im Advaita-Vedanta, wie im Mahayana-Buddhismus oder in den spirituellen Gesamtschauen eines Eckhart oder Nikolaus von Kues.

Was nun Shakti und das Problem des Bösen angeht, so sorgt die Göttliche Mutter in ihrem Maya-Reich nicht nur für Kontraste und Gegensätze wie Licht und Dunkelheit, sondern auch für ethische Rangstufen und die Empfindlichkeit des Gewissens. Gibt es irgendwo ein göttliches Gebot, das uns verbietet, uns selbstlos für das Gute einzusetzen? Wenn wir am Ende der langen Pilgerfahrt durch alle Stufen der Existenz hindurch erkennen, dass das Absolute jenseits von Gut und Böse ist, so heißt das nicht, dass wir im relativen Bereich einfach alles hinnehmen müssten. Dass Menschen sich gegenseitig quälen, foltern, ausbeuten oder gar ausrotten, müssen wir nicht mit einem Achselzucken als „normal" hinnehmen. Es ist gut, sich dieses scheinbar normalen Wahnsinns, der unsere Alltagswelt auf unserem Globus prägt, bewusst zu werden. Aber wir verringern die Leiden der Welt nicht dadurch, dass wir uns in einem ständigen Zustand innerer Unzufriedenheit, Aufgeregtheit und „Reibung" befinden. Wer sich selbstlos für den Frieden und eine bessere Umwelt einsetzen will, sollte sich selbstlos für den Frieden und eine bessere Umwelt einsetzen. Wer sich selber und der Welt auf den Grund gehen will, sollte sich selber und der Welt auf den Grund gehen.

10.

JENSEITS DER ANGST

„Angst zu bewältigen heißt psychologisch, mit der Angst leben zu können", schreibt die Tiefenpsychologin und Therapeutin Verena Kast in ihrem Buch „Vom Sinn der Angst". „Angst zu bewältigen heißt in keinem Fall, die Angst nicht mehr zu haben, denn Angst gehört zum menschlichen Leben."[1]

Mit anderen Worten: Völlige Angstfreiheit ist eine nicht zu verwirklichende Utopie. Wir können nur Bewältigungsstrategien entwerfen, die uns helfen, als Menschen ohne größere Schäden über die Runden des Lebens zu kommen, aber wir können die Angst nicht ausrotten.

Im Rahmen einer rein humanistischen Psychologie hat diese Haltung natürlich ihre Berechtigung. Sie ist praxisbezogen – und spricht deshalb auch lieber von den „Ängsten", mit denen der Therapeut oder die Therapeutin tagtäglich in der Praxis konfrontiert wird, als von der großen existentiellen „Angst", mit denen sich etwa Philosophen wie Kierkegaard oder Heidegger herumschlugen. Mit leiser Ironie fügt Verena Kast an: „Wir ... haben es eher mit der Alltagsangst zu tun, die vielleicht etwas weniger großartig, dafür umso lästiger ist. Und vor allem: Sie erfordert Handeln, aktuelles Handeln in einer schwierigen Situation."[2]

Ist diese an sich ja sehr sympathische Haltung des „Kleine-Brötchen-Backens" aber schon der Weisheit letzter Schluss? Mit „Handeln" und Bewältigungs-„Strategien" lässt sich die Angst eben nur eindämmen, aber nicht wirklich überwinden – so wenig, wie sich „Grundvertrauen", die positive Kehrseite der Angst, durch Handeln „herstellen" lässt. Eine radikale Wurzelbehandlung der Urangst ist nur möglich, wenn wir uns auf den Grund gehen. Und da die Angst zum menschlichen Leben gehört – da hat die Therapeutin völlig recht –, muss dabei auch der „Mensch" in gewissem Sinne „zu Grunde" gehen, das heißt, er muss sich transzendieren.

„In der Welt habt ihr Angst", sagt der Christus des Johannesevangeliums. „Aber seid getrost: Ich habe die Welt überwunden." (Joh 17,33) Für den gläubigen Christen heißt dies normalerweise: Wenn ich an Christus glaube, der als Sohn Gottes die Welt und damit die Angst überwunden hat, dann nehme ich gleichsam teil an dieser Überwindung – ich werde durch seinen göttlichen Schutz von allen irdischen Ängsten befreit und partizipiere an seiner himmlischen Herrlichkeit.

Diese Überwindung der Angst durch den Glauben, die uns etwa von den frühen Martyrern so eindrucksvoll vorexerziert worden ist, ist natürlich noch nicht deckungsgleich mit jener Überwindung, die durch die Verwirklichung des Grundes erreicht wird. Es kann hier auch nicht um eine Überwindung „um jeden Preis" gehen, denn auch der fanatische islamische Selbstmord-Attentäter, der schon das Paradies vor Augen hat, oder der japanische Kamikaze-Flieger wird uns sagen, er habe die Angst überwunden. In Anbetracht eines solchen Fanatismus kehren wir gern zur Bescheidenheit humanistischer Psychologie zurück, die nicht den Ehrgeiz hat, die Angst völlig auszurotten, sondern nur richtig mit ihr „umzugehen".

Glücklicherweise ist dies aber nicht die einzige Alternative. Durch die Verwirklichung des Grundes gehe ich sowohl über die bescheidenen Ziele der humanistischen Psychologie als auch über den Glauben – und schon gar über den Fanatismus – hinaus. Die Angst vor der Zukunft verdampft im JETZT, im „ewigen Nun". Die Angst vor den „Anderen" geht zu Grunde, weil es im Grunde keine „Anderen" gibt. Und auch die Angst vor dem Tod und der Vernichtung stirbt, weil dieser Tod – siehe Ramana Maharshi – praktisch schon vorweggenommen wurde.

Natürlich ist die Latte sehr hoch gehängt. Viele werden dankend abwinken – oder die Möglichkeit einer solchen „grund"-sätzlichen Überwindung der Angst überhaupt in Frage stellen. Doch die Zeugnisse der verschiedensten spirituellen Traditionen aus drei Jahrtausenden sowie die eigene Erfahrung lassen die Wirklichkeit einer Dimension, zu der die Angst keinen Zugang mehr hat, zur Gewissheit werden. Und für denjenigen, der den Sprung in eine solche Wirklichkeit für den Augenblick noch nicht für realisierbar hält, ist es immerhin wichtig, überhaupt von der Möglichkeit eines solchen Durchbruchs zu erfahren. Denn allein schon die Option, dass es einen solchen Durchbruch gibt, kann uns mehr Mut geben, mit der Angst fertig zu werden, als die Aussicht auf bloße „Strategien" und „kleine Schritte" der Bewältigung. Unser innerstes Selbst *weiß* ja schon längst um die Ebene jenseits der Angst und sehnt sich nach ihrer Verwirklichung.

Die Art und Weise, wie wir mit der Angst umgehen, ob wir uns mit den „kleinen Schritten" zufrieden geben oder den großen Durchbruch anstreben, hängt natürlich mit dem Menschenbild zusammen, das wir haben. Wenn ich die Identität und das Selbstwertgefühl der menschlichen Person als etwas „Erworbenes" ansehe, dem höchstens ein gewisser Reifegrad möglich ist, aber keine Selbst-Transzendierung, ist das Ziel einer völligen Überwindung der Angst in meinen Augen natürlich eine Illusion. Und ich werde alles versuchen, diese Illusion zu entlarven. Versucht der spirituelle Aspirant, der nach Erleuchtung strebt, die Welt nicht absichtlich zu „entwerten" – als einen bloßen Traum, als eine Illusion usw. –, um der harten Wirklichkeit zu entfliehen?

SCHLANGE UND SEIL

Vor einer Illusion brauche ich keine Angst zu haben. Ein Seil – um dieses uralte vedantische, von Shankara bis zum Überdruss wiederholte Beispiel anzuführen –, das ich im Dämmerlicht für eine Schlange halte, wird mir zuerst, aus uralten instinktiven Ängsten heraus, einen Schrecken einjagen – bis ich es als harmloses Seil erkenne. Mein Herz wird immer noch ein wenig höher schlagen, aber der Bann ist gebrochen. Ähnlich ergeht es mir, wenn ich die Welt als zugleich nichtig und göttlich erkenne: Ich durchschaue sie und habe keine Angst mehr vor ihr – auch wenn die alten Reflexe noch funktionieren und ich erschrecke, wenn mich plötzlich ein Polizeiauto überholt.

Selbstverständlich hat es die „Welt" nicht gern, wenn wir sie nicht mehr für so wahnsinnig wichtig halten, wenn wir sie „durchschauen". Diese Entwertung – wenn wir sie überhaupt so nennen wollen – ist jedoch nicht so sehr eine Strategie, sondern die Frucht einer Erleuchtungserfahrung – die dann allerdings an die Sucher weitergegeben und dann natürlich auch als Strategie benutzt werden kann. Auf einem etwas bescheideneren Niveau versuchen manche Menschen ihre Ängste, Minderwertigkeitskomplexe oder ihr Lampenfieber ja dadurch in den Griff zu bekommen, dass sie sich ihren Vorgesetzten oder ihr Publikum nackt oder in Unterhosen vorstellen. Warum soll es uns dann nicht erlaubt sein, auf dem Weg zur Erleuchtung die ganze Welt von ihren Masken und ihrer Schein-Wichtigkeit, mit der sie uns ängstigt, zu befreien – und damit auch uns zu befreien?

Die Ehrfurcht vor der Schöpfung wird dadurch nicht ausgerottet, sondern bekommt eine andere Färbung. Indem ich der Welt die Maske vom Gesicht nehme (was ich natürlich nur kann, wenn „ich" mich vorher von meinen Persona-Masken verabschiedet habe), verliert sie für mich alles „Aufgesetzte" und ich werde empfänglich für ihre eigentliche Schönheit, ja, für ihre Göttlichkeit – die sich ja bekanntlich vor allem in den kleinen Dingen des Lebens offenbart.

„ES IST ALLES AUS DER ANGSTKAMMER GEBOREN..."

Ich will mit dem Vorherigen nicht sagen, dass die Angst etwas sehr Oberflächliches sei, von dem wir uns leicht lösen könnten. Wir haben in diesem Buch schon oft vom „Abgründigen" des Lebens gesprochen, und dieses Abgründige hat immer mit der Angst zu tun. Der Mystiker Jakob Boehme führte die Wurzel der Angst fast bis auf den Grund – oder „Ungrund" – zurück und schrieb: „Es ist alles aus der Angstkammer geboren." Rilke schrieb – in Bezug auf Rodin: „Dinge machen aus Angst." Gerade als Schriftsteller und Künstler – von der Filmindustrie ganz zu schweigen – weiß man um die Faszinationskraft der Angst.

So „wesentlich" die Angst aber auch für den Menschen sein mag – sie betrifft immer nur unsere „Existenz", unser Dasein, nicht aber das Sein selbst. Unter *Sein* verstehe ich das, was sich aus sich selbst heraus versteht, was in sich ruht, was immer schon erfüllt und „angekommen" ist, was nicht nach einem *Warum* fragt. Es ist das grenzenlose Meer des *Sat-Chit-Ananda* (Sein-Bewusstsein-Glückseligkeit).

Eigenartigerweise neigen wir dazu, etwas Negatives – wie etwa die Angst – für wesentlicher und tiefliegender zu halten als etwas Positives wie die Freude. Es gibt inzwischen unzählige Bücher über die Angst. Bücher über die Freude oder gar die Glückseligkeit stehen oft unter dem Verdacht, nicht „tiefschürfend" genug zu sein – und leider trifft dies für einen Großteil dieser Literatur, der oft „Traktätchen"-Charakter hat, auch zu. Wir brauchen ja unsere oberflächliche Freude, unser „Gut-drauf-Sein", unsere „Lustigkeit" im alltäglichen Leben auch nur ein wenig anzukratzen, um darunter tiefliegende Ängste freizulegen. Aber das ist kein Beweis dafür, dass die Angst der tiefste Grund unseres Daseins ist und dass alle Freude und Glückseligkeit nur oberflächlich ist. Man muss nur auch die Angst noch „untergraben". In der Fülle des Seins, die nur durch die Verwirklichung des Grundes erfahrbar ist, versinkt die Angst, und wenn im wirklich Erleuchteten noch etwas „vibriert", so ist es sicherlich nicht die Angst, sondern Ananda, die ewige Glückseligkeit und Frische des Seins.

DIE FURCHT DES ATMAN

Den Schritt vom reinen, in sich ruhenden Sein zur bloßen „Existenz" hat die Brihadaranyaka-Upanishad auf eine fast humoristische Weise beschrieben. „Am Anfang war der Atman allein, in menschlicher Gestalt", heißt es dort. „Als er um sich blickte, sah er nichts anderes als sich selbst. Da sprach er am Anfang: ‚Ich bin!' Daher kommt der Name ‚Ich'. Deshalb sagt man auch heute noch, wenn man angesprochen wird, zuerst: ‚Ich bin es', und erst danach nennt man seinen Namen, wie immer er lautet...

Er fürchtete sich. Deshalb fürchtet man sich, wenn man allein ist. Dann dachte er bei sich: Da es nichts anderes außer mir gibt, wovor sollte ich mich fürchten? Darauf wich seine Furcht, denn vor wem hätte er sich fürchten sollen? Denn Furcht kommt von einem anderen."[3]

Das All-Eine, die Fülle des Seins, fühlt sich, wenn es den Schritt in die inkarnierte „Existenz" tut, „allein" – wie ein Kind im Wald – und fürchtet sich. Dann blickt es um sich und fragt sich, warum es sich überhaupt fürchtet, da ja nichts „anderes" da ist, vor dem es sich fürchten könnte. Dies ist natürlich eher eine „Rationalisierung", ein Singen im Wald, als ein wirklicher Durchbruch zurück zum All-

Einen. Durch bloße Überlegungen ist noch niemand von der Angst befreit worden.

Die Betonung des „Anderen", ohne das es keine Furcht geben würde, lenkt auch ein wenig ab vom noch ursprünglicheren Problem des Alleinseins, der Einsamkeit, die ja die anfängliche Angst auslöste. Wäre ich völlig allein im unendlichen „leeren" Weltall – das einen Pascal fast um den Verstand brachte! –, so hätte ich Angst vor dieser Leere und vor meinem Alleinsein, vor dem „Ausgesetztsein" – und nicht so sehr vor einem „anderen". Dass sich der Atman in diesem Zustand des Alleinseins fürchtete, zeigt an, dass er schon aus dem Grund des Seins herausstand, dass er „ek-sistierte", dass er seinen Fuß bereits in die Welt des „Zufalls" und der zeitlichen Existenz gesetzt hatte – und somit schon nicht mehr der Atman im ursprünglichen Sinne war. Zu der Furcht vor dem Alleinsein gesellt sich dann sehr schnell die Furcht vor dem „Anderen" – vor bedrohlichen Tieren, vor Menschen, die einem vielleicht nicht immer wohlwollen, ja, vor der ganzen „Welt". Die Angst vor dem Alleinsein kann erst wieder völlig überwunden werden, wenn man sich wieder auf einer höheren Stufe als das All-Eine verwirklicht, und die Angst vor dem „Anderen" verschwindet, wenn man sich als das Selbst aller Wesen, in dem es keine „anderen" gibt, entdeckt – was beides natürlich im Endeffekt auf dasselbe hinausläuft.

ANGST VOR DER ENGE UND ANGST VOR DER WEITE

Die Angst des Alleinseins lässt sich nicht nur auf das Gefühl des Bedrohtseins zurückführen, sondern wohl auch auf ein subtiles Schuldgefühl, sich von der Einheit getrennt zu haben. Die ursprüngliche Einheit fühlt ja keine Leere um sich herum, da sie diese Leere auch ist. Die Angst vor der Leere kann erst entstehen, wenn ich mich vereinzelt habe, wenn ich zu einem winzigen Punkt im All geworden bin. Ich habe mich eingeengt – und habe Angst vor der Weite. Rein sprachlich hängt die Angst – von der indogermanischen Wurzel „angh" her – mit der „Enge" zusammen, und viele Angszustände haben ihren Ursprung in diesem Gefühl des Eingeengtseins, das sich dann auch physisch in der Kehle und im Brustraum ausdrückt. Das Grenzenlose und Unendliche, das wir „im Grunde" sind, fühlt sich eingeschnürt im Kerker unserer begrenzten Existenz, und unsere Panikattacken in einem Fahrstuhl oder sonst einem beengenden Raum sind gleichsam „symbolische" Reaktionen auf das allgemeine Gefühl des Eingeengtseins.

Warum habe ich dann aber auch Angst vor der Weite? Weil mich das Eingeengtsein, das Begrenztsein natürlich auch beschützt und mir, solange es mich nicht zu sehr einschnürt, ein Gefühl der Geborgenheit gibt. Der unendliche Atman fühlt sich in seinem kleinen Ich-Käfig – den er dann noch ein wenig auf seine Wohnung, sein Haus, seine Heimatstadt, sein Vaterland usw. ausdehnen kann – recht „zu Hause", er hat sich einquartiert – und da ängstigt ihn die grenzenlose Weite. Er hat vergessen, dass die Weite in ihm ist, er sieht sie nur noch „draußen", als etwas Negatives, ihn Umgebendes, das ihn ängstigt. Er muss das „All", in dem er sich verloren fühlt, wieder in sich hineinholen – und dann wird aus der Weite, die uns ängstigt, jene grenzenlose Weide, auf der Meister Eckhart sein ausgelassenes Ananda-Pferd herumgaloppieren lässt, um die Natur der „Gleichheit" und unendlichen Freude zu charakterisieren [4.]

Beide Ängste – die Angst vor der Enge und die Angst vor der Grenzenlosigkeit – können also durch eine „Ausweitung" des inneren Menschen überwunden werden. Wenn ich innerlich „weit" werde, kann mir ein enger Fahrstuhl nichts mehr anhaben. Ich habe aber auch keine Angst mehr vor der Unendlichkeit, weil sie nicht mehr „draußen" ist, als etwas Fremdes, vor dem ich mich fürchte, sondern in mir als meine wahre Natur.

Diese innere Ausweitung geschieht natürlich im Idealfall durch ein tiefes spirituelles Grunderlebnis, das mich wieder mit meiner ursprünglichen Natur eins werden lässt. Doch nichts hindert uns, auf dem Weg dorthin auch psychoanalytische Hilfe in Anspruch zu nehmen oder unserer inneren Unendlichkeit durch Yoga-, Zen- oder Tai-Chi-Methoden auf die Sprünge zu helfen. Wenn ich mich bei der Baum-Stellung, einer Yoga-Asana, „ausweite", wenn ich bei Tai-Chi-Übungen wieder „fließender" werde, wenn ich mich zu Anfang einer Meditations-Sitzung mit allen Geschöpfen, denen ich Frieden wünsche, verbinde, so ist das schon ein kleiner Ausbruch aus meinem Ich-Panzer. Zwischen einer etwas eng aufgefassten humanistischen Psychologie, die nur an den äußeren Symptomen herumdoktert, und einem spirituellen Elite-Denken, das nur noch auf die Erleuchtung fixiert ist, gibt es ein weites Mittelfeld der Angst-Bewältigung – wobei viele Übungen bereits auf die „Erfüllung", die am Ende winkt, hinweisen. Denn auch alle „kleinen Schritte" sollten das große Ziel des spirituellen Durchbruchs zum transzendenten Grund nicht aus dem Auge verlieren, denn sonst hängen wir wieder für ewig im „Flachland" fest, wie Ken Wilber es ironisch bezeichnete, mit unseren kleinen Ängsten und kleinen Bewältigungen. Die normale Politik und die normale Psychotherapie mag damit zufrieden sein, und es klingt ja auch alles so ungeheuer menschlich und praxisbezogen. Aber Hand aufs Herz – ist da nicht eine innere Stimme in uns, die irgendwann einmal genug hat von all den kleinen Schritten und es endlich „wissen" will – so wie sich Gautama unter den Feigenbaum setzte und sich schwor, nicht eher wieder aufzustehen, als bis er völlig „erwacht" sein würde?

DIE AGONIE DES MENSCHENSOHNES

Hat aber nicht sogar Jesus, der von den Christen als Gottessohn angebetet wird, menschliche Gefühle wie Angst und Verzweiflung im Leben gezeigt? Sagte er nicht: „Meine Seele ist betrübt bis in den Tod"? Schwitzte er nicht Blutstropfen am Ölberg, Tropfen höchster Todesangst – und schrie am Kreuz laut: „Mein Gott, mein Gott, warum hast du mich verlassen?" Haben wir dadurch – auch und gerade als Christen – nicht eine „Legitimation", unseren menschlichen Gefühlen der Angst freien Lauf zu lassen – und haben nicht umgekehrt alle Versprechungen, alle kreatürlichen Ängste durch eine „Erleuchtung" aufzuheben, etwas „Unmenschliches" und Unglaubwürdiges? Ist der in sich ruhende und selig lächelnde Ramana Maharshi, dem nicht einmal sein Krebsleiden viel anhaben konnte, wirklich ein so großartiges Beispiel?

Meister Eckhart, dem wir getrost unterstellen können, dass er erleuchtet war, sagte dazu: „Nun (aber) sagen unsere biederen Leute, man müsse so vollkommen werden, dass uns keinerlei Freude mehr bewegen könne und man unberührbar sei für Freude und Leid. Sie tun unrecht daran. Ich sage, dass es nie einen noch so großen Heiligen gegeben hat, der nicht hätte bewegt werden können... (Selbst) Christus war das nicht eigen; das ließ er erkennen, als er sprach: „Meine Seele ist betrübt bis in den Tod"(Matth.26,38). Christus taten Worte so weh, dass, wenn aller Kreaturen Weh auf eine (einzige) Kreatur gefallen wäre, dies nicht so schlimm gewesen wäre, wie es Christus weh war; und das kam vom Adel seiner Natur und von der heiligen Vereinigung göttlicher und menschlicher Natur (in ihm)."[5]

Hierzu ist zweierlei zu sagen: Erstens spielt Eckhart darauf an, dass Christus eine göttliche Inkarnation war, also praktisch eine Personalunion von göttlicher und menschlicher Natur. Und dass heißt eben nicht, dass er die menschliche Natur nur oberflächlich überzog wie einen Mantel, sondern sie voll „annahm". In meiner Ramakrishna-Biografie habe ich darauf hingewiesen, dass der Avatar die Ängste der menschlichen Natur nicht weniger spürt als der gewöhnliche Mensch, sondern eher noch stärker: In ihm ist gleichsam die ganze Agonie der kreatürlichen Verfassung zusammengeballt, er schwitzt in „Stellvertretung" der ganzen Menschheit seine Blutstropfen der Angst im Garten Gethsemane aus – eine „Passion", die sich auch im Leben Ramakrishnas über viele Stationen verfolgen lässt.

Zweitens bedeutet dies für uns, die wir wohl in den meisten Fällen keine göttlichen Inkarnationen im dogmatischen Sinne sind, dass selbst im Falle der Erleuchtung die „Menschlichkeit" keineswegs aufgehoben wird. Meister Eckhart macht sich da über Leute, die das völlig Jenseitige und Unerschütterliche des erleuchteten Menschen zu einem ideologischen Programmpunkt erheben, geradezu lustig: „Nun wähnen unsere biederen Leute, es dahin bringen zu können, dass das Gegenwärtigsein sinnlicher Dinge für ihre Sinne nichts mehr bedeute. Das aber gelingt ihnen nicht. Dass ein peinsames Getön meinen Ohren so wohltuend sei wie ein süßes Saitenspiel, das werde ich nimmermehr erreichen." [6] Allerdings, fügt Eckhart hinzu, könne man durch Askese und Willenskraft dahin kommen, dass einen die „Misstöne" der Schöpfung nicht mehr völlig aus der Bahn werfen – ja, dass man manches, was man instinktiv als unangenehm empfinde, dann sogar gerne tue, denn „da werde Kampf zur Lust"!

Ramakrishna, der sehr musikalisch war, zuckte bei jedem falschen Ton zusammen. Aber er „lächelte" darüber, er regte sich nicht mehr wahnsinnig darüber auf. Und er forderte seine Schüler immer wieder auf, sich den Unannehmlichkeiten des Lebens zu stellen, statt vor ihnen davonzulaufen. Als sein Schüler Vivekananda beim Meditieren von der Sirene einer nahen Fabrik gestört wurde, empfahl ihm Ramakrishna, sich genau auf diesen Ton zu konzentrieren. Das heißt: Alles im Leben kann uns zum Guru werden, auch und vor allem das „Unangenehme". Wir müssen uns ihm stellen, wir müssen uns darauf konzentrieren – aber nicht, um dann ewig daran haften zu bleiben, sondern um es zu überwinden. Als Vivekananda später einmal von einer Affenherde verfolgt wurde, fühlte er zuerst den Impuls, zu fliehen – um dann aber plötzlich den inneren Befehl zu hören: „Stell dich diesen Affen!" Die sich dann natürlich, konfrontiert mit der imposanten Gestalt des Swami, kreischend zurückzogen.

Ähnliches sollten wir auch mit der Angst machen: Wir sollten uns ihr stellen – und nicht davonlaufen. Wobei es nicht so sehr darauf ankommt, ob wir die „heroische" Variante wählen oder uns ihr – wie Christus am Ölberg und am Kreuz – völlig hingeben, um durch sie hindurchzugehen. Am Ende wartet auf jeden Fall die Auferstehung auf uns, da wir immer schon der Atman sind, der immer schon Auferstandene.

„Menschliches" bleibt noch genug zurück, keine Angst! Aber selbst die Schwäche hat hier etwas „Souveränes". Als ein Zen-Meister über den Verlust eines Verwandten, der gestorben war, weinte und er deshalb „getadelt" wurde, antwortete er: „Sei nicht albern. Ich will weinen!"

„MAN MUSS SICH DOCH SORGEN MACHEN!"

Angst gibt es natürlich in den verschiedensten Schattierungen. Seit Kierkegaard hat sich die Unterscheidung zwischen Furcht und Angst eingebürgert, wobei die *Furcht* sich auf konkrete Dinge bezieht, während die *Angst* uns eher einem namenlosen Abgrund ausliefert. Dass es hier auch Mischzonen gibt – etwa angesichts der atomaren Bedrohung – versteht sich von selbst.

Tritt jemand plötzlich in einer dunklen Seitenstraße mit einer Waffe in der Hand auf mich zu, habe ich Angst (oder auch Furcht) – eine spontane Reaktion. Daran ist nichts „Problematisches", deswegen müssen wir nicht zum Therapeuten laufen. Die Angst, die uns meistens zu schaffen macht und uns auf die Dauer „zermürbt", ist viel diffuser; sie manifestiert sich als Unruhe, Ängstlichkeit, ständige Sorge – und schlägt sich auch stark in unserer körperlicher Verfassung nieder. So sehr sie sich aber auch körperlich auswirkt und auch unser Gefühlsleben erfüllt, so ist ihr Zentrum doch eher im Kopf, in unserem Denken. Sie wird nicht ausgelöst durch etwas, das unmittelbar passiert, sondern durch das, was geschehen könnte. Man muss nicht Heidegger gelesen haben, um zu wissen, dass die „Sorge" an die Zeitlichkeit geknüpft ist. Wir sorgen uns selten um die unmittelbare Gegenwart, das Jetzt, sondern meistens nur um die Zukunft. Also um ein Phantom.

Das bedeutet nicht, dass wir uns nicht praktische Gedanken um die Zukunft machen und „vorsorgen" sollten – es sei denn, wir sind völlig vom Geist der Bergpredigt und vom Enthusiasmus des Hl. Franz von Assisi ergriffen und leben in eher südlichen Breiten, in denen man kein Brennholz hacken oder Öl bestellen muss, um durch den Winter zu kommen. Aber gerade eine praktische Einstellung müsste uns dazu bringen, genau das Notwendige zu tun und uns nicht in unnötigen „Sorgen" zu zerreiben, die buchstäblich „nichts" bringen. Doch so wie es eine fast zwanghafte „Spaß"-Kultur gibt, die uns unbarmherzig zur guten Laune verdonnert, so gibt es auch eine „Sorgen"-Kultur, in der man nichts gilt, wenn man nicht ständig mit Sorgen-Falten auf der Stirn herumläuft. „Man muss sich doch Sorgen machen!", sagt der Sich-Sorgende, „man kann doch nicht einfach so in den Tag hineinleben!" Doch, man kann. Der Erleuchtete kann es, das spielende Kind kann es, der Dorftrottel kann es, der an Alters-Demenz erkrankte Onkel kann es – und wer sich nicht völlig von seiner ewigen Sorgen-Pflicht auffressen lassen will, muss lernen, es auch zu können.

Ich bestreite damit nicht, dass das „Sichsorgen" auch eine wichtige menschliche Dimension hat, vor allem, wenn es um andere geht – und ich hoffe sogar, dass sich auch Gott ein wenig um uns „sorgt". Wir sollen alles mit „Sorgfalt" tun, und so weit das Sichsorgen ganz schlicht ein Synonym für ein praktisches menschliches Mit-Denken und Mit-Fühlen ist, ist absolut nichts dagegen einzuwenden. Im Gegenteil, wer sich keine Sorgen darüber macht, ob die Tochter oder der Sohn eine Lehrstelle bekommt oder ob die Therapie bei einer krebskranken Freundin anschlägt, sollte vielleicht einen Therapeuten aufsuchen.

Das alles aber hat nichts zu tun mit jener „Pflichtübung" des Sich-ständig-Sorgen-Machens, die sich viele Menschen auferlegen. Vielleicht hat diese etwas mit unserem falsch verstandenen christlichen Erbe zu tun, das jede spontane Fröhlichkeit und Sorglosigkeit beargwöhnt, in völliger Verkennung bzw. Nichtbeachtung der Bergpredigt. Auch wenn wir im Einzelnen sicherlich nicht mehr genau herausfinden werden, was der historische Jesus sagte und tat, so können wir doch mit ziemlicher Sicherheit davon ausgehen, dass er uns von der Angst und von der Sorge befreien wollte. Dass er energisch aller Ängstlichkeit, Zaghaftigkeit, Kleingläubigkeit usw. den Kampf ansagte, um uns endlich die Wahrheit erkennen zu lassen, die uns frei macht.

ANGST VOR DER FREIHEIT?

Aber zu welcher Freiheit wollte er uns befreien? Nach Kierkegaard und der ihm folgenden Existenzphilosophie ist ja gerade die Freiheit die Brutstätte der Angst – ja, nach Sartre sind wir sogar zur Freiheit verdammt. Freiheit heißt Offenheit nach allen Seiten hin – und Offenheit macht Angst. Weshalb viele Menschen heute wieder ihre Zuflucht zu fundamentalistischen Glaubensüberzeugungen oder zumindest zu festen Benimmregeln nehmen.

Anscheinend handelt es sich hier um zwei recht verschiedene „Freiheiten". Auf der einen Seite handelt es sich um eine Freiheit, die plötzlich aufscheint – etwa im „Sündenfall" – und recht grob als „Willensfreiheit" charakterisiert werden kann. Wir sind nicht mehr an eine bestimmte Entwicklungsstufe gebunden wie das Tier – und dadurch auch nicht mehr „eingebunden" in unsere physische Welt –, sondern stehen, oft etwas ratlos, vor Hunderten von Möglichkeiten. Doch es ist nicht nur die Unzahl von Möglichkeiten, die uns verwirrt und uns „schwindelig" macht, sondern auch das Bewusstsein der „Autonomie" (das, wie wir sahen, bereits den Atman in unserer Upanishaden-Erzählung ein wenig aus dem Gleichgewicht brachte).

Mit anderen Worten: Dieses Freiheits-Bewusstsein ist verknüpft mit unserer „Existenz", mit unserem bloßen „Vorhanden-Sein" in der

Welt. Es gründet zwar letztlich auch im Sein, weil darin alles gründet, aber es ist gleichsam die nackte Karikatur jener Freiheit, die völlig mit dem absoluten Sein verwachsen ist und zu der uns wohl auch Jesus und Buddha „befreien" wollten. Die Freiheit des Grundes besteht fast ausschließlich in ihrer Bedürfnislosigkeit, während die Freiheit der zeitlichen Existenz im schwindelerregenden Spiel der Möglichkeiten besteht. Im Grunde gibt es keine Entscheidungsfreiheit, weil alle „Scheidung" nur in Maya, in der Welt des „Zufalls" existiert. Mit anderen Worten: Der im Sinne Eckharts „Gerechte", der Befreite, der Erlöste hat keine Wahl – und damit auch keine Angst vor der Freiheit – mehr, sondern lebt spontan aus dem göttlichen Grund heraus, er wirkt mit Gott „ein" Werk. „Gott zwingt den Willen nicht", sagt Eckhart, „er setzt ihn (vielmehr) so in Freiheit, dass er nichts anderes will, als was Gott selber ist und was die Freiheit selbst ist. Und der Geist (hinwieder) vermag nichts anderes zu wollen, als was Gott will; dies aber ist nicht seine Unfreiheit, sondern ist seine ureigene Freiheit."[7]

In der Freiheit des Grundes, in der Freiheit des reinen Seins ist die Freiheit der bloßen Existenz – und damit auch die Angst – „aufgehoben".

11.

MYSTIK UND ENDZEITERWARTUNG

„In der Hoffnung leben ist etwas Großes, aber
es ist auch etwas tief Unwirkliches..."
GERSHOM SCHOLEM

Als ich 1981/82, auf dem Höhepunkt der Friedensbewegung, ein Buch mit dem Titel „Die Angst vor dem Untergang" schrieb – das dann in der Versenkung verschwand –, wurde mir plötzlich bewusst, dass mich das Thema, nämlich der drohende Untergang unserer Zivilisation, „einholen" könnte. Es bestand in unserer kurzlebigen Zeit zwar die Gefahr, dass sich auf der nächsten Frankfurter Buchmesse schon niemand mehr für dieses Thema interessieren würde; es bestand aber durchaus auch die Gefahr, dass es im nächsten Jahr schon keine Frankfurter Buchmesse und keine potentiellen Verlage und Leser mehr geben würde. Ich schrieb – damals als nebenberuflicher Pförtner in einem scheinbar sicheren Glaskasten sitzend – über etwas, das mich und einen Großteil des Globus im nächsten Moment wegblasen konnte.

Dies hatte eine zugleich anregende und lähmende Wirkung auf den Schreibprozess. Normalerweise kann ich bei der Behandlung eines wichtigen Problems davon ausgehen, dass sich trotz der Kurzlebigkeit von Modeströmungen in zwanzig oder hundert, ja vielleicht sogar in zweitausend Jahren ernsthafte Menschen noch dafür interessieren werden. Das Bewusstsein einer gewissen *Kontinuität* scheint für das geistige und künstlerische Schaffen unerlässlich zu sein. Wer sich früher miss- bzw. unverstanden fühlte, konnte zumindest darauf hoffen, dass sein groß angelegter Roman, seine weit verzweigte wissenschaftliche oder philosophische Arbeit, sein eigenwilliger Malstil oder seine Oper nach einer oder auch vier weiteren Generationen verstanden und gewürdigt würde. Doch wer dachte 1982 – zumindest in den großstädtischen Kreisen, in denen ich mich damals bewegte –

noch vier Generationen weiter? Wer schuf noch etwas auf „Ewigkeit" hin? Wer hatte noch den großen Atem, einen Tolstoj-Roman, einen „Ulysses" oder einen „Mann ohne Eigenschaften" zu schreiben? Gewiss, es mochte hier und da noch allerlei eigenbrötlerische Unternehmungen geben, die sich nicht im Geringsten um Pershings, Cruise Missiles und das ungeheuere Potential der sowjetischen Atomraketen kümmerten, aber sie schienen doch nicht mehr von einem allgemeinen Bewusstseinsstrom getragen zu sein.

Heute, einige Jahre nach der Jahrtausendwende, ist die allgemeine „Stimmung" um einiges vielschichtiger und auch verwirrender. Das befürchtete atomare Inferno ist ausgeblieben, das Ansteigen der Meere hält sich noch immer in Grenzen, wir gehen auch heute noch an Wochenenden in Wäldern spazieren, die noch nicht völlig abgestorben sind, und apokalyptische Ängste, die noch immer oder schon wieder Hochkonjunktur haben, vermischen sich aufs Eigentümlichste mit den letzten oder schon wieder aufflackernden Zuckungen der Spaß-Kultur. Die Szenerie hat etwas seltsam Unwirkliches. Die große Angst ist wieder vielen kleinen Ängsten vor gesellschaftlichen Umwälzungen gewichen, und was die große Klimaveränderung angeht, besteht nicht einmal Sicherheit darüber, ob man sich vor der allgemeinen Klimaerwärmung oder vor einer drohenden Eiszeit infolge des Versiegens des Golfstromes fürchten soll.

In manchen Kreisen, die sich auf die große Katastrophe kurz vor oder um die Jahrtausendwende vorbereitet hatten, herrschte hinterher Katerstimmung. Man hatte all die Prophezeiungen von Nostradamus, vom Mühlhiasl, Irlmaier, vom „Lied von der Linde" und eventuell noch von Pater Pio per Computer zu einer großen apokalyptischen Gesamtschau vereinigt, aber der Weltgeist schien weder an einem 3. Weltkrieg, noch an einem Polsprung, noch an einer schrecklichen „dreitägigen Finsternis" interessiert zu sein. Er begnügte sich dann mit dem 11. September und einigen kleineren Kriegen, Tsunamis und Erdbeben.

Die apokalyptische „Erregung" – ob es sich nun um die Furcht vor einem Atomkrieg Anfang der achtziger Jahre oder um die Ängste rund um die Jahrtausendwende handelte – zwang mich, wieder einmal über den Unterschied zwischen Mystik und Endzeiterwartung nachzudenken. Wie verhält sich der mystisch inspirierte Mut, den Dingen und sich selber auf den Grund zu gehen, zu den apokalyptischen Hoffnungen und Ängsten der Menschheit? Es hat zwar immer wieder Menschen gegeben, in denen sich das mystische und das prophetisch-apokalyptische Element eigentümlich vermischten – man denke etwas an Thomas Müntzer -, aber generell kann man doch sagen, dass Mystiker ein ewiges, von den Zeitläuften ziemlich unabhängiges Absolutes in ihrem eigenen Inneren verwirklichen wollen, während apokalyptische Propheten den Einbruch des Göttlichen in diese Welt und deren Verwandlung auch mit ihren äußeren Sinnen, gleichsam „objektiv", für jedermann sichtbar, erleben wollen – und meistens dieser Verwandlung auch selber noch ein wenig „nachhelfen" wollen.

Beiden ist immerhin gemeinsam, dass sie mit der real existierenden Welt unzufrieden sind. Der Apokalyptiker glaubt, das „Schema" der alten Welt habe sich verbraucht, und es habe keinen Sinn, noch neue Fetzen auf die alten zu nähen. Mit einem solchen bloß „reformerischen" Stückwerk will er sich erst gar nicht abgeben. Das *Ganze* soll in die Luft fliegen, um einer radikal *neuen* Welt Platz zu machen. Er will Feuer auf die Erde werfen – oder wenigstens Gott dabei zusehen, wie der es tut – und kann es kaum erwarten, dass es schon brennt.

Auch im Mystiker kann, wie wir bereits gesehen haben, eine gute Portion Radikalität stecken. Schließlich will er nicht mehr und nicht weniger, als das ganze Netzwerk der Maya, dieses Gefängnisgebäude aus Raum, Zeit und Kausalität, in die Luft zu sprengen. Sein Einsatz ist allerdings trotz aller Intensität friedlich: Er will diese Sprengung vor allem durch stilles „Sitzen", durch Kontemplation, absolute Hingabe an das Absolute und möglicherweise durch göttliche Gnade erreichen. Er zuckt jedoch mit keiner Wimper, wenn die „Welt" in ihm „zu Grunde" geht.

Die Welt wird also von beiden „gerichtet": Sie wird als fadenschei-
nig oder unwirklich durchschaut. Erfolgreicher war dabei zweifellos
der Mystiker, denn es sind im Laufe der letzten 3000 Jahre zahlreiche individuelle Durchbrüche zum Absoluten bezeugt, während so
gut wie keine einzige Erwartung der Apokalyptiker bisher eingetrof-
fen ist. Die Welt ist *nicht* untergegangen, zumindest nicht äußerlich,
Christus ist *nicht* auf den Wolken des Himmels wiedergekehrt, Mil-
lenien hat es höchstens in Form von schaurigen kurzlebigen Dritten
Reichen gegeben, die „Lilienzeit"(an die zum Beispiel Jakob Boehme
glaubte) und das Reich des Geistes (das Joachim von Fiore prophezeit
hatte) haben sich noch *nicht* erkennbar manifestiert und das Neue
Jerusalem ist noch *nicht* auf die Erde herabgeschwebt. Der Mystiker
mag schwere innere Krisen und schwärzeste Seelennächte durchma-
chen, aber er wird am Ende nie enttäuscht – es sei denn im Sinne
von Ent-täuschung, von der Aufhebung aller Maya-Täuschung. Der
Apokalyptiker, der sich eine „objektive" Veränderung erhofft, wird
dagegen so gut wie immer enttäuscht. Die eintretenden Katastrophen
sind nie radikal genug, um die „alte" Welt wirklich von Grund auf zu
zerstören und zu erneuern, die himmlischen Eingriffe bleiben so gut
wie immer aus, und die Versuche, das Paradies selber zu erzwingen,
enden so gut wie immer in einer Katastrophe – siehe Thomas Müntzer – oder in kläglichen Sowjet-Republiken.

Der Mystiker hat den weiteren Vorteil, dass er weitgehend von *Ängsten* frei ist – wie wir im letzten Kapitel bereits andeuteten. Er fiebert
keinem äußeren Weltende entgegen, hat aber auch keine Angst davor.
Er weiß, dass alles, was entsteht, auch wieder vergehen muss. Warum sollte er sich an die äußeren Erscheinungen klammern ? Einem
Arjuna mögen sich im 11. Kapitel der Bhagavadgita noch die Haare
sträuben angesichts der entsetzlichen Vision des kosmisch-apokalyp-
tischen Krishna, der mit seinen Feuerzungen die Welten am Ende
der Zeiten aufleckt. Doch ein etwas geübterer Kontemplativer wird
sich von solchen Maya-Bildern, die auch in Hollywood gefertigt sein
könnten, kaum noch beeindrucken lassen. Er blickt der Schöpfung
auf den Grund, auch durch alle nur vorstellbaren Untergangsszena-
rios hindurch, und sieht sie im Licht der Ewigkeit, als ständig neue
Manifestation des Grundes.

Nun sind die meisten von uns weder große Mystiker vom Schlage eines Plotin, Shankara, Nagarjuna oder Meister Eckhart, noch wortgewaltige apokalyptische Propheten. Wir sind eigenartige Mischlinge und leben noch dazu im „Flachland", um Ken Wilbers Ausdruck wieder zu gebrauchen. Wir haben „ein bisschen" Angst vor einem möglichen Untergang, wir möchten die Welt hin und wieder „ein bisschen" verändern und in raren meditativen Anwandlungen wollen wir unserer wahren inneren Natur „ein bisschen" näherkommen. Das apokalyptische Grauen verkleinert sich zu einem Nervenkitzel, zu einer leichten „Erregung" vor dem Fernsehschirm. Wir lieben den Schein des Lebens – und gleichzeitig genießen wir das Zusammenbrechen dieser Scheinfassaden, das schon allein optisch sehr erregend sein kann. Geben wir es zu: Ein gesprengtes Hochhaus, das rasend schnell und zugleich unendlich langsam in sich zusammenstürzt, ist weit interessanter als sein Aufbau oder gar die fertige langweilige Fassade.

Es scheint fast widersinnig zu sein, dass das, was den Menschen eigentlich erschrecken sollte, ihn zugleich so stark fasziniert. Viele Menschen kommen ohne einen gewissen Anteil an Schreckensmeldungen am Tag – von Vulkanausbrüchen bis hin zu dramatischen Kurseinbrüchen, von Erdbeben und Kriegen bis hin zu Spendenaffären und Stromausfällen – nicht mehr aus, sie brauchen ihre Ration negativer Kalorien, ohne die sie unglücklich wären. Natürlich wollen sie nicht zu sehr in den Abgrund gezogen werden, sie wollen Zuschauer bleiben, sie wollen den leichten „Kick", ohne allzu sehr in den Grundfesten erschüttert zu werden.

Dies gilt selbst für den höheren Kunstgenuss. Wir „genießen" die Höllenbilder von Bosch, wir „genießen" Verdis Reqiem – und fragen uns höchstens, ob sein Dies-Irae-Getöse nicht doch ein wenig zu opernhaft sei. Dies fragen wir nicht, weil wir noch mehr im Innersten ergriffen werden wollen. Es ist eher eine Stilfrage. Wir wollen stets „pretty people" bleiben oder, wie es in Italien heißt, „bella figura" machen, mit halb interessierten, halb gelangweilten Gesichtern, auch wenn es ums Jüngste Gericht geht.

Diese eigenartige Mischung aus Faszination und Oberflächlichkeit hat ihre allerletzten Wurzeln wohl in jener transzendenten Region, wo nur noch der Atman, unser wahres Selbst, als „Zeuge" existiert, unberührt von Zeit und Raum, Geschehnissen und Eindrücken. Da kann sich nichts „eindrücken", dieser innerste Kern bleibt ewig „unbeeindruckt" – auch von einem Weltuntergang. Fällt diese letzte – oder zumindest vorletzte – Wahrheit jedoch in unsere Erscheinungswelt hinab, so stoßen wir bald auf höchst seltsame Atman-Karikaturen: etwa in Form eines „Bildzeitung"-Lesers, der seine Stulle mampfend wieder einen Flugzeugabsturz, einen Sexualmord und ein schreckliches Erdbeben in Japan registriert. Das Fasziniertsein geht Hand in Hand mit einer kaum noch überbietbaren Abstumpfung, das Gefesseltsein vom Thema mit einer ungeheueren Zerstreuung. Zehn Minuten später, wenn der Leser die Zeitung zusammenfaltet und an seinen Arbeitsplatz oder auf die Toilette geht, ist schon längst wieder alles vergessen. Die zahlreichen Meldungen und Eindrücke heben sich gegenseitig auf. Auch dies ist ein Weltuntergang, der tagtäglich stattfindet.

Faszination und Langeweile sind Geschwister, eng verwandt mit der „Zerstreuung". Eine berühmte konfuzianische (und wohl auch taoistische) Verwünschung lautet: „Mögest du in interessanten Zeiten leben!" Wer aus der lebendigen Ruhe des Seins heraus lebt, sehnt sich nicht nach „interessanten" Zeiten, er muss nicht *erregt* werden, um „sich" zu spüren, er bedarf keiner Revolutionen, keiner Kriege, keiner dramatischen Umbrüche, und er läuft auch nicht in ein Kino, um sich an einem Katastrophenfilm aufzugeilen. (Es gibt natürlich auch bei „interessanten" Perioden ein Qualitätsgefälle: Positive Aufbruchsstimmungen wie zur Zeit der Upanishaden oder im letzten Jahrzehnt des 18. Jahrhunderts, als sich in Deutschland das Herüberwehen der Französischen Revolution, die ersten philosophischen Höhenflüge des Deutschen Idealismus (Fichte, Hegel, Schelling), die dichterischen Ergebnisse der deutschen Klassik (Goethe, Schiller) und die Intuitionen der Frühromantik (Novalis, Schlegel, Tieck) zu einer aufregenden genialen Mischung verbanden, sind wohl nicht in einen Topf zu werfen mit Fin-de-Siecle-Stimmungen, die ihren Erregungskitzel eher aus Untergangsszenarien saugen. Ein östlicher Weiser würde höchstens zu bedenken geben, dass *jede* Form von

„Erregung" uns von der Verwirklichung des wahren Selbst – oder der Leere – ablenkt.)

Doch trotz der östlichen Imprägnierung meiner Seele ertappe ich mich beim schnellen Vorübergleiten der Tagesschau-Bilder dabei, wie ich mich heimlich nach „großen", nach „interessanten" Nachrichten sehne. Das Allerlei von Gewerkschaftsverhandlungen, IG Metall-Streiks und Kandidatengerangel für irgendein Amt reißt mich nicht aus dem Sessel. Ich sehne beileibe keine dramatische Weltwirtschaftskrise herbei, aber tief in mir lechzt doch jemand nach „wichtigen" Nachrichten. Denn es gibt nicht nur die Angst vor dem Untergang, sondern auch die Befürchtung, dass alles so bleibt, wie es ist. Jeder prophezeite und nicht eingetroffene Weltuntergang hat seine enttäuschten Anhänger, die seufzend wieder an ihre gewohnte Arbeit gehen. Alles, was die Menschen erregt, was sie zusammenrücken lässt, seien es nun eingebildete oder wirkliche Katastrophen oder auch „positive" Ereignisse wie eine Fußballweltmeisterschaft, hat diese bestimmte Qualität: Es erweckt die Hoffnung, dass alles plötzlich ganz „anders" sein wird. Da rückt der Urchrist, der freudig in den Ruf einstimmt: „Möge die Gestalt dieser Welt vergehen! Maranatha! Herr, komme bald!", in die seltsame Nähe zu einem armen Brasilianer, der hofft, dass der Sieg „seiner" Mannschaft bei der Fußball-Weltmeisterschaft ihn aus seiner alltäglichen Misere herauskatapultieren könnte.

Wir erwarten in unserem Leben immer wieder solche Löcher in den Mauern der grauen Normalität, solche plötzlichen „Lichtungen" – wenn wir auf die Post oder auf E-Mails warten, wenn wir die Tageszeitung aufschlagen, wenn wir die Radio- oder Fernsehnachrichten einschalten. Wer weiß, vielleicht hat sich plötzlich alles mit einem Schlag geändert – und das lästige Ausfüllen der Steuererklärung erübrigt sich! Nie erwarten wir diese radikalen Veränderungen von uns selber, aus unserer eigenen Tiefe, sondern immer nur von außen. Dieser Sehnsucht nach Veränderung steht zwar oberflächlich besehen die Tatsache gegenüber, dass der Mensch ein Gewohnheitstier ist, dass er in der Mehrzahl der Devise „Keine Experimente" und „Ruhe ist die erste Bürgerpflicht" folgt, dass er sich vor plötzlichen Umstürzen fürchtet. Die Boulevardzeitungen mit ihren Riesenlettern-Überschriften könnten jedoch nie solche Geschäfte machen, wenn es nicht auch und gerade in dieser so schweigenden Mehrheit einen Hang zum Sensationellen gäbe. Eine Überschrift wie „DRITTER WELTKRIEG NOCH IN DIESEM SOMMER?" wird immer seine Millionen erregter Leser finden, die froh sind, dass doch kein Krieg ausbricht, und die zugleich traurig darüber sind, dass alles so ziemlich beim Alten bleibt. Wenn doch wenigstens Kalifornien endlich mal ins Meer stürzen würde! Wie lange dauert das denn noch!? Man hätte doch wenigstens Gesprächsstoff – tagelang, wochenlang. Die meisten Menschen leben zwar halbwegs gerne auf dieser Erde, aber so ein kleines bisschen untergehen könnte sie schon hin und wieder mal!

„ICH BIN DIE ZEIT, DIE REIF GEWORDEN IST..."

Doch versuchen wir von der Ebene der Ironie wegzukommen. Fragen wir uns, was uns mit früheren apokalyptischen Zeitströmungen verbindet und was wirklich neu an unserer Situation im 20. und 21. Jahrhundert ist. Apokalyptische Ängste – und Hoffnungen – sind bekanntlich immer wieder im Lauf der Menschheitsgeschichte aufgetaucht. Es wird von manchen Forschern sogar die Meinung vertreten, dass Untergangsmythen älter seien als die Sagen der Schöpfungsentstehung, zumindest im germanischen Bereich.[1] Im gewaltigen indischen Epos *Mahabharata* löst die entsetzliche Entscheidungsschlacht von Kurukshetra apokalyptische Gefühle aus, der ganze Kosmos hat Anteil an dem furchtbaren Geschehen: Vögel und Tiere erheben ein wildes Geschrei, die Sonne verliert ihren Glanz, Sternschnuppen fallen in den Weltraum, die Flüsse fließen in verkehrter Richtung – kurz, die Welt ist aus den Fugen! Und am Ende des Gemetzels sagt Yudhishtira, der wohl am wenigsten Kriegslüsterne von allen: „Ja, ich verdiene, verflucht zu werden, denn ich bin verantwortlich für die Vernichtung der Welt."

Wir mögen angesichts der beschränkten technischen Möglichkeiten der Vernichtung damaliger Generationen über solche Ängste lächeln, doch wir müssen uns klar darüber sein, dass solche Katastrophen im *Bewusstsein* dieser Menschen wirklich einen „Welt"-Untergang bedeuteten – zumindest den Untergang *ihrer* Welt. Und das 11. Kapitel der Bhagavadgita macht deutlich, dass ein solcher begrenzter Untergang nur stellvertretendes Symbol für die allgemeine, letztlich von Gott herbeigeführte Vernichtung eines ganzen Schöpfungszyklus ist, denn im Schlund Krishnas verschwinden ja nicht nur die Krieger von Kurukshetra, sondern alle „Welten". „Ich bin die Zeit, die reif geworden ist", sagt Krishna, „gekommen, um die Welten zu vernichten; auch ohne dich wird keiner von den Kämpfern, die dort im Heer uns gegenüberstehen, überleben"[2].

Auch die jüdischen Apokalyptiker lebten in einem Endzeitbewusstsein – mit dem einen großen Unterschied zu ihren indischen Kollegen, dass sie an keine zyklische, sich immer wiederholende Wiederbelebung der Schöpfung glaubten, sondern sich wirklich an den äußersten Rand der Geschichte gedrängt sahen – mit der Hoffnung, dass Gott am Ende, nach dem Untergang der alten Welt, alles für *immer* neu machen werde. Die christliche Urkirche übernahm bekanntlich diese eschatologischen Vorstellungen und Hoffnungen – wobei wir auf die Feinheiten hier nicht näher eingehen können. Und auch im Laufe der letzten zweitausend Jahre gab es kaum eine Generation, in der nicht irgendwelche apokalyptischen Ängste und Hoffnungen auftauchten: am Ende des Römischen Reiches etwa, zur Zeit der Völkerwanderung oder anlässlich der ersten Jahrtausendwende. Schwarmgeister tauchten im zu Ende gehenden Mittelalter und zu Beginn der Neuzeit immer wieder mit Untergangsphantasien auf, selbst ein vergleichsweise nüchterner Christ wie Luther war nicht frei von Endzeitvorstellungen, und auch Leonardos rätselhafte Sintflutzeichnungen sind ohne ein apokalyptisches Bewusstsein kaum erklärbar – ein Bewusstsein, das dann im Manierismus seine Triumphe feierte. Die Propheten und Sektenführer, die im 18. und 19. Jahrhundert das baldige Weltende predigten, sind kaum zu zählen. Und auf einem etwas höheren Niveau gesellten sich zu ihnen noch die kulturellen und philosophischen Untergangspropheten wie Nietzsche und Dostojewskij, die – durchaus berechtigt – ungeheure Umwälzungen auf das alte Europa zukommen sahen. „Noch nie war Europa so angefüllt von feindlichen Elementen, wie in unserer Zeit: als wäre alles mit Dynamit unterlegt und wartete nur auf einen zündenden Funken", schrieb Dostojewskij in sein Tagebuch. Ähnlich roch der von Paris nach Konstantinopel reisende Vivekananda um 1900 überall den Geruch eines bevorstehenden Krieges. „Europa gleicht einem einzigen Militärlager", sagte er. Schon bei seinem ersten Besuch in Europa 1895 hatte er zu seiner Schülerin Sister Christine gesagt: „Europa steht am Rande eines Vulkans. Wenn das Feuer nicht durch eine spirituelle Flut gelöscht wird, fliegt alles in die Luft."

HÄLT DIE MITTE NOCH STAND?

Man könnte sich nun mit den unzähligen Enttäuschungen früherer Endzeitpropheten beruhigen, könnte ganze Bücher über den Wildwuchs des Unter- und Unbewussten schreiben, das all diese apokalyptischen Phantasien von Zeit zu Zeit an die Oberfläche schwemmt. Und was die konkreteren, politischen Befürchtungen betrifft, so könnte man sich damit trösten, dass sie eigentlich immer nur darauf hinaus liefen, dass es „schlimm" kommen werde. Und wann ist es im Laufe der langen – und doch so kurzen – Menschheitsgeschichte nicht schlimm gekommen, wann hat es keine Katastrophen gegeben? Wann war unser nur oberflächlich abgekühlter Planet nicht mit vulkanischem Dynamit unterlegt, wann bedrohte das „Regellose"(Schelling) nicht die Ordnung (die wiederum oft genug zu einem Todessystem erstarrte), wann lugte das Nichts nicht durch die Ritzen der Erscheinungswelt? Im 20. Jahrhundert nahm die Angst vor einem Atomkrieg keineswegs erst Anfang der achtziger Jahre „hysterische" Formen an. Auch in den fünfziger Jahren waren viele von einem unmittelbar bevorstehenden atomaren Schlagabtausch der Großmächte überzeugt. „Bei dem drohenden Krieg bezweifle ich," schrieb etwa Henry Miller an seinen Freund Brassai, „ob ich dieses Jahr nach Europa kommen kann. In Erwartung einer Hungersnot, die beim ausbrechenden Krieg eintreten wird, pflanze ich Gemüse und Obstbäume."

Also: Kein Grund zur Unruhe? Alles schon mal da gewesen? – Auf der Schattenseite müssen wir festhalten, dass die zwei Weltkriege, die in der ersten Hälfte des 20. Jahrhunderts das Antlitz der Erde verwüstet haben, leider keine Hirngespinste von fiebernden Sektierern gewesen sind. Es gehört zur Natur von geschichtlichen Ereignissen und Katastrophen, dass sie hin und wieder auch eintreten. Die Konzentrationslager haben existiert, die Hiroshima-Bombe ist gefallen. Und wir sind bekanntlich zum ersten Mal in der Menschheitsgeschichte fähig, unseren Weltuntergang selber zu inszenieren. Da brauchen keine Sterne mehr vom Himmel zu fallen, da braucht kein zorniger Richtergott auf den Wolken des Himmels zu erscheinen. Wir brauchen nur ganz einfach das Vernichtungsmaterial, das wir angehäuft haben, zu benutzen. Und es gab immer Pessimisten, die meinten, der Mensch zündele so gern, dass ihn keine Ethik davon abhalten werde, die Welt in Brand zu stecken. „Wäre die Möglichkeit, auf technischem Wege die Grundlagen allen Menschendaseins zu vernichten, so ist kaum zu zweifeln, dass sie auch eines Tages verwirklicht würde", schrieb Karl Jaspers 1932. „Nach aller Erfahrung von Menschen in der Geschichte wird auch das Furchtbarste, das möglich ist, irgendwann und irgendwie, von jemandem vollbracht."

Man kann lange darüber diskutieren, ob das heutige Vernichtungspotential wirklich einen so einschneidenden Unterschied zu den früheren Untergangsängsten ausmacht. Wie wir sahen, hatte auch ein begrenzter Untergang für frühere Generationen zumindest in ihrem Bewusstsein durchaus globale Ausmaße. Für die Opfer der ungeheueren Verwüstungen des Dreißigjährigen Krieges wird es kaum ein Trost gewesen sein, dass die Bewohner Chinas davon nicht betroffen waren. Doch sieht man einmal von radikalen Strömungen und Gruppierungen ab, in denen das apokalyptische Fieber wirklich Höchstgrade erreichte und den ganzen Welt-Horizont in flammendes Rot tauchte, blieb das Gefühl der Kontinuität bei den meisten Menschen doch intakt, trotz aller Kriegsgräuel. In seinem Buch „Tolstoj oder Dostojewskij" vergleicht George Steiner das Lebensgefühl des Romanciers Tolstoj (das bekanntlich nicht immer im Einklang mit dem des Moralisten und Friedensapostels Tolstoj stand) mit dem „homerischen" Lebensgefühl: „Krieg und Sterblichkeit richten in der Homerischen und Tolstojschen Welt Verheerungen an, doch die Mitte hält stand: es ist die Versicherung, dass das Leben aus sich selbst ein Ding der Schönheit ist, dass die Werke und Tage der Menschen der Aufzeichnung wert sind und dass keine Katastrophe – nicht einmal der Brand Trojas oder Moskaus – endgültig ist. Denn hinter den verkohlten Türmen und jenseits der Schlacht rollt die weindunkle See, und wenn Austerlitz vergessen ist, wird die Ernte – in Opes Bild – wieder ‚den Hang bräunen.'"[3]

Haben wir hier – was das „Lebensgefühl" angeht – nicht eine entscheidende Grenze überschritten, hinter die es kein Zurück mehr gibt? Schon das Inferno der Bombennächte im Zweiten Weltkrieg, die Gräuel der KZs und der Abwurf der Atombomben auf Hiroshima und Nagasaki waren „episch" kaum noch aufzuarbeiten. Und ein totaler atomarer Krieg wäre nicht mehr „darstellbar", er könnte weder besungen noch breit geschildert werden, und sicherlich würde „danach" keine Ernte mehr den Hang bräunen, zumindest keine unverstrahlte. Kein singuläres Heldenleben ließe sich mehr einbetten in den Rhythmus der Jahreszeiten und in das allgemeine Kriegsgeschehen, und während, in Steiners Worten, selbst inmitten des schlimmsten homerischen oder Tolstojschen Gemetzels „das Leben noch hoch aufwogt", wogte hier höchstens noch die weindunkle See, aber ohne ein wahrnehmendes menschliches Bewusstsein.

Dabei ist es gar nicht einmal so wichtig für dieses veränderte Bewusstsein, ob ein solcher „totaler" Atomkrieg wirklich stattfinden wird. Allein die *Möglichkeiten* der Vernichtung, die dem Menschen heute in die Hand gegeben sind, haben unser Bewusstsein radikal verändert. Ja, Religionsphilosophen wie Raymondo Pannikar gehen sogar so weit zu behaupten, seit 1945, seit dem Abwurf der Atombombe auf Hiroshima, habe sich im Grunde das Ende der Geschichte gezeigt. Seitdem lebten wir alle in Geschichte und Ewigkeit. „Wo Materie in Licht zerfällt und Menschen als Schatten auf geschmolzenen Steinen erinnert und vergessen bleiben, da ist das Ende dieser Welt, der Einbruch der Transzendenz gekommen…", kommentiert G.M. Martin.[4]

ATOMBLITZ UND TRANSZENDENZ

Es ist natürlich nicht unproblematisch, den Atomblitz – „heller als tausend Sonnen", wie es in der Bhagavadgita heißt – mit der Transzendenz in Verbindung zu bringen. Von „unten" her gesehen ist die Atombombe das Endprodukt einer konsequenten Entwicklung, die man wohl letztlich auf das Essen der Frucht vom „Baum der Erkenntnis" zurückführen muss und die in der westlichen „Aufklärung" ihre Triumphe feierte. „Aber die vollends aufgeklärte Erde strahlt im Zeichen triumphalen Unheils", lautet der berühmte Satz in der „Dialektik der Aufklärung" von Adorno/Horkheimer, und in einer Studie über den griechischen Mystiker Gregor Palamas schrieb Jürgen Kuhlmann: „Heller als ihr Atomblitz kann die westliche Aufklärung nicht mehr werden."[5]

Man muss hier wohl zweigleisig verfahren. Auf der einen Seite steht die ethische Verurteilung des atomaren Zerstörungspotentials – und damit auch jener menschlichen „Haben"-Haltung, die zwar eigentlich auf die positive Besitznahme der Erde aus ist, dabei aber paradoxerweise die eigene Zerstörung in Kauf nimmt. Wir müssen nicht göttliche Transzendenz verantwortlich machen für etwas, was sich viel eher aus menschlicher Habgier, technischer Spielfreude, neurotischem Sicherheitswahn, Zerstörungslust und nicht zuletzt aus bodenloser Dummheit (die durchaus „intelligent" sein kann!) erklären lässt.

Andererseits müsste man mit Blindheit geschlagen sein, wenn man im Atomblitz nicht doch etwas vom *Mysterium tremendum et fascinosum* wahrnehmen würde. Er zerreißt unseren niederen Horizont, er zwingt uns, unseren Blick über unser „flaches" Land zu erheben. Es ist höchst bedauerlich, dass wir solcher atomarer Zen-Stöcke, solcher Holzhammermethoden bedürfen, um aus unserem engen Bewusstsein aufgeschreckt zu werden, und man mag es für übertrieben halten, wenn der Analytiker Wolfgang Gierich in seinem Aufsatz „Wildnis und Geborgenheit" behauptet, angesichts einer völlig eingegrenzten und verabredeten Welt stelle allein die Atombombe „noch das Wesen des Menschen in Frage" und konfrontiere ihn unausweichlich mit „dem schöpferischen Chaos und dem Tod als Weg der Wandlung"[6]. Wenn wir uns nun aber schon einmal in diese Situation hineingearbeitet haben und es bekanntlich keinen Weg zurück mehr gibt – selbst wenn wir alle Atombomben vernichten würden -, hilft uns weder wehleidiges Jammern noch eine einseitige anklägerische humanistisch-ethische Haltung weiter, sondern nur der Mut, auch hier der Sache – und damit auch wieder uns – auf den letzten Grund zu gehen.

DIE EXPLOSION DER KATHEDRALE

Insofern hat der Atomblitz natürlich schon etwas mit Transzendenz zu tun. Wer in der Schöpfung, in der Natur und vor allem in unserem blauen Planeten „Gaia" bereits die ganze – und alleinige – Wirklichkeit sieht, wird die Bedrohung durch ihn nur blindwütig attackieren können. Doch die Faszination durch Zerstörung – die sich schon im Kleinkind zeigt, wenn es seine mühsam errichteten Bauklötze wieder lustvoll umwirft – werden wir damit nicht aus der Welt schaffen. Ich brauche nur tief in mich selber hineinzuschauen – und entdecke dort nicht nur einen aufgeklärten Humanisten und Friedensbewegten, sondern auch einen Künstler und Mystiker, der gerade in der Zerstörung der Gestalten und Formen die höchste Intensität sucht und durch die entstandenen Risse und Spalten hindurch ein seltsames Licht wahrzunehmen glaubt, das wir in der diesseitigen Welt sonst nicht sehen. Der Mystiker der *via negativa* geht den Weg des „*neti, neti*"(nicht dies, nicht dies), ihn kann keine geschaffene Form jemals zufrieden stellen. Und auch der moderne Künstler, der diesen Weg geht, kann nichts Geformtes einfach so „stehen" lassen. Er ruht nicht eher, bis jede allzu eindeutige Gestalt verzehrt ist. Wols' berühmte „Explosion der Kathedrale" ist die Ikone dieser Geisteshaltung. Transzendenz wird für ihn erst an den zerfransten Rändern sichtbar, in den Spalten, in den Flammen. Die Intensität der Verbrennung, der Auslöschung ist für ihn wichtiger als das Ding, das verbrannt wird. Er hat den heraklitischen Blick: Alles entsteht aus dem Feuer und vergeht auch wieder im Feuer.

Manche Bilder von Wols (1913-1951), dem „Vater des Tachismus", gleichen den fotografischen Abbildungen von Atombombenexplosionen. Die Gemälde dieses äußerst sensiblen Malers drücken eine Ungeduld mit der Schöpfung aus, die Dinge gerieten ihm, wie Sartre es ausdrückte, „in eine Krise". Selbst das, was wir an apokalyptischem und surrealistischem „Bild"-Material in unserem Inneren herumtragen und was wir hin und wieder nach außen projizieren in Galerien und Museen bewundern können, ist hier in der letzten Ekstase der Intensivierung noch eingeschmolzen worden, wird zu reiner Energie, fast zum Nicht-Bild. Und trotzdem liebte dieser Maler das Leben, besonders die kleinen unscheinbaren Dinge, schrieb Gedichte im Geiste Lao-tses und hasste die Hektik und Betriebsamkeit der modernen Industriegesellschaft, die alles zu zerstören drohte. Er war vor sämtlichen politischen Machthabern ständig auf der Flucht, verabscheute die Nazis und alle, die sich von ihrem zerstörerischen Geist anstecken ließen – was jedoch nicht verhinderte, dass er in ein französisches Internierungslager gesteckt wurde. Seine inneren Atombombenexplosionen entluden sich auf der Leinwand, auf die er einhämmerte. „Ich höre noch das Trommeln seiner Finger auf der Leinwand", sagte seine Frau.

Obschon Wols das Tao-te-king liebte und die Bhagavadgita mit ins Grab nahm, fand er nicht die Ruhe und Gelassenheit der östlichen Weisen. Sein Mut, „zu Grunde" zu gehen, führte – wie bei vielen Künstlern – in die Selbstzerstörung. Während es dem Zen-Künstler gelingt, Intensität und Gelassenheit zu verbinden, findet ein westlicher Künstler wie Wols die Intensität fast nur noch in der Zerstörung, im radikalen Durchstreichen der äußeren Wirklichkeit. Liegt es daran, dass der westliche Mensch so sehr an den Formen und Gestalten hängt, dass er sie, wenn einmal der Mystiker des negativen Weges in ihm durchbricht, viel gewaltsamer zerstören möchte als der östliche Weise, der die Lösung in der totalen Los-Lösung sucht – und gerade deshalb fähig ist, die Schöpfung wieder aus dem Urgrund des Tao hervorkommen zu lassen? Ein solcher Weiser hat kaum den Ehrgeiz, die äußere Erscheinungsform durch leidenschaftliche Malakte – oder gar durch die Atombombe – zu vernichten. Paradoxerweise scheinen gerade jene Kulturen am zerstörerischsten zu sein, die diese materielle sichtbare Welt in ihrem Wachbewusstsein keineswegs in Frage stellen, sondern sie geradezu anbeten.

Auf seltsame Weise scheint dies alles zusammenzugehören: die mögliche Zerstörung des Globus durch den tatkräftigen, positiv eingestellten westlichen Menschen, die wütenden Zerstörungsakte des sensiblen, introvertierten Künstlers, der gerade an dieser Zerstörung leidet, und das Hindurchschauen des Mystikers durch die Dinge, denen er auf den letzten Grund geht. Zumindest ist klar, dass das Zerstörerische im Menschen angelegt ist, es hat teil am dialektischen Prozess von Leben und Tod und steht letztlich mit seiner Fähigkeit, sich und die Welt zu transzendieren, in Verbindung. Fehlt die Mög-

lichkeit, die Oberfläche der Dinge auf kontemplative Weise zu durch-
dringen, versucht sich dieser Drang äußerlich zu entladen. Wer diese
Zusammenhänge nicht sieht und nur einen äußerlichen Frieden und
eine bloße „Erhaltung" der menschlichen Rasse auf diesem Planeten
als Ziel anpeilt, wird Schiffbruch erleiden. Die apokalyptischen Reiter werden ihn und seine flache Utopie bald überrannt haben.

PUNKT OMEGA

Ein mystischer Visionär, der die Schöpfung über alles liebte und die
weltflüchtigen Tendenzen seiner christlichen Religion immer wieder
geißelte, nannte alle Träume von einem irdischen Paradies „bour-
geois". Ich spreche von *Teilhard de Chardin*. Auf die von ihm selber
gestellte Frage: „Wie wird die geistige Evolution unseres Planeten
enden?" antwortete er: „Vielleicht... durch eine eher psychische als
siderale Umwälzung hindurch – die, das ist möglich, einem Tod
gleicht, – die aber tatsächlich die Befreiung aus der materiellen, historischen Ebene und die Ekstase in Gott sein wird."[7]

Wer den zu seiner Zeit höchst umstrittenen und heute etwas aus der
Mode gekommenen Theologen der „Evolution" auf eine reine Imma-
nenzhaltung festlegen will, muss sich hier enttäuscht sehen. Denn
Teilhard strebt hier im Grunde dasselbe an wie ein östlicher Mystiker: sich aus der Umklammerung von Zeit und Materie zu befreien
(was ja nichts anderes bedeutet, als über Maya hinauszugehen) und in
der Ekstase in Gott seine bloße Kreatürlichkeit zu transzendieren.

An einer anderen Stelle, in dem frühen Essay „Mein Universum",
kommt diese mystische Grundhaltung noch deutlicher zum Ausdruck.
„Es ist keineswegs leicht", schreibt Teilhard dort, „uns vorzustellen,
wie das Ende der Welt aussehen könnte. Eine siderale Katastrophe
wäre das passende Gegenstück zu unserem individuellen Tod, doch
sie würde nur (!) das Ende der Erde zur Folge haben und nicht des
ganzen Kosmos – und es ist der Kosmos, der verschwinden muss.
Je mehr ich über dieses Mysterium nachdenke, desto mehr erscheint
es mir, in meinen Träumen, als eine Umwandlung des Bewusstseins
– als eine Eruption des inneren Lebens – als eine Ekstase. Wir brauchen unsere Gehirne nicht zu überanstrengen, um zu verstehen, wie
die Unermesslichkeit des Universums jemals zu verschwinden ver-

mag. Der Geist muss nur umkehren und sich in eine andere Zone bewegen, damit die ganze Gestalt der Welt im Nu verwandelt wird."[8]

Leider „träumte" Teilhard de Chardin nur von diesem Zustand; es
fehlte ihm die kontemplative Tradition, die es ihm ermöglicht hätte, seinen Geist schon jetzt in jene „andere Zone zu bewegen, damit
die ganze Gestalt der Welt im Nu verwandelt wird". So suchte er die
„transzendierenden" Züge der Evolution fast nur im Äußeren: im
technischen Fortschritt, in der Globalisierung, in der Kollektivierung
und sogar im Krieg. Im Ersten Weltkrieg sieht er es, wie viele andere
Intellektuelle und Künstler auch, als eine „Ehre" an, an einer ent-
scheidenden Stelle evolutionärer Dynamik dabei zu sein. Es plagen
ihn Gewissensbisse, weil er als Priester zum Sanitätsdienst verurteilt
ist und nicht an vorderster Front, hinter dem Maschinengewehr oder
mit der Handgranate, kämpfen darf. So gut wie kein Wort über den
abstumpfenden Charakter der sinnlosen Materialschlachten, über das
schlichte Verrecken im Schlamm des „statischen" Stellungskrieges.
Am Ende des Zweiten Weltkrieges begrüßt er den Bau und Abwurf
der Atombombe – der für einen Günther Anders zu *dem* Wendepunkt
der Menschheitsgeschichte wird – als Triumph des wissenschaftlich-
technischen Fortschritts.

Steht diese Kriegsbegeisterung, dieser Drang, im „Auftrag der Evolution" notfalls auch über Leichen zu gehen, in einem Zusammenhang mit jenem mystischen Verlangen, den Kosmos „verschwinden"
zu lassen und durch eine Ekstase, eine Eruption des inneren Lebens
die „Verwandlung" der Welt zu erleben? Man mag bei manchen radikalen Aussagen Teilhards an die Worte Jesu denken, er sei nicht
gekommen, Frieden zu bringen, sondern das Schwert, und er wolle
ein Feuer auf die Erde werfen und wünschte, es brennte schon. Das
menschliche Bedürfnis, sich hier auf der Erde behaglich „einzurichten", scheint in Teilhards Augen die eigentliche Ursünde wider den
Geist der Evolution zu sein. Deshalb seine versteckte oder auch offene Sympathie für revolutionäre Bewegungen, mit dem Kommunismus, mit der Tendenz der Technik und Wissenschaft, immer wieder
Grenzen zu überschreiten. „Als ob die Pflicht eines jeden Menschen
nicht letztlich darin bestünde", schreibt er, „alle schöpferischen Kräfte der Erkenntnis und des Tuns bis an ihre äußerste Grenze voranzu-

treiben. Als ob, nebenbei bemerkt, irgendeine Macht der Welt fähig wäre, das menschliche Denken auf irgendeinem Wege aufzuhalten, den es einmal eingeschlagen hat."[9] Ja, er ist überzeugt, „dass nichts den Menschen jemals in seinem Bestreben daran hindern kann, alles bis zum Ende zu denken und zu erproben."[10]

Bis zum Ende! Teilhards oft hymnisches Ja zur Schöpfung ist fast überall vom Schatten des Nein begleitet. Er liebt ja auch nicht eigentlich das Universum als solches, als „Vorhandenes", sondern vielmehr die Evolution, die dynamische Entwicklung, die ständige Steigerung, das Darüberhinaus. Und wenn es stimmt, dass der Mensch auf Transzendenz angelegt ist, so ist dieser Drang auch „legitim". Das Problem beginnt nur dort, wo ein transzendenter „Grund", wie wir ihn in fast allen mystischen Weisheitstraditionen finden, so gut wie ausschließlich durch einen zukünftigen „Punkt Omega" ersetzt wird. Ein Yogi, der sich in das absolute Brahman versetzt, mag in mancher Phase seiner spirituellen Anstrengungen im geistigen Sinne auch „über Leichen" gehen, da er sich zuerst einmal von den Erscheinungen lösen will. Doch er lässt seine Umgebung „intakt". Und er kann die Schöpfung, wenn er als Erleuchteter von der absoluten Ebene „zurückkommt", als gestaltgewordenes Brahman bejahen. Wird diese Möglichkeit des direkten mystischen Zugangs zum Absoluten jedoch geleugnet oder als falscher Weg verurteilt – und auch Teilhard sah in der östlichen Mystik des „Zu-Grunde-Gehens" fast nur eine Regressions-Erscheinung – so muss sich das Transzendierungs-Potential, wie wir bereits andeuteten, im Menschen andere Kanäle suchen, und das „Über-Leichen-Gehen" kann dann sehr traurige konkrete Formen annehmen. Es gibt zwar Stellen in Teilhards Werk, wo er auf die Schattenseiten der Evolution eingeht, aber im Ganzen gesehen ist es doch erstaunlich, wie kurzsichtig er der Gefahr gegenüber war, dass sich faustische, wenn nicht luziferische Kräfte im Menschen des Transzendierungs-Potentials annehmen und den Horizont aufs Schönste in apokalyptischen Farben erstrahlen lassen.

Der landesübliche Humanismus kann diese zerstörerischen Kräfte bestenfalls ein wenig zähmen und eindämmen – oft um den Preis, dass er noch mehr im „Flachland" versumpft. Auch jener von Günther Anders verzweifelt proklamierte „Konservatismus", dem es erst einmal nur um die „Bewahrung" des Lebens hier auf Erden geht, kann die Gefahren nicht wirklich bannen. Natürlich können wir nicht von allen Menschen erwarten, von heute auf morgen zu „Mystikern" zu werden; ein waches Engagement aller „Gutwilligen" auf der politischen Ebene ist sicherlich besser als dumpfe Blindheit gegenüber den Gefahren der Gegenwart. Doch letztlich gibt es nur eine Möglichkeit, mit den zerstörerischen Kräften fertig zu werden: sie als negative Karikaturen einer Mystik zu enttarnen, die in einem radikalen Sinne über diese Sinnenwelt hinausgeht und damit auch in einem gewissen Sinne das „Ende der Welt" verwirklicht. Wer wie der junge Vivekananda durch die Berührung und Gnade seines Lehrers die Welt in einem Wirbel des Nichts verschwinden sieht, ist fortan immun gegen alle Anwandlungen, die Welt in die Luft sprengen zu wollen. Er wird nicht zum Zyniker oder gar zum Nihilisten, sondern wird im Gegenteil vom großen Erbarmen erfüllt, der positiven Seite der Leerheit (Shunyata). Wer jedoch den „Sinn" der Schöpfung ausschließlich in der Entwicklung, im ständigen Darüberhinaus sieht und alles nur von der Zukunft erwartet, entwickelt bald den Zynismus und die Gefühlskälte eines „Kommissars der Weltrevolution"(Ernst Benz), der dann wie Teilhard notiert: „Schmerz und Schuld, Tränen und Blut: durchweg Nebenprodukte, von der Noogenese während ihres Wirkens erzeugt."[11]

Es kann hier selbstverständlich nicht darum gehen, eine statische „Hier-und-Jetzt"-Mystik gegen alles Prozesshafte, gegen Dynamik und Entwicklung auszuspielen. Das „Hier und Jetzt" einer offenen mystischen Haltung hat genügend Platz für die Evolution, für den dynamischen – und auch spielerischen – Ausdruck des in sich ruhenden Grundes. Das beeindruckende Lebenswerk *Sri Aurobindos* beweist, dass hier lebendige Synthesen möglich sind. Wer meint, alle Dynamik auf dem Altar eines statischen Absoluten opfern zu müssen, hat nicht begriffen, dass Ruhe und Bewegung in Wahrheit „Nicht-Zwei" (*A-dvaita*) sind, dass der Evolutions-Tanz der Shakti und die Stille des Brahma-Nirvana nur zwei Aspekte ein und derselben Wirklichkeit sind. Die Gefahr liegt nicht nur in der Gefühlskälte eines „Kommissars der Weltrevolution", der um eines zukünftigen Zieles wegen über Leichen geht, sondern auch in der Trockenheit, ja

Ausgetrocknetheit eines Yogi oder *Arhat* (frühbuddhistischer Asket), der die Ruhe Brahmans oder des Nirvana mit der Unbeweglichkeit und Härte eines Steins verwechselt. Es macht jedoch einen gewaltigen Unterschied, ob ich um die ewige erfüllte Ruhe des Grundes weiß und mich gleichsam „freiwillig" auf das Spiel der Evolution einlasse (oder auch schlicht einsehe, dass ich noch eine gehörige Wegstrecke vor mir habe), oder ob ich buchstäblich *alles* von der Zukunft erwarte. Sowohl der Apokalyptiker als auch der Evolutions-Fanatiker ist ein *Träumer,* von Hoffnungen und Visionen genarrt. Der Mystiker ist Realist, weil er die direkte Verbindung mit der Wirklichkeit aufnimmt, die bereits hier und jetzt existiert. Er hält es mit dem Jesus des Thomas-Evangeliums, der auf die Frage, wann das Königreich Gottes komme, antwortete: „Es kommt nicht, wenn man es erwartet. Sie werden nicht sagen: Sieh hier! Oder: Sieh dort! Das Reich des Vaters ist über die Erde ausgebreitet, und die Menschen sehen es nicht."

EIN LOB DER SORGLOSIGKEIT

Immerhin haben der „Hier-und-Jetzt"-Mystiker und der von eschatologischen Hoffnungen erfüllte Gläubige, der wie Paulus das nahe Ende der Welt erwartet, eines gemeinsam: die *Sorglosigkeit.* „Die Zeit ist kurz," schreibt Paulus im 1. Korinther-Brief – und empfiehlt eine „Als-ob"-Haltung, ein Nicht-Anhaften an den Menschen und Dingen: „Damit fortan auch die, welche Frauen haben, so seien, als hätten sie keine, und die Weinenden, als weinten sie nicht, und die Fröhlichen, als freuten sie sich nicht, und die Kaufenden, als behielten sie es nicht, und die die Dinge der Welt benützen, als nützten sie sie nicht aus; denn die Gestalt dieser Welt vergeht. Ich will aber, dass ihr ohne Sorge seid"(7,29-32). Paulus' Drängen auf eine losgelöste innere Haltung ist bekanntlich eschatologisch begründet: Die Wiederkunft Christi und die Manifestation des Gottesreiches stehen unmittelbar bevor, und da hat es natürlich keinen Sinn, sich noch an irdische Dinge zu klammern. Wir sollen dem Herrn frohgemut ohne jeden hinderlichen Ballast entgegengehen.

Diese Erwartungshaltung, dieses Sich-ständig-bereit-Halten für den Bräutigam, prägt den Charakter christlicher Spiritualität bis heute, trotz aller Enttäuschung über die ausbleibende Parusie. Will man diese reine Erwartungshaltung – die vom Evolutions-Enthusiasmus eines Teilhard de Chardin meilenweit entfernt ist – allerdings „durchhalten", so muss man aus der Not gleichsam eine Tugend machen. Das Auf-die-Zukunft-ausgerichtet-Sein, das von Juden und Christen oft als großes Plus gegenüber dem zyklischen Denken der mystischen Religionen Asiens hochgelobt wird, hat eben auch seine Schattenseiten. Es hat, in den Worten Gershom Scholems, „die Schwäche des Vorläufigen, des Provisorischen, das sich nicht ausgibt. Denn die messianische Idee ist nicht nur Trost und Hoffnung. In jedem Versuch ihres Vollzuges brechen die Abgründe auf, die jede ihrer Gestalten ad absurdum führen. In der Hoffnung leben ist etwas Großes, aber es ist auch etwas tief Unwirkliches... So hat die messianische Idee im Judentum das *Leben im Aufschub* erzwungen, in welchem nichts in endgültiger Weise getan und vollzogen werden kann."[12]

Will man dennoch die Sorglosigkeit retten, die ja nicht nur ein „end-zeitliches" Anliegen ist, so tut man gut daran, sich nicht nur auf die Zukunft, ob nun auf eine ferne oder nahe, zu konzentrieren, sondern auf das ewige Jetzt. Der Jesus der Bergpredigt, der die Vögel im Himmel und die Lilien auf dem Felde als Vorbilder empfahl, sprach ja auch aus diesem ewigen Jetzt heraus. Die Haltung des Losgelöstseins entfaltet sich auch und gerade auf diesem mystischen Boden. Allerdings hat sie hier nichts „Vorläufiges", sondern etwas Endgültiges. Der Mystiker dieser Gattung ist nicht losgelöst, weil sowieso bald alles zu Ende bzw. ganz anders sein wird, sondern weil er den Dingen auf den Grund gegangen ist, weil er sie durchschaut hat, weil er schon jetzt das „Schema" dieser Welt, dieses Maya-Gespinst, überwunden hat und deshalb nicht mehr daran „haftet".

„Alles dies: das Weltall und was sich in der Welt befindet, ist in Gott zu belassen!", lautet der erste Vers der Isha-Upanishad. „Durch dieses Verzichten genieße!" Nicht ein säuerlicher Asket wird uns hier als Beispiel hingestellt, sondern ein Mystiker, der gerade durch das Loslassen in den Stand des Genießens versetzt wird und dem die ganze Schöpfung, in Eckharts Worten, nach Gott „schmeckt". Auch wenn er weiß, dass wir hier keine bleibende Stätte haben, ist er gerade durch sein Loslassen fähig, ganz in der Gegenwart zu leben und auch die kleinen kostbaren Dinge des Lebens – über die der nur auf die Zukunft Gerichtete gern hinwegtrampelt – zu schätzen.

DUALISMUS UND NICHT-ZWEIHEIT

Einer der wichtigsten Unterschiede zwischen Mystik und Apokalyptik ist wohl der, dass Apokalyptik vor allem in dualistischen Schemata denkt, während die Mystik, von der wir hier sprechen, nicht-dualistisch ist. Ein gewisser naiver Wesenszug der Apokalyptik kommt noch hinzu und ist keineswegs ungefährlich. In den Worten des protestantischen Theologen Gerhard Marcel Martin: „Was im archetypischen Vorstellungsbereich mythisch als nacheinander *erzählt* und *gedacht* wird, soll auch im geschichtlichen Raum und in der geschichtlichen Zeit nacheinander *geschehen*. Mythisch folgt das radikale Neue, Reine, Eindeutige dem eindeutig Unreinen und Alten; *historisch real* aber kann Neues allenfalls in Altes einbrechen, beide können sich allenfalls überlagern. In seiner Dramaturgie der Äonen trennt der Mythos, was geschichtliche Triebkräfte in ein und derselben Gegenwart sind und bleiben. Apokalyptischer Mythos und westliche Revolutionsromantik phantasieren den einen einzigen Schlag, das letzte Gefecht als Drehpunkt von der alten zur neuen Welt.“[13] Mit Recht weist Martin daraufhin, dass das östliche Denken in dieser Hinsicht um einiges vielschichtiger und auch „realistischer" sei. Das Gefahrenpotential, das in einer dualistisch-apokalyptischen Weltsicht steckt, lässt sich ja nicht erst am Horizont einer fernen Zukunft erahnen, sondern hat schon immer unsere Geschichte geprägt und ist verantwortlich für unzählige Glaubenskriege. „Bei solchem Missverständnis", schreibt Martin, „gelingt unglückseligerweise die Inszenierung der Hölle leichter und häufiger als die des Himmels.“[14]

Einen Berührungspunkt gibt es allerdings zwischen dem apokalyptischen und dem mystischen Denken: Auch der mystische Adept phantasiert gern den „einen einzigen Schlag", nach dem *alles* völlig *anders* sein wird – nämlich die plötzliche Erleuchtung. Und er tut dies mit einem gewissen Recht. Denn die Erleuchtung, der Durchbruch zur absoluten Wirklichkeit, ist ja weit mehr als nur das Endglied einer langen Kausalkette – es ist das Sprengen dieser Kette.

Allerdings führt dies den Adepten nicht dazu, in der äußeren Welt noch ein wenig nachzuhelfen und Zwillingstürme zum Einsturz zu bringen. Und obschon er völlig Recht damit hat, dass die Erleuchtung meist etwas Plötzliches ist und in gewisser Weise auch das „Schema" der „alten" Welt beendet, so wird er doch bald sehen, dass sie erstens in den meisten Fällen recht lange auf sich warten lässt und zweitens selbst im Falle des Eintretens oft noch einer Vertiefung und Verankerung im Leben bedarf. Mit anderen Worten: Auch der angehende Mystiker ist, ähnlich wie der Apokalyptiker, nach anfänglichem Enthusiasmus nicht vor Ernüchterungen gefeit – ja, diese sind sogar wünschenswert.

AUCH DAS PRINZIP HOFFNUNG HAT SEINEN WERT

Dennoch haben der eschatologische Impuls und das „Prinzip Hoffnung" ihre Berechtigung. Nicht jeder ist sofort bereit, sich radikal auf den zeitlosen Grund einzulassen. Hoffnung und Zuversicht „weiten" uns, lassen uns über die engen Zäune hinausschauen, lassen uns etwas von der „ganz anderen" Wirklichkeit zumindest erahnen. Sie haben eine „aufsprengende" Wirkung – eine Wirkung, die die kontemplative „Beschäftigung" mit dem Grund vielleicht nicht immer gleich hat.

Darüber hinaus lauern Missverständnisse und Gefahren auch auf dem kontemplativen Weg. Denn so, wie die Gefahr besteht, das dualistisch-mythische Denken einfach in die geschichtliche Wirklichkeit hineinzuprojizieren, so kann auch die Gefahr bestehen, die Ruhe und Stille des Grundes dazu zu benutzen, im geschichtlichen Raum die Devise auszugeben: „Alles in Ordnung! Wir brauchen keine Veränderungen!" Die ewige Ruhe Brahmans wird dann, ins Irdische übersetzt, zur Aufforderung: „Ruhe ist die erste Bürgerpflicht!" Eine statische Mystik verbündet sich dann mit einer stockkonservativen, wenn nicht in manchen Fällen sogar faschistoiden Politik.

Die ideale Mischung aus einer „Hier-und-Jetzt"-Mystik und dem dynamischen Impuls zu Veränderungen kann man nicht am Schreibtisch ausarbeiten. Es ist eine Lebensaufgabe. Ich gebe dabei höchstens noch einmal zu bedenken, dass man die Verwirklichung des Grundes nicht so „nebenbei" betreiben kann. Das heißt: Wenn es mein Haupt-anliegen ist, den Hunger in der Welt zu beseitigen oder politische Reformen voranzutreiben, dann sollte ich das tun. Die Chancen, dass mir dabei so nebenher auch noch der Ziegelstein der Erleuchtung auf den Kopf fällt, sind eher gering. Doch ist Selbstlosigkeit nicht auch ein Weg und Ziel der Mystik? – Andererseits: Wenn es mir plötz-lich ein rasend brennendes Bedürfnis ist, herauszufinden, wer ich überhaupt bin, ist die Wahrscheinlichkeit, dass ich noch so nebenher den Reformstau in Deutschland auflöse oder das Hunger-Problem in Afrika löse, ebenfalls sehr gering. Selbstverständlich hat es auch „spirituelle" Politiker gegeben wie Dag Hammerskjöld und politisch engagierte Kontemplative wie Thomas Merton oder Thich Nat Han, aber auch hier gibt es doch so etwas wie „Prioritäten".

„ES IST DIE NATUR DER LIEBE, SICH AUSZUDRÜCKEN..."

Immerhin sollte die Erfahrung der „Leere" und „Fülle" den Kon-templativen offen machen – auch offen für menschliche Hoffnungen. Sri Nisargadatta, ein moderner indischer Advaitin, der nicht gerade im Ruf stand, die Welt in einem äußerlichen Sinne umkrempeln zu wollen, definierte diese Erfahrung im Gespräch so: „Es ist wie das Glücksgefühl von Weite, von Jungsein..." Man fühle sich offen für Abenteuer. Die gewöhnliche Person, die sich bisher mit dem Körper, dem Verstand, der „Kette von Erinnerungen, diesem Bündel von Ver-langen und Ängsten" identifizierte, sei zwar verschwunden, „doch es bleibt etwas, das Sie Identität nennen könnten. Es ermöglicht mir, eine Person zu werden, wenn es erforderlich ist. Die Liebe erschafft ihre eigenen Notwendigkeiten, selbst die, eine Person zu werden."[15]

Für einen erleuchteten Inder, der die Wahrheit der Nicht-Zweiheit verkörpert, ein erstaunlicher Ausspruch. Diese Shakti der Liebe trieb einen Vivekananda dazu an, als Reformer und Missionar tätig zu sein, sie veranlasste den schweigsamen Trappisten Thomas Merton, sich in der Friedensbewegung zu engagieren. Doch sie kann sich auch, wie im Falle Nisargadattas – der seine Familie auch nach seinem Erleuch-tungs-Durchbruch durch die Führung eines kleinen Zigarettenladens im Rotlichtviertel Bombays versorgte – recht unspektakulär entfalten.

Auf die Frage, warum er sich nicht an „sozialer Arbeit" beteilige, erwiderte er: „Aber ich tue doch nichts anderes! Was ist diese soziale Arbeit, die ich Ihrer Meinung nach tun soll? Flickwerk ist nichts für mich. Meine Position ist klar: Produzieren Sie, um zu verteilen, speisen Sie andere, bevor Sie essen, geben Sie, bevor Sie nehmen, denken Sie an andere, bevor Sie an sich selbst denken. Nur eine selbstlose Gesellschaft, die darauf basiert ist zu teilen, ist stabil und glücklich."[16] Und als er gefragt wurde: „Was gewinnt die Realität dadurch, dass sie sich ausdrückt?", gab er zur Antwort: „Was kann sie gewinnen? Überhaupt nichts. Aber es ist die Natur der Liebe, sich auszudrücken."[17]

Liebe hat hier etwas von „Überfluss", von der „Verschwendung" des Göttlichen. G.M.Marcel macht dies in seinem Buch „Weltuntergang" sehr schön an Hand der Salbung Jesu durch eine Frau in Bethanien(Markus 14,1-9) deutlich – vor dem „endzeitlichen" Horizont, vor dem unmittelbaren Passionshintergrund. Einige in Jesu Umgebung murren bekanntlich über diese „sinnlose" Verschwendung, da man die teuere Nardensalbe für mehr als dreihundert Denare verkaufen und den Erlös den Armen geben könnte. Jesus aber sagt: „Lasst sie! Was betrübt ihr sie? Sie hat eine schöne Tat an mir getan. Die Armen habt ihr ja allezeit bei euch, und sooft ihr wollt, könnt ihr ihnen wohl tun; mich aber habt ihr nicht allezeit." Martin macht deutlich, dass Jesus hier keineswegs von einer Ausnahmesituation spricht. Er „toleriert nicht die Nutzlosigkeit, die schöne Verschwendung, um seine Jünger (dann) ins Reich der totalen Nützlichkeit zu entsenden. Er gibt keine Anweisung etwa derart: Sobald ich fort bin, verwirklicht sich euere Liebe zu mir im sozialen Engagement – rührt euch! Er formuliert: Sooft ihr wollt, könnt ihr..."[18]

Man muss dies wohl berücksichtigen, wenn wir die Messlatte irdischer „Nützlichkeit" an Heilige und Erleuchtete anlegen – oder auch nur an Menschen, die sich ganz dem spirituellen Leben verschrieben haben. Die Gegenwart des „Bräutigams" ist hier wohl nicht nur wörtlich zu verstehen, denn für denjenigen, der „zu Füßen" des Absoluten sitzt – ob dieses sich nun in Form eines göttlichen Meisters inkarniert oder nicht -, ist das Göttliche immer gegenwärtig und wert, „gesalbt" zu werden – sogar in Form des eigenen Selbst, des Atman. Das Salben und „den Armen Gutes tun" sind nicht zwei völlig verschiedene Dinge, sondern nur zwei Ausdrucksformen ein und derselben Liebe.

Am Ende dieses Kapitels möchte ich noch einen kurzen Blick auf *Sri Aurobindo* (1872-1950) und seine Vorstellungen von einer weiteren Evolution – die er zum Teil auch „verwirklichte" – werfen. Die Offenheit, die aus der Erfahrung des göttlichen Grundes kommt, sollte ja nicht nur für die Mitmenschen und für die Umwelt offen sein, sondern auch für die Zukunft. Es wird zwar immer befreite Erleuchtete geben wie Ramana Maharshi, die so sehr im Sein ruhen, dass sie alle diesbezüglichen neugierigen Fragen mit der Gegenfrage beantworten: „Wer ist es, der sich für die Zukunft interessiert?" Und manche ganz im Jetzt verankerten Satsang-Lehrer betrachten es als eine Zumutung, das Wort „Zukunft" überhaupt auszusprechen.

Die Verwirklichung des zeitlosen Grundes sagt jedoch noch nichts über die Möglichkeiten höherer Manifestationen, höherer Spielformen der Shakti aus. Sie ist allerdings in vielen, wenn nicht den meisten Fällen so überwältigend und erfüllend, dass die von dieser Erfahrung Erfüllten meist jede Lust auf weitere Maya-Abenteuer verlieren. Sie klinken sich aus dem Spiel aus oder setzen sich höchstens noch als meist recht statische Gurus auf den Erleuchtungs-Thron.

Dagegen ist nicht viel einzuwenden. Und in einem Buch, das sich dem „Zu-Grunde-Gehen" widmet, haben solche Ausblicke auf eine höhere Entwicklung auch nur am Rande Platz. Sie sollten allerdings auch nicht verboten werden. Denn die Grundfrage bleibt ja, ob die Menschheit bereits mit der Verwirklichung des Grundes die höchstmögliche Stufe der Evolution erreicht hat – was heißen würde, dass der Grunderfahrung eines indischen Rishi aus der Upanishaden-Zeit oder eines Plotin, Eckhart oder Ramana Maharshi nichts mehr hinzuzufügen ist, oder ob diese transzendente Grunderfahrung gleichsam nur das Sprungbrett für weitere Schritte einer höheren Evolution ist, die zwar keine „Verbesserung" des *Atman*, unseres wahren Selbst, bedeuten, die aber doch großartigere *Manifestationen* auf den höheren Ebenen der *Maya-Prakriti* mit sich bringen würden.

Der Blick auf solche möglichen Höherentwicklungen hilft uns zumindest, den Blick über den doch sehr engen – und mitunter auch düsteren – Horizont der traditionellen christlichen Apokalyptik zu erheben. Dieser Zukunfts-Horizont wurde bereits durch Teilhard de

Chardin erheblich erweitert. Doch die Jahrtausende oder Jahrmillionen, die er in seinem grenzenlosen Optimismus noch vor sich sah, haben eher „technische" Qualitäten, es sind Hochrechnungen des jetzigen Entwicklungszustandes ins Blaue hinein, während Aurobindo seinen Yoga auch „praktizierte" und vieles von dem, was er erahnte, auch verwirklichte.

Es ist auch nicht zu übersehen, dass Aurobindo trotz gravierender Unterschiede zum traditionellen Hinduismus doch gewisse Elementarüberzeugungen mit diesem teilte. Während für Teilhard die Evolution trotz ungeheurer zeitlicher Ausdehnungen – verglichen mit einem fundamentalistisch-biblischen Geschichts-Bewusstsein – noch immer ein „einmaliges" Schöpfungsabenteuer ist, ist die Evolution unseres Universums für Aurobindo doch nur einer von unzähligen Tanzschritten der göttlichen Shakti. Sein fast faustischer Wille zum Fortschreiten, ja, zum „Übermenschentum", verbindet sich deshalb mit jener eigentümlichen indischen Gelassenheit, die letztlich aus dem Wissen eines „ewigen" Schöpfungsvorgangs kommt. Das heißt, der Zeitpfeil in die Zukunft verbindet sich mit dem Lebensgefühl des zyklischen Ein-und Aus-Atmens Brahmas. Es gibt in diesem Rahmen kein mögliches tragisches Scheitern einer buchstäblich „einmaligen" Entwicklung, sondern ein wahrhaft unendliches Experimentierfeld der göttlichen Shakti – und die zumindest auf den höheren Stufen der Evolution stets bestehende Möglichkeit des Eingehens ins Brahma-Nirvana.

Aurobindo hat diese Möglichkeit nie bestritten, ja er hat sich höchst sarkastisch über diejenigen geäußert, die meinten, auf die *Nirvana-* oder *Nirvikalpa-*Erfahrung früherer Yogis herabschauen zu können. Er war nur der Meinung, Shakti habe noch nicht alle ihre Evolutionskarten ausgespielt, ihr Tanz der Manifestationen sei auf diesem Planeten keineswegs schon zu Ende; und er fühlte sich als ein Werkzeug, als ein Instrument des Göttlichen, das im Buch des Lebens auf der Erde noch einige Seiten zu schreiben habe. Er verbot niemandem, den „klassischen" Yoga-Weg zu beschreiten, mit dem unendlichen Grund des Seins eins zu werden und aus dem Maya-Spiel auszuscheiden (ein Weg im Übrigen, der schon von seinen „Vorgängern" Ramakrishna und Vivekananda stark modifiziert worden war). Und er machte klar, dass zumindest für die Anfangsschritte auf dem „neuen" Weg einer sich ständig steigernden Transformation noch immer die guten alten mystischen Spielregeln gelten: Sich leer machen, beiseite treten, zu Grunde gehen, um in Gott wieder neu aufzuerstehen. Oder in den Worten Vivekanandas: „Diejenigen, die der Menschheit helfen wollen, müssen zuerst Freude und Leid, Namen und Ruhm und alle möglichen Interessen nehmen, ein Bündel daraus machen und es ins Meer werfen – und dann zum Herrn kommen."[20]

Man kann nun endlos darüber diskutieren, ob sich unser Planet überhaupt als Plattform für eine weitere Höherentwicklung eignet. Gibt es nicht – zumindest für den esoterischen „Gläubigen" – zahlreiche andere spirituelle Welten, wo die Wunder der höheren „Maya" bereits „jetzt" auf subtileren Ebenen erblühen? Ist unser Planet nicht vielmehr ein Austragungsort der Spannungen zwischen Licht und Dunkelheit, die uns letztendlich dazu zwingen, unser Heil in einer höheren Transzendenz, jenseits von Licht und Dunkelheit, Gut und Böse zu suchen, statt unsere Energie mit dem Versuch zu verschwenden, diesen spannungsgeladenen Planeten in einen Himmel oder ein Paradies zu verwandeln? Sowohl im Buddhismus als auch im Vedanta hat die Inkarnation als Mensch vor allem den evolutionären „Sinn", von der menschlichen Plattform aus den „Sprung" ins Nirvana oder in die Atman-Brahman-Wirklichkeit zu schaffen. Durch diese Fähigkeit überragt der Mensch sogar die Götter, die sich in ihren himmlischen Zwischenlagern der Seligkeit hingeben – eine Form der „Dolce Vita", die nicht unbedingt zur letzten Selbst-Verwirklichung, die alle Gegensätze transzendiert, taugt. Das heißt, nach buddhistischem und vedantischem Verständnis müssen sich auch die Götter wieder als Mensch inkarnieren, um zum absoluten Bewusstsein zu erwachen. Insofern scheint gerade das „raue" Klima unseres Planeten die Nirvana-Verwirklichung zu begünstigen. Warum dann noch versuchen, ihn in einen Himmel zu verwandeln – wenn es doch eh schon so viele himmlische Welten gibt?

Für Aurobindo hält unser Planet jedoch Entwicklungsmöglichkeiten auf höheren Ebenen bereit, die sonst nirgendwo verwirklichbar sind. Er ist überzeugt, die göttliche Shakti habe sich nicht deshalb so angestrengt, uns auf die jetzige Entwicklungsstufe zu hieven, nur um uns dann ins gestaltlose Absolute zu entlassen und ansonsten das Experiment hier abrupt abzubrechen. Die Verwirklichung der Brahma-Nirvana-Ebene mag absolut und unübertreffbar sein, doch die Ausdrucksmöglichkeiten des Göttlichen sind hier noch nicht erschöpft. Deshalb bedarf es besserer „Werkzeuge", es bedarf des spirituellen „Übermenschen", um das irdische Spiel zu einem wirklich eindrucksvollen Endspiel, zu einem grandiosen Finale werden zu lassen. Das heute existierende menschliche Gefäß ist kaum fähig, lange im absoluten Bewusstsein zu verharren und dem Andrang göttlicher Glückseligkeit standzuhalten. Das Gefäß zerbricht – oder verliert zumindest jegliches Verlangen nach weiterer „Betätigung". Deshalb sagte Ramakrishna, nur besondere Menschen mit einem göttlichen Auftrag wie die Avataras seien fähig, im göttlichen Bewusstsein zu leben und gleichzeitig weiter in der Welt wirksam zu sein.

Für Aurobindo ging es deshalb darum, die ganze menschliche Ebene durch den Einfluss des Supramentalen „anzuheben", um ein des Göttlichen würdiges Spiel hier auf der Erde zu ermöglichen. Vivekananda hatte ihm hier geistig schon etwas vorgearbeitet, indem er sagte: „Die ganze Schöpfung bewegt sich vorwärts und aufwärts, dem großen Gesetz der geistigen Evolution gehorchend... Wir sind jetzt noch keine Individuen, in unserem gegenwärtigen irdischen Bereich. Wir werden die wahre Individualität nicht eher erreicht haben, als bis wir zu einem höheren Zustand aufgestiegen sind – dann, wenn der göttliche Geist in uns ein vollkommenes Mittel für den Ausdruck seiner Attribute gefunden hat."[20] Und an einer anderen Stelle: „Es wird eine Zeit kommen, wenn es nicht nur einen Christus geben wird, sondern so zahlreiche wie Reben an einem Weinstock. Dann wird das Spiel zu Ende sein – so wie Wasser, das in einem Kessel zu kochen beginnt, zuerst eine Blase zeigt, dann eine andere, dann mehr und mehr, bis alles in Aufwallung ist und verdampft... Aber die Schöpfung, stets in Erneuerung begriffen, wird neues Wasser herbeischaffen und wiederum durch den ganzen Prozess hindurchgehen."[21]

Aurobindo wollte sich mit dem „Verdampfen" wohl noch etwas Zeit lassen. Und wenn wir wirklich für die Zukunft offen sind und Gott keine Vorschriften darüber machen wollen, wie er diese Zukunft gestaltet, so müssen wir dem Aurobindoschen Weg zumindest bescheinigen, dass er eine wichtige Möglichkeit der Gottesverwirklichung aufzeigt. Er stellt uns vor die Frage, ob es mit einem Erleuchtungs-*Durchblick* wirklich schon getan ist – und ob der wieder auf den Markt des Lebens zurückkehrende und munter holz-hackende Zen-Mönch bereits die höchste Manifestation des Göttlichen ist.

Aurobindos – und in gewisser Hinsicht auch Teilhards – Perspektive hat immerhin den Vorteil, dass wir nicht gebannt auf eine dunkle apokalyptische Wand direkt vor unserer Nase starren – ein Starren, das uns aller spirituell-schöpferischen Kräfte beraubt. Eine solche Perspektive befreit uns von dem Bild eines drohenden irrationalen Gottes, der plötzlich „zuschlägt". Wir können zwar der göttlichen Kraft, die uns immerhin schon auf die menschliche Ebene gebracht hat, keine Vorschriften machen, was den Weiterverlauf des planetarischen Lebens angeht – was aber eben auch bedeutet, dass wir für die Möglichkeit einer Weiterentwicklung offen sein müssen. In der bisherigen Evolution hat Gott bewiesen, dass er ein Verschwender ist, dass er das Fest seines Außer-sich-Seins genießt, so sehr es auch mit Leiden verbunden ist. Und sollte sich diese verschwenderische Kraft bereits verausgabt haben? Wer sagt uns, dass das Fest nicht gerade erst beginnt, dass es nicht ein Endspiel, ein glorreiches Finale, sondern das eigentliche planetarische Spiel ist, zu dem alles Bisherige nur ein Vorspiel war?

Dennoch hat Gottfried Benns Satz „Man muss sehr viel sein, um nichts mehr auszudrücken; schweige und gehe dahin…" seine Berechtigung. So, wie wir der göttlichen Shakti keine Vorschriften machen können, so können wir auch dem Individuum nicht vorschreiben, wann es sagt: Die Zeit hat sich (für mich) erfüllt. Thomas von Aquin war nach seinem mystischen Erlebnis so erfüllt und gleichzeitig so erschöpft, dass er in den ihm noch verbleibenden Lebenstagen nur noch recht geistesabwesend an allem teilnahm und an nichts mehr, selbst „wichtigen" Konzilien, Interesse hatte. Vivekananda zog sich, als er seine Aufgabe, zu der ihn Ramakrishnas Shakti angetrieben hatte, erfüllt sah, sofort aus dem irdischen Leben zurück. Und selbst von Aurobindo sagte die „Mutter" am Ende seines Lebens: „Er hat kein Interesse mehr. Er zieht sich zurück." Sie sahen sich keineswegs als Gescheiterte. Sie bewiesen nur, dass sie neben dem vollen Engagement für eine Höherentwicklung der Menschheit auch die Kunst des „Loslassens" beherrschten. Gleichzeitig versprachen sie, auch nach dem „Abwerfen" der irdischen Hülle die Entwicklung weiter voranzutreiben.

Gibt es so etwas wie ein unendliches Spiel? Auf diesem Planeten sind einem solchen Spiel wohl natürliche Grenzen gesetzt. Doch die Frage ist auch grundsätzlicher Natur. Die Erfüllung im in sich ruhenden Sein befreit uns nur vom Ausdruckszwang. Das Einswerden mit dem Grund, aus dem die Schöpfung immer wieder hervorquillt, ohne ein „Warum", entlässt uns auch in die Freiheit, auf höheren Ebenen das Spiel weiterzutreiben. Bisher waren wir meistens nur Gefangene, Getriebene des Evolutionsspiels, Sklaven des „Willens", wie Schopenhauer sagen würde, und jedem ist es vergönnt, aus diesem Spiel auszusteigen. Doch die höheren Evolutionsstufen beginnen wohl erst dort, wo der Mensch sich freiwillig auf dieses Spiel einlässt, wo er, in Vivekanandas Worten, erst zur wahren „Individualität" erwacht, nicht mehr getrieben von einem dumpfen Willen, von einem leidenschaftlichen Lebenstrieb, von einer Lebenssucht gleichermaßen, der „niederen" Maya, sondern erfüllt von der göttlichen Shakti, die ihr Schöpfungsgemälde gern noch vervollständigen möchte. Bisher haben wir Fronarbeit im Namen der Evolution betrieben. Zu den höheren Stufen wird niemand gezwungen, dies ist Freiwilligen-Arbeit bzw. Spiel – so anstrengend es auch manchmal sein mag.

Natürlich kann man einwenden: „Auch diese angeblich höheren Ebenen sind doch nichts als weitere Schleier der großen Zauberin Maya, die uns dummen Romantikern immer wieder einzureden versteht, hinter dem nächsten Gebirgszug sei ein noch gewaltigeres Massiv." Und ich muss zugeben, dass wir hier wirklich auf gewisse Grundsatzfragen stoßen. So ist zum Beispiel das Streben Aurobindos zu höheren Ebenen der Manifestation kaum noch mit dem Geist der Einfachheit, der „Alltäglichkeit", wie er im Zen vorherrscht, oder mit der „Einfalt" christlicher Mystik oder hinduistischer Bhakti-Frömmigkeit vereinbar. Hier wurde im Reich der Spiritualität durchaus ein neuer Ton angeschlagen, hier wurde ein Weg aufgezeigt, für den man sich auch in gewisser Weise entscheiden muss. Er hat, wie manche „theosophischen" Traditionsstränge innerhalb der westlichen Mystik, eine ganz eigene Färbung. Beginnt man im strengen Zen-Stil zu meditieren oder versucht man im Geiste Ramana Maharshis sein Ich zu ergründen, so weiß man einigermaßen, worauf man sich einlässt. Die Ziele sind klar, auch wenn man auf dem Übungsweg vielleicht durch so manche Turbulenzen hindurch muss. Aurobindos Weg der höheren Transformation hat diese simple Klarheit nicht, und obschon er auch und gerade ein Weg der Praxis sein soll, verführt er doch immer wieder zu Spekulationen, regt das okkulte Denken an und lässt die Hoffnungen oft ins Phantastische sprießen.

Doch es hat natürlich wenig Sinn, sein Leben lang darüber zu brüten, welchen Weg man gehen soll. Und glücklicherweise sind die „normalen" spirituellen Entwicklungsstufen für die meisten von uns bereits so fordernd, dass wir wohl noch eine Weile mit ihrer Verwirklichung und Umsetzung ausgefüllt sind. Oder können wir behaupten, Körper und Geist im Sinne des klassischen Yoga schon „transparent" gemacht zu haben? Ist unsere Übung in „Achtsamkeit" schon vollkommen? Erfüllen wir das Gebot christlicher Nächstenliebe? Sind wir mit Brahman, dem Grund unseres Daseins, schon eins geworden?

TANZE WALZER AN DEN HORIZONTEN!

Aurobindos Zukunftsvisionen können unser Bewusstsein jedoch weiten. Auf fast allen spirituellen Wegen lauert die Gefahr der Verengung. Auch Tugenden, wie die christliche Demut oder die buddhistische „Nüchternheit", können zu einer solchen Verengung des Bewusstseins beitragen. Eine traditionelle katholische Nonne, die beim Durchschreiten des langen Kreuzgangs ihren Blick nicht vom Fußboden zu heben wagt, und eine Theravada-Nonne, die bei ihrer Geh- und Atem-Übung zu Boden blickt, haben sicherlich etwas Beeindruckendes. Aber erschöpft sich in solcher Demut und Achtsamkeit schon das ganze Potential der göttlich-menschlichen Evolution? Warten nicht noch gewisse mythische und mystische Ur-Bilder von göttlicher Fülle, Schöpferkraft, Seinsmächtigkeit und Ganzheitlichkeit, durchpulst von Ananda, auf ihre Verwirklichung? In Aurobindos Vision verbindet sich christliche Sehnsucht – die *epektasis,* wie Gregor von Nyssa diese „stete Spannung nach vorn"(Pannikar) nannte – mit der Weite, Fülle und Schöpfungswonne, wie wir sie im Hinduismus finden. Selbst die einfache klare Lichtung des „Hier und

Jetzt", auf der wir uns nach allen Ausflügen ins Spekulative immer wieder sammeln sollten, kann eine ideologische Verengung erfahren und zum Gefängnis werden. Und hier hat Aurobindo, weit mehr noch als Teilhard de Chardin oder Ernst Bloch, zweifellos eine aufsprengende Wirkung. „Schwimmen Sie heraus aus Ihrem kleinen Bassin", rief er einem kleinmütigen Zweifler zu, „und tanzen Sie Walzer an den Horizonten!"

12.

LEBEN OHNE EIN WARUM – EINE AUSEINANDERSETZUNG MIT VIKTOR FRANKL

„...nimm dich rein im Sein, denn was außerhalb des Seins ist, das ist Zufall, und alle Zufälle stiften ein Warum."

MEISTER ECKHART

Wir erinnern uns an Franz Kafkas Worte am Beginn dieses Buches – der Mensch könne nicht leben ohne ein dauerndes Vertrauen zu etwas Unzerstörbarem in sich, auch wenn ihm dieses Unzerstörbare und auch das Vertrauen dauernd verborgen bleiben könne.

In einem ganz ähnlichen Sinne spricht *Viktor Frankl*, der Begründer der *Logotherapie*, über den „Sinn" des Lebens: Das menschliche Sein sei immer schon ein Sein auf den Sinn hin, „mag es ihn auch noch so wenig kennen: es ist da so etwas wie ein Vorwissen um den Sinn, und eine Ahnung vom Sinn liegt auch dem in der Logotherapie sogenannten ‚Willen zum Sinn' zu Grunde. Ob er es will oder nicht, ob er es wahrhat oder nicht – der Mensch glaubt an einen Sinn, solange er atmet."[1]

„DER SINN MUSS DEM SEIN VORAUS SEIN..."

Sind aber der Sinn des Lebens und das Unzerstörbare, der Grund unseres Daseins, identisch? – Ginge es nach Frankl, so träfe das sicherlich nicht zu. Denn für den Begründer der Logotherapie ist der Sinn ganz gewiss kein unzerstörbarer Grund, kein ewiges Sein, in dem wir immer schon „aufgehoben" sind, sondern etwas, das stets vor uns liegt. Ja, er spricht von der unaufhebbaren Spannung zwischen Sein und Sinn – und begrüßt diese Spannung als etwas Positives, als „unabdingbare Bedingung seelischen Gesundseins". „Sinn" ist für ihn eng mit dem „Sollen" verknüpft, mit dem, wonach wir streben, und es wäre in seinen Augen gar nicht gut, wenn Existenz und Essenz zusammenfielen. „Im Gegenteil, der Sinn muss jeweils dem Sein voraus sein – nur dann nämlich kann der Sinn das sein, was sein eigentlicher Sinn ist: *Schrittmacher des Seins* zu sein!"[2]

Mit „Sein" ist hier natürlich die reale empirische Existenz gemeint – und nicht ein in sich ruhendes absolutes Sein. Allerdings wäre der Unterschied für Frankl gar nicht so groß, denn seine Verachtung gilt allem, was nur seine „Ruhe" haben will – sei es nun in einem entspannten mystischen Grund oder auf dem Fernsehsofa des normalen bürgerlichen Lebens. Er unterscheidet zwischen Schrittmachern und Ruhestiftern (im englischen Original: *pacemakers* versus *peacemakers*). „Die Schrittmacher konfrontieren uns mit Werten und Sinn… die Ruhestifter hingegen versuchen, uns von der Bürde jeder Sinnkonfrontierung zu entlasten." Dem Ruhestifter geht es vornehmlich „um das innere Gleichgewicht, das nur ja nicht gestört werden darf und um dessentwillen nicht nur alle Mittel erlaubt sind, sondern die ganze Welt zu nichts anderem als einem Mittel denaturiert und degradiert wird: sei es nun zu einem Mittel zum Zweck der Triebbefriedigung oder aber der Selbstverwirklichung, der Abstillung von Bedürfnissen, der Besänftigung eines Über-Ichs oder der Ausfaltung eines Archetyps. So oder so, der Mensch wird mit sich selbst ausgesöhnt – der Mensch wird ‚ausgeglichen'."[3]

Man sieht: Frankls Sinn-Suche ist stark von der *Motivation* geprägt, er identifiziert sich gern mit dem Bild des Kletterers in der Bergwand, der zäh dem Gipfel entgegenstrebt. Er fordert den Menschen wieder und wieder auf, nicht im Status quo zu verharren, sondern sich zu transzendieren; doch die Transzendenz ist für ihn kein ruhendes Sein, kein absoluter Grund, in dem sich der Mensch „ausruhen" kann, sondern der zwar irgendwie in den Wolken erahnbare, aber nie ganz erreichbare Gipfel. Das jüdisch-christliche „Prinzip Hoffnung" schimmert hier zweifellos wieder einmal durch, die bereits erwähnte *epekstasis* des Gregor von Nyssa, die „stete Spannung nach vorn" (R. Panikkar), die Frankl auch mit Teilhard teilt und ihn zweifellos ins „westliche" Lager einreiht.

HÖHLE UND BERG

In seinen Vorträgen über den „Mönch als Archetyp" unterscheidet der Religionsphilosoph Raimondo Panikkar zwischen der „immanenten" Mitte in der östlichen Spiritualität und der Transzendenz, nach der der westliche Mönch strebt. „Das immanente ‚Etwas' wohnt wirklich im Kern des Wesens, dem es immanent ist, es ist gewissermaßen mit ihm identisch... Viele der in diesem Zusammenhang gebräuchlichen Bilder weisen darauf hin: Höhle (*guhak*), Punkt, Leere (*sunyata*), Nichtdenken (*mu*), Schoß, der klare Spiegel, Nicht-sein usw. Der Weg dahin ist die Einkehr in sich selbst, die innere Reise... – die Mitte andererseits, wie sie der westliche Mönch erfährt, liegt sicherlich nicht weniger innen als die östliche, aber sie wird vornehmlich als Transzendenz erfahren. Auch hier muss vor dem verbreiteten Missverständnis gewarnt werden, Transzendenz sei gleichzusetzen mit Äußerlichkeit oder Fremdheit. Gemeint ist lediglich eine letzte unüberwindbare Unterschiedenheit (so wie Immanenz für eine besondere Form von Einheit steht). Die transzendente Mitte ist *semper maior*: stets sich entziehend, anders, unvereinnehmbar. Sie ruft dementsprechend auch andere Bilder hervor: den Berg, das Unendliche, die Weite, die Fülle, *pleroma* – oder sogar das Bild vom nie endenden Weiterwandern... das unablässige Je-weiter-Auslangen auf das hin, was hinter dem Horizont liegt (der Vater, das Neue Jerusalem)".[4]

Selbstverständlich darf man diese Gegenüberstellung nicht überstrapazieren: Auch der Westen kennt die Höhle, das „Bürglein", den Grund – so wie der Osten das Leben durchaus auch als Pilgerreise zum Heiligen Berg begreifen kann, dessen Gipfel sich immer wieder in den Wolken verbirgt. Darüber hinaus hat die in der östlichen Mystik erfahrene Immanenz des Göttlichen durchaus auch einen transzendenten Charakter („Außerstande es zu erreichen, erreichst du es!" Cheng-tao Ke). Und auch Begriffe wie „das Unendliche, die Weite, die Fülle" usw. sind dem Osten selbstverständlich nicht fremd – man meditiere nur einmal über die unendliche Fülle und Weite des absoluten Brahman! – Dennoch ist die Gegenüberstellung hilfreich, auch und vor allem, wenn es um die Sinn-Frage geht.

Für Frankl, der sich wie kaum ein anderer im letzten Jahrhundert intensiv mit der Sinn-Frage beschäftigt hat, taucht die Frage nach einer mystisch-immanenten Lösung des Problems kaum auf. Für ihn lautet die Alternative eigentlich nur: entweder im Gegebenen versumpfen, in einem vorzeitigen Ruhestand, oder sich einer Sinnhaftigkeit, die über und vor uns liegt, entgegenstrecken. Der traditionelle jüdische oder christliche „Gott" leuchtet hierbei nicht mehr ausdrücklich am Horizont auf; es ist eher das Leben selbst, das zum Sinnstifter wird. Nicht auf der Transzendenz, sondern auf dem Transzendieren liegt die Betonung. Und obwohl das Ziel letztlich immer unerreicht bleibt, liegt es doch nicht in einer fernen eschatologischen Zukunft, sondern in jeder konkreten Situation unseres Lebens, die uns *fordert,* die uns vor Aufgaben stellt, die das Beste aus uns herausholt, die uns das Gefühl gibt, die Wirklichkeit verändern zu können. Das Leben hat Aufforderungs- und Aufgaben-Charakter. Dabei ist es gar nicht so sehr der Mensch, der die Sinnfrage stellt, sondern er ist der vom Leben Befragte. Und das Antworten kann nicht nur theoretischer Natur sein, sondern muss sich im praktischen Handeln bewähren. „Nur im Handeln lassen sich die ‚Lebens-Fragen' wahrhaft beantworten – ihre Beantwortung erfolgt in der Ver-antwortung je unseres Daseins."[5]

Respondeo, ergo sum. Ich antworte, also bin ich. Das hält mich lebendig – insbesondere, wenn ich Extrem-Situationen ausgesetzt bin. Dann bin ich so sehr mit der Bewältigung der Aufgabe beschäftigt, dass sich die Sinnfrage eigentlich gar nicht mehr stellt.

Der Haken an der Sache ist jedoch dieser: Als stets nur auf eine einmalige und einzigartige Situation „Antwortender" bin ich immer nur „Reagierender". Ich bin auf mich „fordernde" Situationen angewiesen und kann eigentlich nur hoffen, dass Gott mich in „interessanten" Zeiten leben lässt. Die Sinnerfüllung ist fast ausschließlich von Motivationen abhängig, denn ist die jeweilige Aufgabe verschwunden, muss ich mich wieder auf die Suche nach einer neuen Aufgabe machen. Man kann zwar sagen, das Leben – auch der normale Alltag – halte immer genug Gelegenheiten bereit, wenn wir unsere Augen nur weit genug öffnen, doch das bedeutet auch, dass wir immer Ausschau halten müssen, dass es eigentlich keine Ruhe- und Entspannungspausen gibt.

ETHISCHES STREBEN UND DIE SEHNSUCHT NACH GLÜCKSELIGKEIT

Das Streben nach Glück oder gar Lust ist in Frankls Augen ein schlechter „Animateur". Denn: „Je mehr es dem Menschen um Lust geht, um so mehr vergeht sie ihm auch schon. Je mehr er nach Glück jagt, umso mehr verjagt er es auch schon. Um dies zu verstehen, brauchen wir nur das Vorurteil zu überwinden, dass der Mensch im Grunde darauf aus sei, glücklich zu sein; was er in Wirklichkeit will, ist nämlich, einen Grund dazu zu haben. Und hat er einmal einen Grund dazu, dann stellt sich das Glücksgefühl von selbst ein... Mit anderen Worten, Glück muss erfolgen und kann nicht erzielt werden."[6]

Dies ist insofern richtig, als alles zu krampfhafte Streben nach etwas – Glück, Lustgewinn, Erleuchtung – zielsicher am Ziel vorbei führt. In der „Kunst des Bogenschießens" lernt der Zen-Schüler bekanntlich, dass es gar nicht so sehr ums „Treffen" geht – weshalb jede allzu zielgerichtete Einsetzung dieser Praxis, etwa im Sport, eigentlich eine Pervertierung darstellt. Ob wir nun beim Malen eines Bildes oder beim erotischen Liebesspiel oder bei der Meditation Erfolg haben wollen – immer geht es, neben der ungeteilten „Aufmerksamkeit", um die Kunst des Loslassens.

Doch geht es dem Menschen wirklich nur immer darum, einen Grund zu haben, glücklich zu sein – und nicht um das Glück, um die Freude, um die Lust, um die Glückseligkeit um ihrer selbst willen? Ist es nicht eher umgekehrt so, dass das Bewältigen einer Aufgabe nur die vordergründige Motivation – und die Sehnsucht nach Ananda, nach Glückseligkeit, der eigentliche Antrieb ist? Ein gewisser puritanischer und Kantischer Grundzug ist hier bei Frankl unübersehbar: Glücksgefühl als Belohnung für eine vollbrachte Leistung, als Folge für etwas – aber nie als Grund-Gefühl überhaupt, das nicht erst „verdient" sein muss.

DAS TRAGISCHE LEBENSGEFÜHL

Doch nicht nur dieser vor allem auf das Ethische abzielende Grundzug lässt in Frankls Sinn-Gebäude keine spontane, grundlose Freude aufkommen; auch ein gewisses tragisches Lebensgefühl verbietet ihm das. „Das Leiden macht den Menschen hellsichtig", schreibt er, „und die Welt wird durchsichtig. Das Sein wird durchsichtig: Der Mensch durchschaut es, es eröffnen sich ihm, dem Leidenden, Durchblicke auf den Grund. Vor den Abgrund gestellt, sieht der Mensch in die Tiefe, und wessen er auf dem Grunde des Abgrunds gewahr wird, das ist die tragische Struktur des Daseins. Was sich ihm erschließt, das ist: dass menschliches Sein zutiefst und zuletzt Passion ist – dass es das Wesen des Menschen ist, ein Leidender zu sein: *homo patiens*."[7]

Alles ist *dukkha*, sagte Buddha, alle Existenz ist leidvoll. Doch im Unterschied zu Buddha, Meister Eckhart oder Ramana Maharshi versucht der Logotherapeut Frankl das Problem nicht *grund*-sätzlich zu lösen – und den Menschen damit zu erlösen –, indem er es an der Wurzel packt, sondern er entwickelt mit viel „logischem" Therapieaufwand so etwas wie eine Überlebensstrategie. Seine KZ-Erfahrungen waren hierbei sicherlich prägend. Und es ist gewiss eindrucksvoll, welche edlen Züge des engagierten *homo patiens* hierbei aufleuchten. Das „Beste" des Menschen wird hierbei herausgeholt. Aber das Beste ist leider, gemessen an der Mystik eines Eckhart oder Shankara, bei weitem nicht genug.

Solange uns die Durchblicke durch das Gewebe des Lebens auf den Grund nur dessen tragische Struktur offenbaren – wir denken zurück an die Zitate aus Goethes „Werther" oder aus Schellings Schriften – können wir des Lebens sicherlich nicht froh werden. Alle Sinn-Anstrengungen werden zwangsweise etwas Angestrengtes haben, ein heroisches „Dennoch" haftet allem an. Und es bedarf nur einer geringen Gratüberschreitung, um wie Schelling oder Schopenhauer in einen wahren Abgrund zu starren und uns dessen bewusst zu werden, dass „der wahre Grundstoff alles Lebens und Daseins eben das Schreckliche ist"(Schelling). Wir können uns, wie der Existentialismus und eben auch Frankl, ins Handeln flüchten, ins engagierte Tun, in die „Bewältigung" des Lebens, doch jede Be-wältigung hat etwas Gewaltsames, da sie nicht spontan aus dem Grund kommt, ohne ein Warum.

Wollen wir über die Haltung Frankls hinausgelangen, so gewiss nicht durch eine forcierte Fröhlichkeit und Oberflächlichkeit, durch eine überdrehte Spaß-Kultur, sondern dadurch, dass wir uns und dem

Leben wirklich auf den Grund gehen, auch noch durch alle tragischen Schichten hindurch, um schließlich zu jener seltsamen „Leichtigkeit des Seins" zu gelangen, zu jener „transzendenten Heiterkeit", die Ernst Bloch einmal einen „rätselhaften Leichtsinn" nannte und die wohl nur jene Erleuchteten ausstrahlen, die durch das Fegefeuer des Nichts hindurchgegangen sind und sich nun den Luxus erlauben, „ohne ein Warum" zu leben.

SINNERFÜLLUNG GLEICH AUFGABENERFÜLLUNG?

Für die meisten von uns ist Sinn-Erfüllung natürlich mit Aufgaben-Erfüllung verbunden. Auf dieser „normalen" Ebene ist Frankls Ansatz durchaus „sinnvoll". Wir identifizieren uns voll mit den Aufgaben, die uns das Leben stellt – in der Politik, im Beruf, bei der Kindererziehung, bei der Lösung eines technischen oder philosophischen Problems. Je mehr wir uns mit einem Problem und dessen Bewältigung identifizieren, desto weniger bleibt von „uns" dabei übrig. Sollte doch wieder etwas von „uns" zum Vorschein kommen, etwa in der Midlife-Crisis, so ragt es ein wenig sinnlos ins Leere – und stürzt sich gleich wieder auf etwas Neues, um die Sinnlosigkeit nicht zu lange an sich nagen zu lassen. Man stürzt sich in eine neue Beziehung, wechselt den Beruf, gründet vielleicht einen Verlag oder lässt sich noch einmal auf das Abenteuer eines Hausbaus ein.

Selbstverständlich *sind* wir auch in unserem Tun, das – nebenbei gesagt – ja auch schöpferische Kräfte entfalten kann. Darüber hinaus gibt es Aufgaben, die keineswegs nur auf Ego-Befriedigung ausgerichtet sind, sondern uns gerade helfen, über unser kleines Ich hinauszuwachsen. (Wenn ich vorhin sagte, dass wir „uns" in unseren Tätigkeiten oft verlieren, so eher in dem Sinne, dass sie uns auffressen, dass wir uns abhanden kommen – und nicht im Sinne einer höheren Selbstlosigkeit.) Es gibt wirkliche *Berufungen*, die uns schlagartig aus einer gewissen Orientierungslosigkeit und einem bloßen Sichtreibenlassen herausreißen und uns unsere wirkliche Lebensaufgabe überklar vor Augen stellen. Die bisher verzettelten Lebenskräfte vereinigen sich plötzlich zu einem großen Kraftstrom, der sich nur noch einem Ziel hingibt. Viele religiösen Berufungen funktionieren auf diese Weise. Es handelt sich nicht um eine Erleuchtung, die uns plötzlich den Grund unseres Seins offenbart, sondern eine Einsicht, die uns sagt: Das, genau das ist es, was ich eigentlich schon die ganze Zeit wollte. Ein Franz von Assisi hatte sich während der Tändeleien seiner Jugendzeit keineswegs völlig unwohl, aber eben auch nicht völlig ausgefüllt gefühlt; erst als er die Evangelienstelle vernahm, die von Jesu radikaler Armuts-Forderung berichtete, wusste er: Das ist es! Genau so werde ich in Zukunft mein Leben gestalten.

Auch Glaube und Weltanschauung spielen bei einer solchen „Motivierung" eine große Rolle. Wer eines Tages erkennt, dass der Marxismus die einzige plausible Welterklärung ist, und auch die nötigen Methoden zur Veränderung der Verhältnisse bereithält, wird fortan wohl keine Sinnprobleme mehr haben – es sei denn, das ganze Ideengebäude stürzt plötzlich über Nacht zusammen. Fundamentalisten, ob nun politische oder religiöse, neigen sowieso nicht zu quälenden Sinn-Fragen. Und darüber hinaus gibt es noch den Positivismus und auch den Zen-Buddhismus, die uns – auf völlig verschiedenartige Weise – zu verstehen geben, dass Sinn-Fragen bloße Scheinfragen sind.

Im Kapitel „Die Welt könnte ebenso gut nicht sein" stellten wir die Frage, ob das „Ganze" eigentlich einen Sinn habe – und mussten mehr oder weniger passen. Auch Frankl wurde hin und wieder von dieser Frage gequält. „Für den religiösen Menschen, der an eine Vorsehung glaubt", schrieb er, „mag diesbezüglich überhaupt keine Problematik vorliegen. Für die übrigen müsste die Fragestellung in der angegebenen Form erst erkenntnistheoretisch überprüft werden. Müssen wir doch prüfen, ob es überhaupt erlaubt sei, nach dem Sinn des Ganzen zu fragen, ob also diese Frage selbst sinnvoll sei. Eigentlich können wir nämlich jeweils nur nach dem Sinn eines Teilgeschehens fragen, nicht nach dem ‚Zweck' des Weltgeschehens. Die Zweckkategorie ist insofern transzendent, als der Zweck jeweils außerhalb dessen liegt, das ihn ‚hat'. Wir könnten daher den Sinn des Weltganzen höchstens in der Form eines sogenannten Grenzbegriffes fassen. Man könnte diesen Sinn sonach vielleicht als Über-Sinn bezeichnen, womit in einem ausgedrückt würde, dass der Sinn des Ganzen nicht mehr fassbar und dass er mehr als fassbar ist."[8]

Hier sind wir der Wahrheit schon um einiges näher – und der Verzweiflung Schellings über die Sinnlosigkeit der menschlichen Geschichte etwas ferner gerückt. Von Novalis stammt der Satz: „Ganz begreifen werden wir uns wohl nie, aber wir werden und können uns weit mehr als nur begreifen." Hier ist zwar von „uns" die Rede und nicht vom „Ganzen", doch wenn man sich Heraklits Satz zu Herzen nimmt, dass man nie an die Grenzen der Seele komme, ist zwischen beiden kein so gewaltiger Unterschied.

Frankls „Über-Sinn" bringt uns bereits in die Nähe der Mystik, vor allem in die Nähe von Eckharts berühmtem „Ohne ein Warum" (*sunder warumbe*). Um aber ins Herz dieser mystischen Haltung vorzustoßen, müssen wir zuerst einmal von unserer Besessenheit Abschied nehmen, unbedingt etwas tun zu wollen, um uns einen Sinn zu geben. Von dieser Besessenheit wollte Frankl nicht lassen. Er war – wie der Existentialismus – davon überzeugt, dass der Mensch sich voll und ganz durch sein Handeln bestimmt, dass er das ist, was er aus sich macht. Von Hause aus ist er nichts. Eckhart dagegen betont, der Mensch solle nicht so sehr darüber nachdenken, was er *tun* solle, sondern was er *sei*[9]. Ist er sich auf den Grund gegangen und ist er so von aller „Zufälligkeit" befreit, erwächst sein Tun ganz spontan aus dem göttlichen Grund.

„ICH LEBE GERNE..."

Die Warum-Frage – und damit auch die Sinn-Frage – hat nach Eckhart darin ihren Grund, dass wir uns völlig an die Welt der „Zufälligkeit" – d.h. vedantisch ausgedrückt: an die Maya-Welt – ausgeliefert haben. Die Warum-Frage stelle sich ausschließlich in Maya, sagte Vivekananda. Und Eckhart: „Alle Dinge, die in der Zeit sind, die haben ein Warum. Wer beispielsweise einen Menschen fragte: ‚Warum issest du?' – ‚Damit ich Kraft habe!' – ‚Warum schläfst du?' – ‚Zu demselben Zweck!' Und so steht es mit allen Dingen, die in der Zeit sind. Wer aber einen guten Menschen fragte: ‚Warum liebst du Gott?' – ‚Ich weiß nicht – um Gottes willen!' ... ‚Warum liebst du die Gutheit?' – ‚Um der Gutheit willen!' – ‚(Und) warum lebst du?' – ‚Traun, ich weiß es nicht! (Aber) ich lebe gerne!'"[10]

Dieser „Über-Sinn" – oder man könnte auch fast von einer „höheren Sinnlosigkeit" sprechen – ist nur äußerlich verwandt mit jener klassischen Lebensweisheit: „Der Sinn des Lebens ist das Leben selbst." Zumindest kommt es sehr darauf an, auf welcher Ebene dieser Satz gesprochen wird. Er kann auf ein vorrationales Lebensverständnis hindeuten, das noch gar nicht fähig ist, das Leben radikal in Frage zu stellen. Oder auf eine „ganzheitliche" Lebensauffassung, wie sie etwa Goethe vertrat, dem es vor allem um das „Abgerundetsein" des Lebens ging. Oder aber auf eine ausgesprochen „weibliche" Lebenseinstellung, die jegliche transzendierende Sinnsuche als eine typisch männliche Krankheitserscheinung ansieht.

Eckharts Dreierschritt kennen wir bereits: Er will vom Nichtwissen zum Wissen fortschreiten, um dann auch dieses noch in einem höheren Nichtwissen, in der „Armut im Geiste" zu transzendieren. Sein „Ohne ein Warum" deckt sich wohl nicht mit dem eines Amazonasindianers, der noch ganz im Einklang mit der Natur lebt. Ein solcher Indianer käme wohl nicht auf die Idee, die ganze Schöpfung als ein reines „Nichts" beiseite zu schieben, um in den göttlichen Grund zu gelangen. Der Eckhart der dritten, scheinbar wieder „naiven" Stufe ist ein aus dem Geiste „Wiedergeborener", der durch das Nichts hindurchgegangen ist. Er ist fähig, im kleinsten Grashalm das Göttliche zu erblicken, wahrscheinlich noch viel intensiver als der bloße „Natur-Mystiker", aber es ist durchaus möglich, dass er das „runde" Leben des Olympiers Goethe für „nichts" erachtet. Ihm ist ein aus bloß menschlicher Sicht „gelungenes" Leben keineswegs die höchste Erfüllung. Nur *das* Werk ist für ihn achtenswert, das aus einem völlig „gelassenen" Herzen kommt – von einem Menschen, der sich so sehr gelassen hat, dass er nun *ein* Werk mit Gott wirkt.

Eckharts Radikalität ist in dieser Hinsicht erschreckend. Es wird oft betont, dass er der Aktivität das Wort geredet habe, dass er sogar – gegen Jesu Aussage im Evangelium – der aktiven Martha den Vorzug vor der passiv-anbetenden Maria gegeben habe. Der große deutsche Mystiker also ein Ausbund deutscher *Tüchtigkeit* ? – Man muss da wohl etwas genauer hinsehen. Eckharts In-Frage-Stellen rein passiver Frömmigkeit hat sehr viel mit der „Weiselosigkeit" Gottes zu tun, die er stets predigte. Wenn Gott weiselos, ohne Eigenschaften ist, dann kann er auch nicht auf eine bestimmte religiöse Weise *eingefangen* werden – etwa durch Frömmigkeitsübungen, durch süße Andacht, durch das, was Chögyam Trungpa „spirituellen Materialismus" nannte. Dann kann Gott im Gebetsstuhl nicht mehr gefunden werden als im Stall, in der Küche oder auf dem Feld. Dann ist es letztlich gleich-gültig, ob ich bete oder arbeite, ob ich mich in die Stille zurückziehe oder mitten im Gewühl der Menge bin. Nicht auf das Tun als solches kommt es Eckhart an – und schon gar nicht auf seine „Nützlichkeit" -, sondern auf die innere Gelassenheit. Er hat das Tun des Menschen mindestens genauso radikal in Frage gestellt wie alle frommen „Übungen" und hat immer wieder betont, wie „abgeschieden" der Mensch sein müsse, um den Grund zu verwirklichen. Wie für fast alle großen Mystiker gibt es für ihn in der spirituellen Entwicklung einen Punkt, wo der Mensch nichts mehr „tun" kann, wo er Gott nur noch „erleiden" kann, wo alles selbsttätige Wirken das innere Werk verderben und zunichte machen würde.

Doch der reife und erleuchtete Mensch, der „Gerechte", wie Eckhart ihn gern nennt, ist dann nicht nur eins geworden mit der stillen Wüste der Gottheit, er hat auch Teil an der „gebärenden" schöpferischen Natur Gottes, er ist nicht mehr darauf angewiesen, zu Füßen Gottes zu sitzen wie Maria, die gleichsam mit ihrer Anbetung noch etwas erreichen will, sondern er wirkt nun ohne ein „Warum", wie Gott. Ein Hauch des taoistischen wu wei („Tao ist ewig Nicht-Tun, und doch bleibt nichts ungetan") sowie des Karma-Yoga, des selbstlosen Handelns, wie es in der Bhagavadgita gelehrt wird, liegt in Eckharts *sunder warumbe*. Von *epekstasis*, der „steten Spannung nach vorn", keine Spur. Eckharts „Gerechter" will nichts mehr erreichen. Sein Handeln ist nicht mehr Lebens*weg* – um hier eine Unterscheidung Panikkars aufzugreifen -, sondern *Lebens*weg.

DIE KOFFER DES LEBENS ABSTELLEN

Einen Menschen, der so das wahre Zentrum seines Daseins gefunden hat, verglich Ramakrishna mit jemandem, der in eine Stadt kommt, sich sofort ein Hotelzimmer sucht, in dem er sein schweres Gepäck abstellt, und dann vergnügt und unbeschwert durch die Straßen schlendert, um sich die Stadt anzuschauen. Ein Freund, der ebenfalls in die Stadt gekommen ist, die Zimmersuche aber bis zuletzt aufgeschoben hat und sich noch immer mit seinem Gepäck abmüht, trifft ihn und beneidet ihn um seinen sorglosen Zustand.

Wir denken hier wohl auch an das zehnte Bild der berühmten Zen-Bilder-Geschichte vom Ochsen, das die Rückkehr des Erleuchteten auf den Marktplatz des Lebens darstellt. Keines der wirklich *reifen* mystischen Traditionen endet mit dem leeren Kreis, mit dem Nirvana, mit der stillen Wüste der Gottheit. Am Ende werden Nirvana und Samsara, das Absolute und die Erscheinungswelt als „nicht-zwei" erkannt. Doch um zu sehen, dass die Stufen aus demselben Material sind wie das Dach – um ein anderes Bild Ramakrishnas zu verwenden –, muss man das Dach der Transzendenz zuerst einmal erreichen. Und wenn wir uns umschauen, müssen wir zugeben, dass solche wirklich Erleuchteten nicht gerade in Scharen herumlaufen.

Geht uns das ganze Gerede vom Leben „ohne ein Warum" also gar nichts an, ist es nur für eine winzige Erleuchtungs-Elite bestimmt?-In der Praxis können wir Lebens*weg* und *Lebens*weg wohl nicht so scharf voneinander trennen. Das taoistische *wu wei*, Jesu Hinweis auf die Lilien auf dem Felde und die Vögel im Himmel, Paulus' Aufforderung „Ich will aber, dass ihr ohne Sorge seid" und Ramakrishnas Gleichnis vom Hotelzimmer – das alles ist wohl nicht nur für Erleuchtete gedacht. Wir schleppen nicht bis zum Tag unserer Erleuchtung alles Lebensgepäck mit uns herum, um es dann mit einem Schlag loszuwerden, sondern üben uns auch vorher schon in der Kunst des Ballast-Abwerfens und Loslassens – wie sie Hermann Hesse in seinem berühmten „Stufen"-Gedicht so eindringlich beschrieben hat – bei jedem Umzug, bei jeder Berufsänderung, bei jedem Partnerwechsel, bei jedem Sterben. Das Ziel wirft seine lichtvollen Schatten voraus auf den Weg, und spätestens in der Erleuchtung werden Weg und Ziel wohl auch als „nicht-zwei" erfahren.

Gemeinsam ist dem taoistischen Weisen, dem indischen Sannyasin, dem Zen-Mönch und einem Mystiker vom Schlage eines Meister Eckhart sicherlich dies: Sie haben keinen Ehrgeiz, dem Leben einen Sinn zu *geben*. Der Ausdruck „Wille zum Sinn", wie er in Frankls „Logotherapie" geprägt wurde, würde bei ihnen wohl eine gewisse Ratlosigkeit hervorrufen. Schon eher ist es ihr Ehrgeiz, wie wir bereits hervorhoben, den Menschen alles aus der Hand zu schlagen, was für sie bisher sinn-gebend war. Denn vom Grund her gesehen sind ja alle Ersatz-Gründe, an die sich die Menschen klammern und die ihnen „Sinn" vermitteln – Beruf, Partnerschaft, Familie usw. – von eher „zweifelhaftem" Wert. Oder etwas höflicher ausgedrückt: Sie sind von relativem Wert – und haben deshalb natürlich auch ihre relative Gültigkeit. Eine Gesellschaft, die einigermaßen „funktionieren" will, kann nur auf Grund dieser Ersatz-Gründe existieren. Weshalb Hilfsmittel wie die Logotherapie Frankls und ähnliche Sinngebungen, die vor allem auf das Ethische und auf das Handeln des Menschen abzielen, höchst notwendig sind. Sie bekämpfen den Zynismus, die Langeweile, den narzisstischen Hedonismus, den Nihilismus. Sie helfen den Menschen, erwachsener und verantwortungsvoller zu werden. Wir alle kennen das Gefühl der Kraft und Frische, wenn wir plötzlich vor eine Aufgabe gestellt werden, die uns „fordert". Es hat wohl wenig Sinn, einem nicht ganz ausgelasteten und sich langweilenden Bundeswehrsoldaten zu sagen, er solle ohne ein Warum leben und möglicherweise auch noch „zu Grunde" gehen. Das treibt ihn höchstwahrscheinlich nicht in die Erleuchtung, sondern in den Alkoholismus. Der Soldat braucht Aufgaben, er ist dankbar, wenn er in einem wirklichen Einsatz – etwa bei der Elbe-Überschwemmung oder in Afghanistan – wirklich gebraucht wird. Dann kann er sogar über sich hinauswachsen. Dann schmeckt er Wirklichkeit. Dann fühlt er, dass sein Leben sinnvoll ist.

Die Wirklichkeit, der eigentliche Grund des Daseins, scheint also durchaus schon durch diese Ersatz-Gründe hindurch. Und es müssen nicht immer nur dramatische Einsätze sein, die uns das Gefühl geben, lebendig zu sein. Ein gelungenes Gedicht, die befriedigende Umgestaltung des Wohnzimmers, die Formulierung einer neuen physikalischen Formel, das dankbare Lächeln eines Patienten, das Anlegen eines Hügelbeetes, die Erfüllung im erotischen Spiel können Sinn vermitteln. Das Relative, die Erscheinungswelt, ist ja nicht völlig abgekoppelt vom Grund. Wenn man den richtigen Blick dafür hat, leuchtet er überall hindurch, enthüllt sich in der unscheinbarsten Geste.

Die Testfrage lautet jedoch: Wie angewiesen sind wir auf das, was uns Sinn *vermittelt*? Was tun wir, wenn das Elbhochwasser wieder zurückgegangen ist, wenn keine Dämme mehr zu bauen – oder keine Hügelbeete anzulegen sind? Es ist eine lohnende Aufgabe, Kinder zu erziehen – aber was machen wir, wenn sie aus dem Haus sind? Wir sind so sehr darauf fixiert, Sinn nur aus dem Tun herauszusaugen, dass wir wie Fische, die ans Ufer gespült sind, verzweifelt nach Luft schnappen, wenn plötzlich kein Handlungsbedarf da ist. Es hat uns niemand beigebracht, auch im Sein zu ruhen und aus diesem Sein heraus zu leben. Hätten wir es gelernt, so wäre der Lebensabend für viele ältere Menschen nicht so trostlos.

DIE GRUNDLOSE FREUDE

Das Wichtigste bei der ganzen Sache ist wohl, auf die Quelle der grundlosen Freude zu stoßen. Sie ist deshalb grundlos, weil sie direkt aus dem Grund kommt, weil sie nicht Folge von etwas ist, weil sie keinen eigentlichen Anlass braucht, weil sie nicht erarbeitet und verdient ist. Selbst der Volksmund kennt das schlichte „Spaß-an-der-Freude-Haben". Die grundlose Freude ist ein Gnadengeschenk und doch zugleich das „Natürlichste" von der Welt. Sie entzieht sich allem Leistungsdenken, aber auch der Logik der Logotherapie, die Freude und Glück nur als Folge, nur als Ergebnis von etwas kennt.

Wir finden viele Reflexe dieser göttlichen Glückseligkeit im menschlichen Dasein, von der Walzerseligkeit bis hin zur freudigen sexuellen Ekstase. Meistens freuen wir uns über etwas, etwa über ein unerwartetes Geschenk, aber so manche seltsamen Rituale, wie etwa das „Schunkeln", offenbaren ein menschliches Bedürfnis, einfach nur „fröhlich" zu sein. Man mag sich über die entsetzliche Oberflächlichkeit dieser Fröhlichkeit, ob nun im Rheinland oder auf dem Oktoberfest, mokieren und darunter Abgründe vermuten. Doch was ist unter und hinter diesen Abgründen? Immer nur weitere Abgründe? Das Grauen? – wie am Ende von Joseph Conrads Klassiker „Herz der Finsternis"? Das Nichts?

DIE SCHÖPFUNG – „REINE EXPLOSION"

Der „wahre Grundstoff des Lebens" ist nicht „das Schreckliche", wie Schelling fälschlicherweise glaubte, sondern *Ananda,* reine Glückseligkeit, ohne ein Warum. „Ein völlig spontanes Geschehen," wie Raimondo Panikkar schreibt. „Das Sein entlädt sich, explodierend in sich selbst, ins Wort, in den Ausdruck, in etwas, das seine eigenen Wege geht, einem sich ausbreitenden Universum gleich, das nichts und niemand kontrollieren kann. Glückselige Spontaneität, denn das wichtigste ist der Prozess, das Geschehen selber, der Tanz, das sich entfaltende Ganze... Wer könnte es kontrollieren? Wer wollte seinerseits den Kontrolleur kontrollieren?... Es gibt keine Möglichkeit, den Strom der Wirklichkeit zu kontrollieren. Denken ist nicht der letztgültige Parameter. Sein ist einfach... reine Explosion."[11]

(Wenn „Schöpfung aus dem Nichts" eben dies bedeutet – „reine Explosion" – habe ich übrigens auch nichts gegen die *creatio ex nihilo* einzuwenden!)

Wie schrieb noch Vivekananda in seinem „verrückten" Brief? „Es ist alles Sein Spiel. Sie wollen alle Erklärungen, aber wie kann man Ihn erklären? Er narrt uns mit unseren kleinen Gehirnen und unserem bisschen Verstand!"

Gelangt diese „Frohbotschaft" von der Schöpfungsekstase, die sich ohne ein Warum ereignet und austobt, jedoch in falsche Ohren, so verwandelt sie sich in die Lehre von der Sinnlosigkeit des Lebens, das dann nur noch einem „Märchen" gleicht, „von einem Narrn erzählt, voll Schall und Wahn, jedwegen Sinnes bar", wie es in Shakespeares „Macbeth" heißt. Der Mystiker des „Ohne-ein-Warum" wird dann, nach einigen Regressionsschüben, zur armseligen Elendsfigur in einem Beckett-Roman, die nur noch Staub und ihre eigenen sinnlosen Worte frisst. Die Logotherapie könnte einem solchen Elenden vielleicht helfen, sich aus dieser unwürdigen Situation zu befreien. Doch noch besser wäre es für sie, wieder zum wahren „Ohne-ein-Warum" durchzubrechen – und damit auch zur grundlosen Freude.

Diese freudige spontane Bewegung, diese „Explosion", steht nicht im Gegensatz zum in sich ruhenden Sein des Grundes. Sie ist dieses Sein. Die ewige Stille des Grundes, der „nie nach einem Werk ausgelugt hat", ist ohne ein Warum, und der Tanz ist ebenso ohne ein Warum. Wir spüren manchmal ein fernes Echo dieses ewigen Urknalls in uns, wenn es uns in den Beinen juckt und zuckt – wir wissen nicht so recht, warum. Manche Musikstücke, wie die berühmte Badinerie am Ende der 2. Ouvertüre in h-Moll von Bach, geben uns eine vage Ahnung davon!

Schrittmacher oder Ruhestifter, *pacemaker* oder *peacemaker* – wir erinnern uns an Frankls fragwürdige Alternative? „Du musst laufen in den Frieden", sagte Eckhart – und predigte zugleich die ewige Ruhe der Gottheit. Vor einem solchen Zustand der inneren Ruhe und Ausgeglichenheit scheint es aber viele Menschen – neben Logotherapeuten auch Künstler und Schriftsteller – zu grausen. Sie haben wahnsinnige Angst davor, plötzlich keine schöpferischen *Spannungen* mehr zu haben. Sie befürchten, dass ihnen der geniale Biss abhanden kommen könnte. Ebenso befürchten politisch engagierte Menschen, sie könnten ein gewisses Aggressionspotential verlieren, das ihnen dabei hilft, die Welt zu verändern. Die Vorstellung, es könnten plötzlich keine Gegner mehr da sein oder keine Wände, gegen die man anrennen kann, löst Panikgefühle aus.

Nun gibt es „Ausgeglichenheit" natürlich auf verschiedenen Ebenen. Wir haben die Gefahr der Regression und des vorzeitigen Stillstands schon des Öfteren angesprochen. Es gibt einen bloß vorläufigen Scheinfrieden, der die weitere Entwicklung blockiert. Viktor Frankls Kritik wendet sich mit einer gewissen Berechtigung gegen die Tendenz, dem Menschen alle Transzendierungsgelüste auszutreiben und ihn mit sich auf einem relativ niedrigen Niveau zu „versöhnen". Man könnte fast von einem pathologischen Bedürfnis nach „Normalität" sprechen – ein Bedürfnis, das leider gerade von vielen Psychotherapeuten stark gefördert wird.

Doch Frankl schüttet dann gleichsam das Kind mit dem Bade aus, das Transzendieren verselbständigt sich bei ihm, wird zum Selbstzweck. Er kann sich keinen Zustand vorstellen, wo Sein und Sinn einfach zusammenfallen, der Sinn muss dem Sein immer voraus sein – wie eine Möhre, die dem Esel vor die Nase gehalten wird und die ihn antreibt, ihr immer weiter nachzuhecheln. Ohne ein „Warum" zu leben wäre für Frankl wohl ein alptraumhafter Zustand – noch dazu, wenn dieses Leben ohne ein Warum auch noch gerne gelebt wird, wie Eckhart ausdrücklich hervorhebt. Dass das naive „In-den-Tag-Hineinleben" auf einer höheren Ebene, im „ewigen Nun", wieder verwirklicht werden kann, übersteigt ganz ohne Zweifel den Horizont der Logotherapie.

AUF DER SCHWELLE ZUM ABSOLUTEN

Aber: Ist ein solches Leben denn auf längere Dauer lebbar? Ist dieser Zustand des „Angekommenseins" und der „Erfüllung" nicht das Endstadium einer langen Entwicklung: das Stadium des *Sannyasin* etwa, der nach der klassischen indischen Definition alle anderen Lebensstadien (*ashramas*) bereits hinter sich hat und sich von der Welt völlig gelöst hat? Streng genommen ist dieser Zustand kein Lebensstadium mehr, sondern die Transzendierung aller Stadien, auf der Schwelle zum Absoluten.

Eine klassische Beschreibung einer solchen absolut freien Seele finden wir in Shankaras berühmtem „Kleinod der Unterscheidung" (*Vivekachudamani*). „Wer den Atman erkennt, ist frei von jeder Bindung", heißt es dort. „Die Dinge, die durch die Sinne wahrgenommen werden, verursachen ihm weder Kummer noch Freude. Er ist nicht an sie gebunden, noch meidet er sie... Das Kind spielt mit seinen Spielsachen und vergisst dabei selbst Hunger und Schmerz. So findet, wer Brahman erkannt hat, Ergötzung im Atman und vergisst alle Gedanken des ‚Ich' und ‚Mein'. Er empfängt mühelos Nahrung, indem er ohne Angst und Sorge um Almosen bittet. Er trinkt aus dem klaren Strom. Er lebt ungehindert und unabhängig und schläft furchtlos im Wald oder auf dem Verbrennungsplatz. Er braucht seine Kleider nicht zu waschen oder zu trocknen, da er keine trägt. Die Erde ist sein Bett. Er schreitet auf der breiten Straße des Vedanta. Sein Spielgefährte ist Brahman, der Immerwährende. Wenn man ihn mit Bequemlichkeiten und Reichtümern versieht, freut er sich und spielt mit ihnen wie ein Kind. Er trägt kein äußeres Zeichen eines Heiligen und bleibt völlig ungebunden an die Dinge dieser Welt. Er mag teuere Kleider tragen oder nackt sein. Er mag in ein Hirsch-, ein Tigerfell oder in reines Wissen gekleidet sein. Manchmal erscheint er als Narr, manchmal als Weiser. Manchmal wirkt er herrlich wie ein König, manchmal schwachsinnig. Manchmal ist er ruhig und schweigsam. Dann wieder zieht er Menschen an wie eine Riesenschlange ihre Beute. Manchmal ehren ihn die Menschen, manchmal beleidigen sie ihn, manchmal beachten sie ihn nicht. So lebt der Erleuchtete, immer von höchster Seligkeit erfüllt. Er hat keine Reichtümer und ist doch immer zufrieden. Er ist hilflos und doch von mächtiger Kraft. Es gibt keinen, der ihm gleicht, und doch sieht er alle als seinesgleichen an..."[12]

Dass diese erleuchtete „Narrenfreiheit" sich nicht gerade als Mustermodell für eine normale bürgerliche Gesellschaft eignet, dürfte klar sein. Der hier geschilderte *jivanmukta* ist eher ein religiöser Archetyp, der in Varianten in zahlreichen spirituellen Traditionen auftaucht: Als nicht einzuordnender „Wildling" im Taoismus (als Kontrastfigur zum pflichtbewussten Konfuzianer), als lachender Zen-Narr, der wieder auf dem Marktplatz des Lebens erscheint, als heiliger Narr im Sufismus – und auch das Christentum hat bekanntlich solche heiligen Narren hervorgebracht, wenn sie vielleicht auch nicht alle Shankaras Vorstellung von „Erleuchtung" entsprachen. Auch Jesu „Lilien auf dem Felde" und Paulus' Aufruf zur „Sorglosigkeit" sind ja nicht als Modelle für eine normal funktionierende vielschichtige Gesellschaft des „Alten Äon" gedacht, sondern eschatologische „Rand-Figuren", die schon zeichenhaft auf das Jenseitige oder zumindest den „Neuen Äon" hinweisen sollen.

Die grundsätzliche Frage, die wir schon hier und da anklingen ließen, lautet natürlich, ob überhaupt „Leben", soweit es noch irdische Züge aufweist und sich noch nicht aus allen gesellschaftlichen Zusammenhängen ausgeklinkt hat, ohne ein „Warum" und ohne gesunde Spannungen möglich ist. Nach Heraklit ist der Krieg – oder sagen wir etwas freundlicher: die Gegensätzlichkeit – der Vater aller Dinge. Ein Mystiker wie Jakob Boehme sehnte sich zwar danach, einen Zustand zu erreichen, in dem Ewigkeit und Zeit zusammenfallen und in dem man von allem Streit befreit ist, doch gleichzeitig schrieb er: „Ohne Widerwärtigkeit und Streit... wäre keine Natur, sondern eine ewige Stille und kein Wille; denn der Widerwille macht die Beweglichkeit."[13] Nach der indischen *Sankhya*-Lehre ist kosmische Bewegung nur möglich, wenn die *Gunas*, die Eigenschaften der Natur (*Prakriti*), aus dem Gleichgewicht geraten. Kommen diese Gunas wieder ins Gleichgewicht und ist alle Energie, getreu dem Entropie-Gesetz, gleichmäßig verteilt, bedeutet dies den „Tod" allen Lebens und aller Bewegung.

SIND WIR OHNE „MOTIVATION" NOCH LEBENSFÄHIG?

Das heißt doch: Ohne eine gewisse Spannung, ohne Gegensätzlichkeit, ohne Ziele, ohne Motivation sind wir nicht lebensfähig! Motivation leitet sich vom lateinischen „movere" (sich bewegen) ab. Zwar dreht sich die Töpferscheibe noch ein wenig, wenn sie „abgestellt" ist, und der von Shankara geschilderte erleuchtete *jivanmukta* kann sich noch eine Weile wie ein loses Herbstblatt vom Wind dahintreiben lassen – er muss sich nicht gleich im Nirvana auflösen. Er kann sogar – wie Buddha und wie auch Shankara selber – eine ungeheuere Aktivität entwickeln, indem er im Lande umherzieht und zahlreiche Klöster gründet. Christliche Mystiker wie Teresa von Avila waren bekanntlich in dieser Hinsicht auch sehr tüchtig und werden immer wieder als Beispiel dafür angeführt, dass sich Mystik und Aktivität keineswegs widersprechen müssten. Doch was ist der Sinn dieser Klöster? Menschen auf das Jenseitige, auf das „andere Ufer" vorzubereiten – und nicht unbedingt, um eine tüchtigere Gesellschaft hier auf Erden zu etablieren. Ein hauchdünnes „Ego" scheinen auch diese Menschen, die einen besonderen Auftrag haben, noch zu benötigen, um überhaupt funktionsfähig zu sein. Als Ramakrishna den jungen Narendra (Vivekananda) zum ersten Mal sah, rief er aus: „O Mutter, lege ein wenig von deinem Maya-Schleier über seine Augen, damit er seinen Auftrag in der Welt erfüllen kann!" – „Zum Handeln gehört das Umschleiertsein durch die Illusion" – diesen Satz Nietzsches in der „Geburt der Tragödie" zitierten wir bereits. Vivekananda meinte dann zwar später, als er zu seiner historischen Sendung aufbrach, gerade der Mönch, der Sannyasin, müsse sich bestens dafür eignen, für das Wohl der Menschen zu arbeiten, da er ja völlig selbstlos sei, doch eine bestimmte Spannung zwischen dem alten Ideal völliger Ungebundenheit und dem Eingebundensein in gesellschaftliche „Nützlichkeit" ist auch in dem von ihm gegründeten Ramakrishna-Orden bis heute geblieben.

Man sieht, das Problem ist in der Theorie kaum lösbar. Vor allem deshalb, weil wir in der Theorie gern mit Entweder-Oder-Modellen arbeiten. Wir stellen etwa ein Reich völliger Vogel- und Narren-Freiheit einem Reich völliger gesellschaftlicher Gebundenheit gegenüber.

In der Praxis wird dieses Entweder-Oder glücklicherweise stark aufgeweicht, hier entdecken wir Freiräume auch in gesellschaftlicher Gebundenheit, hier muss es nicht gleich das ganz radikale „Ohne ein Warum" des *Sannyasin* oder des „Gerechten" sein, sondern wir sind schon froh, wenn nach Wochen – oder auch erst nach Jahren – anstrengender Meditation plötzlich ein Gefühl der Leichtigkeit und völlig grundloser Freude in uns aufsteigt, das uns dazu veranlasst, heimlich im Wohnzimmer oder im Garten ein paar kosmische Hüpfer zu machen. Wir werden ja nicht tagtäglich von gewaltigen *Ananda*-Schüben heimgesucht, die uns außer Gefecht setzen, und auch die eher stille gleichmäßige transzendente Heiterkeit hält sich meist in Grenzen. Doch wer jemals ein noch so bescheidenes Grund-Erlebnis gehabt hat oder sogar für eine Sekunde in den ersten spontanen Ausbruch des Göttlichen „blicken" durfte, wird diesen Geschmack nie mehr ganz los und wird sich bemühen, sich in diesem Grundgefühl immer mehr zu verankern.

Rein theoretisch besteht das Paradox darin, dass wir genau in dem Moment, in dem wir zur Quelle der Glückseligkeit vordringen, aus der die Schöpfung „ohne ein Warum" hervorgegangen ist (und immer noch hervorgeht!), und in dem wir eigentlich zu einem Ausbund an schöpferischer Kraft werden müssten, das Interesse an der Schöpfung verlieren – zumindest im herkömmlichen Sinn. In gnostischen oder frühbuddhistischen Modellen, die die Schöpfung nur rein negativ aus der Unwissenheit, dem Lebensdurst oder dem bösen Willen eines Demiurgen erklären, ist die Sache klar: Sobald ich diesen Durst gelöscht und die Unwissenheit überwunden habe, hat die Schöpfung keinen Wert mehr für mich. Ich gehe ein ins Nirvana oder in das Reich des eigentlichen „guten" Gottes, der mit dieser schmutzigen „Welt" nichts zu schaffen hat. – Sehe ich die Schöpfung jedoch aus *Ananda*, aus der göttlichen Glückseligkeit hervorkommen, als spontane „Explosion des Seins"(Panikkar), so müssten sich meine schöpferischen Kräfte eigentlich erst richtig entfalten, wenn ich mit ihrer Quelle eins werde. Doch anscheinend ist das Erlebnis zu stark, zu umwerfend, als dass es sich noch in „nützliche" Kreativität verwandeln ließe. Zumindest kommt ein gewisser Ausdruckszwang zum Erliegen. Oder können wir uns einen Erleuchteten vorstellen, der noch vor der Staffelei stehend mit einem Motiv „ringt" oder mit heißen geröteten Wangen einen groß angelegten Roman in die Schreibmaschine oder den Laptop hämmert?

Es wird deshalb im Interesse der Shakti, der schöpferischen Kraft, sein, nicht gleich allen Wesen das Licht völliger Erleuchtung zu schenken. Das Spiel muss weitergehen, und das Spiel ist nur durch Begrenzungen möglich – ob es sich nun auf der Ebene „unserer" Kultur und Zivilisation abspielt oder auf höheren Aurobindoschen Ebenen. Wobei Aurobindo dem Ideal einer Synthese zwischen „Ohne ein Warum" und höherer „Motivation" sicherlich schon sehr nahe kommt, denn es kann kein Zweifel darin liegen, dass dieser Yogi recht kräftige Schlücke aus dem Becher Anandas getrunken hat. Auf einen logotherapeutischen „Willen zum Sinn" war er bestimmt nicht mehr angewiesen.

Doch kommen wir zurück auf „unsere" Ebene. Die Lebenskunst des „sunder warumbe" lässt sich ja, wenn auch in bescheidenerem Ausmaß, schon in unserem relativ normalen Leben kultivieren, unterstützt durch die Meditation. Durch Atemübungen, durch das „Sitzen" usw. lernen wir, uns immer mehr loszulassen, uns in den Grund unseres Daseins hinein zu entspannen, wodurch auch wieder Energie frei wird, so dass wir auf die Anforderungen des Lebens nicht immer nur hektisch reagieren. Wir bekommen ein Gefühl dafür, welche spontane schöpferische Kraft, welche Shakti eigentlich hinter jeder Bewegung und jeder Handlung steht. Wer einmal intensiver Tai-Chi geübt hat, spürt, wie diese Übungen auch die einfachsten Bewegungen im Alltag, etwa das Heben und Tragen eines Tellers, beeinflussen, wie alles mehr vom inneren Zentrum her geschieht. Die Bewegungen werden fließender, wir lassen uns nicht mehr so leicht von Personen und Umständen *hetzen*. Wir hecheln auch nicht irgendwelchen Zielen hinterher, sondern spüren, wie Sein und Sinn immer mehr zusammenfallen. Ein Hauch von gesunder Anspannung ist bei all unseren Aktionen sicherlich noch da, doch jene meist recht künstliche Spannung, die uns bisher auf Trab gehalten hat, löst sich weitgehend auf. Wir „kollabieren" deshalb nicht. Wir stellen stattdessen verwundert fest, dass wir es ganz gut bei uns aushalten können. Gewöhnlich bewegen wir uns zwischen aktiver Überreizung und völliger Abgespanntheit hin und her – siehe etwa die „Absacker", von denen ich im ersten Kapitel sprach. Die Praxis der Meditation und der „Alltag als Übung"(Dürckheim) helfen uns, das richtige Verhältnis von Spannung und Entspannung zu finden.

Es hilft uns natürlich auch und bringt uns ein gewaltiges Stück weiter, wenn wir eine Lebens*aufgabe* finden, die uns ganz ausfüllt und uns das gesunde Gefühl gibt, etwas bewirken zu können. Derselbe Vivekananda, der sich in seinem „verrückten" Brief über das bunte Treiben der Welt lustig machte und sich eher entspannt zurücklehnte, sagte, es sei gut, sein Leben für ein Ideal hinzugeben. Wir spüren sofort, wenn wir einem Menschen mit einer solchen *Berufung* begegnen. Sie gibt seinem Blick und all seinen Handlungen etwas Bestimmtes, Festes, auf das Wesentliche Gerichtetes. Er weiß, was er will. Im Extrem-Fall wird solch ein Mensch – und hier kippt das Ideal bereits um in die Karikatur – zum charismatischen Fanatiker, zum „Führer", der über Leichen geht.

Doch nicht nur die Gefahr des Fanatismus hält mich davon ab, im zielgerichteten Handeln das Allheilmittel für all unsere existentiellen Probleme zu sehen. Ich halte es für ein wichtiges Durchgangsstadium und im Rahmen der Reinkarnationslehre, mit der ich sympathisiere, kann ich nur jedem wünschen, mehrere solcher Leben zu durchlaufen, in denen wir eine ganz bestimmte Lebensaufgabe erfüllen, in denen wir ein praktisches Ideal verkörpern. Doch ich möchte im Lauf der Entwicklung auch so weit kommen, dass ich nicht gleich existentiell zusammenbreche, wenn ich einmal aus dem Verkehr gezogen werde, wenn ich auf die berühmte sprichwörtliche einsame Insel versetzt werde. Vivekananda hätte auf einer solchen Insel keine Probleme gehabt, er wäre sogar froh gewesen, sich endlich wieder mal dem reinen Sein widmen zu können, ganz in sich ruhend.

Und das ist wohl der Test: Die wirklich Großen haben die Fähigkeit, inmitten ihrer engagierten Handlungen immer wieder loszulassen, sich zu entspannen – und auch einmal über dieses ganze Universum laut zu lachen. Im Idealfall ist sich ein solcher Mensch der Einheit allen Seins bewusst, er weiß – wie Krishna es in der Bhagavadgita ausdrückt –, dass es in diesem Universum im Grunde nicht das Geringste zu tun gibt, und doch ist er gleichzeitig fähig, sich bewusst zu „begrenzen" und auf einer ganz bestimmten Ebene aktiv zu werden. Notfalls muss er, wie im Falle Vivekanandas, auch noch von einem

Avatar und der geballten Kraft der Shakti angeschubst werden, um seine Aufgabe zu erfüllen.

„DIE LIEBE ERSCHAFFT IHRE EIGENEN NOTWENDIGKEITEN..."

Wir dürfen ja auch nicht vergessen, dass nicht nur Erkenntnis und Weisheit Aspekte des göttlichen Grundes sind, sondern auch Liebe und Erbarmen. Wie sagte noch Nisargadatta? „Die Liebe erschafft ihre eigenen Notwendigkeiten, selbst die, eine Person zu werden." Im Frühbuddhismus galt der *Arhat* als Ideal, dessen Lebenssäfte mehr oder weniger ausgetrocknet waren und der nun reif war fürs Nirvana, für das völlige Verlöschen. Was mit seinen Mitmenschen und dem Rest der Schöpfung geschah, war ihm ziemlich egal. Im Mahayana-Buddhismus dämmerte den Mönchen die Erkenntnis, dass dies eigentlich der Lehre vom Nicht-Ich, von der Selbst-Losigkeit widerspreche, und so konnte sich das *Bodhisattva*-Ideal entfalten. Der Boddhisattva legt bekanntlich das Gelübde ab, so lange auf das Nirvana zu verzichten, bis alle Lebewesen zur Buddhaschaft gelangt sind. Und er verspricht, ihnen dabei mit allen Kräften zu helfen.

Die Sache hat allerdings einen Haken – ja, eigentlich sogar zwei. Denn erstens wird es nach buddhistischer Lehre nie einen Zeitpunkt geben, da alle Wesen erlöst sind, da immer wieder neuer Nachschub von unwissenden, nach Dasein dürstenden Wesen nachkommt. Die Aufgabe des Boddhisattva gliche also einer Art Sisyphosarbeit, mit der er nie fertig wird. Und zweitens gibt es „im Grunde", das heißt mit dem Auge der Erleuchtung gesehen, überhaupt niemanden, der zu retten wäre – egal, ob man die Wesen nun als „leer" oder als schon immer vollkommene Buddhas ansieht.

Als Vivekananda einmal auf diesen Widerspruch hingewiesen wurde, rief er aus: „Aber sehen Sie denn nicht die Größe und Schönheit des Ideals?!" Liebe und Mitgefühl sind wohl nicht immer logisch, und dies hat auch mit der „Unergründlichkeit" des Grundes zu tun, mit der wir uns im nächsten – und letzten – Kapitel befassen wollen.

Vielleicht aber noch zwei Bemerkungen zum „Ohne Warum". Wenn ich vorhin sagte, man müsse das *„sunder warumbe"* auch in den normalen Alltag integrieren, so wollte ich damit den „Spreng-satz" der Erleuchtung nicht entschärfen. Die Betonung des Prakti-schen, des Alltäglichen – und wohl auch einer gewissen „Beschei-denheit" – hat ihren Wert, vor allem, weil sie die Unfruchtbarkeit eines allzu konzentrierten Starrens auf die Erleuchtung aufhebt. Ich kann nicht sagen: Ich beginne mit der „Achtsamkeit" erst, wenn ich erleuchtet bin. Andererseits kann man aus dem Alltäglichen und den „kleinen Schritten" auch eine Ideologie machen, die uns in einer vor-zeitigen Genügsamkeit festhält. Wir igeln uns dann in einer netten wohltemperierten Spiritualität ein – und können nur hoffen, dass uns der Atman mit dem Zen-Stock wieder aus allen nur vorläufigen Pa-radiesen vertreibt.

Zweitens kann nicht nur die „Motivation" ein zielgerichtetes Han-deln bewirken. Wer imstande ist, sein normales Denken – das fast immer nur in der Vergangenheit oder der Zukunft lebt – zu transzen-dieren und aus dem „Jetzt" heraus zu leben, neigt dazu, mit ganzer Aufmerksamkeit immer das „Nahe"-Liegende und „Folge"-Richti-ge zu tun. Er verheddert sich nicht in langwierigen Entscheidungs-kämpfen, er verausgabt sich nicht mental und hat deshalb mehr Kraft für das eigentliche Handeln. Das „Bewusstsein" sorgt anscheinend von selbst für das „Richtige", ohne dass das Gehirn überstrapaziert wird – was ja auch sehr entlastend ist. Zumindest werden all unsere Untugenden – das fruchtlose „Grübeln", das ständige Aufschieben wichtiger Dinge, das Sich-Verzetteln in einer Vielzahl von „Möglich-keiten" – auf ein Minimum reduziert, und dementsprechend wächst das Gefühl der Freiheit in uns – einer Freiheit, die uns nicht mehr ängstigt, sondern uns weitet, weil sie mit der Unendlichkeit des Seins zusammenfällt.

Ob dieses praktische Zentriertsein im Alltag aus uns dann ein Vor-zeigeexemplar an weltlicher „Tüchtigkeit" macht, sei dahingestellt. Zum mindesten sollte derjenige, der sich der spirituellen Praxis ver-schreibt, sich nicht immer damit rechtfertigen, dass er ja noch „nütz-lich" für die Gesellschaft sei. Das spirituelle Leben hat seinen Wert in sich selbst und hat keine Rechtfertigungen nötig. Wenn jemand nach einem erleuchtenden Grunderlebnis erst einmal aus dem „nor-malen" Leben herauskatapultiert wird und selig lächelnd völlig „un-nütz" auf Parkbänken herumsitzt, wird unsere „Welt" deshalb nicht gleich zusammenbrechen. Es besteht in dieser „Welt" die entsetzliche Tendenz, alles auf die Ebene der bloßen Funktionstüchtigkeit herunterzuzerren und auch den Wert der Spiritualität – wenn man sie überhaupt gelten lässt – an dieser Nützlichkeit zu messen. Doch diese Welt gehört dem „Alten Äon" an und die Vögel des Himmels tun gut daran, auf und davon zu flattern.

DIE ECHOLOTUNG

Viktor Frankl, der uns in diesem Kapitel geholfen hat, durch seine prägnanten Aussagen unsere Gegenposition um so klarer herauszuarbeiten – und dem wir dafür äußerst dankbar sind! –, soll dieses Kapitel auch beschließen: mit einigen sehr tiefen Einsichten in den Grund und dessen Unergründlichkeit. „Wenn man die Tiefe des Meeresbodens an irgendeiner Stelle des Ozeans bestimmen will", schreibt er, „dann pflegt man eine sogenannte Echolotung vorzunehmen. Sie ist nichts anderes als die Urform des Radar-Prinzips. Es werden Schallwellen gegen den Meeresboden hinausgesandt und die Zeit gemessen, die bis zum Eintreffen eines Echos verstreicht. Nun: die Metaphysiker wollen… dem Dasein ebenfalls ‚auf den Grund kommen'. Aber das Dasein ist bodenlos. Und all unser Fragen nach dem letzten Seinsgrund, gerade nach ihm, findet keinen Widerhall im grenzenlosen Ozean des Seins. Aber es kommt alles darauf an, diesen Tatbestand richtig zu deuten und sich zu fragen: Was wäre denn das für ein Absolutes, das ohne Weiteres uns Rede und Antwort stünde? Und was wäre das für eine merkwürdige Unendlichkeit, an deren endlichen Grundmauern sich die Stimme brechen sollte, mit der unsere letzten Fragen hinausgesandt werden in den unendlichen Seinsraum? Wir wissen: Vom unendlich fernen, unendlich tiefen Grund des Seins her wird uns nur dann keine Antwort zuteil, wenn wir unsere Fragen – richtig adressiert haben. Denn dann bleiben wir gerade deshalb ohne Antwort, weil unsere Fragen – das Unendliche erreicht haben."[14]

13.

DIE UNERGRÜNDLICHKEIT DES GRUNDES

Den Grund finden heißt loslassen – auch den Grund.

Dennoch hält sich mein Schuldbewusstsein, dass ich den Grund in diesem Buch oft als „etwas" behandelt habe, auf das absoluter Verlass ist, in Grenzen. Wir können uns nur durch Kontraste, durch Gegensätze verständlich machen, und wenn ich den Grund, im Gegensatz zum „Nichts" der christlichen Schöpfungsformel „Creatio ex nihilo", oft als unsere wahre Heimat, als festen Boden unserer Existenz „dargestellt" habe, so ist das legitim. Dass er zugleich auch Abgrund ist, der so ziemlich alles „nichtet", woran wir uns klammern, dürfte wohl auch zu Genüge zum Ausdruck gekommen sein.

Was bedeutet es nun, dass der Grund unergründlich ist? Es bedeutet keineswegs, dass er nicht zu „verwirklichen" wäre. Aber bei seiner „Auslotung" geht es uns wie der Salzpuppe, die – wie uns Ramakrishna in einer seiner vielen Parabeln erzählt – das Meer ausmessen wollte. Natürlich verschmolz sie mit dem Meer – und niemand war mehr da, der von seiner Tiefe berichten konnte. Dennoch gibt es genügend mystische Zeugnisse, die seine Existenz bekunden, ja, die sogar versuchen, ihn annäherungsweise zu beschreiben – meistens allerdings in einer negativen Sprache: als Nicht-Gott, als Nicht-Person, als „Leere" usw. Eckhart spricht andererseits oft auch vom „Strom" oder „Urquell", um anzudeuten, dass der Grund kein „Nichts" im nihilistischen Sinne und auch kein starres statisches Absolutes ist. Und Vedantins versuchen mit der Formel *Sat-Chit-Ananda* auszudrücken, dass dieser „leere" Grund zugleich die Fülle des Seins, der absoluten Erkenntnis und der Glückseligkeit ist.

Natürlich ist der Grund nicht etwas Objektives außerhalb von uns. Er kann nirgendwo geortet werden, weder innerhalb noch außerhalb des Universums. Wir gelangen auch nicht zu ihm oder in ihn hinein. Wir müssen zuerst nur so tun, als wäre er etwas, das man finden und in das man eindringen könnte – wie in eine objektive Substanz, die uns dann endlich Halt verleiht. Solange der Grund aber nur „Halt" ist, ist er nicht viel besser als die Arme Christi, die Petrus aus dem Wasser ziehen.

„HALTE MICH NICHT FEST!"

Zu Maria Magdalena sagte der auferstandene Christus: „Halte mich nicht fest!" Und weiter sagte er: „Wenn ich nicht fortgehe, kann der Tröster nicht kommen." In anderen Worten: Wenn ihr euch an meine äußere Erscheinung klammert, kann ich mich nicht *in* euch offenbaren als der Heilige Geist. Ähnlich ist es mit dem Grund. Solange wir uns an ihn klammern als etwas Festes, Beständiges, kann er sich nicht in seiner unauslotbaren Tiefe offenbaren. Und Offenbarung heißt hier natürlich nicht, dass wir endlich „über" ihn Bescheid wissen, sondern dass wir einen Geschmack von der Unergründlichkeit des Grundes bekommen.

Der Ausdruck „Unergründlichkeit" verleitet uns leider dazu, uns den Grund als ein unermesslich großes und tiefes Meer vorzustellen, das wir quantitativ nicht ausmessen können, zu dessen „Grund" wir eben nicht kommen. Wir denken wohl auch an Komplexität, Vielschichtigkeit, Dunkelheit. An das Un- und Unterbewusste, in dem es unendlich viele Kammern und geheime Verliese gibt.

Dabei ist der Grund das Einfachste und Klarste, das man sich überhaupt „vorstellen" kann. Er ist so klar und durchsichtig, dass er eigentlich gar nicht „da" ist. Er ist so unscheinbar, weil er eben das ist, was wir *sind.* Die ihn verwirklichten, fühlten sich plötzlich auf einer offenen Lichtung stehen, im klaren Licht des einfachen So-seins. So schrieb der amerikanische Trappist Thomas Merton angesichts einiger Buddha-Statuen auf Sri Lanka – kurz vor seinem tragischen Tod in Bangkok –: „Die Ruhe dieser außergewöhnlichen Gesichter. Dieses große Lächeln. Riesig und doch weich. Mit allen Möglichkeiten gefüllt: nichts fragen, nichts wissen, nichts zurückweisen, Frieden… Als ich diese Figuren betrachtete, wurde ich plötzlich fast mit Gewalt aus der üblichen, halbgebundenen Sicht der Dinge gerissen, und eine innige Klarheit, Helligkeit, die aus den Felsen zu strömen schien, wurde spürbar und sichtbar. Die verrückte *Offensichtlichkeit* der liegenden Figur, das traurige Lächeln Anandas, der mit verschränkten Armen dasteht (viel ‚imperativer' als da Vincis Mona Lisa, weil völlig einfach und geradeheraus). Das ist es: Da ist kein Rätsel, kein Problem und wirklich kein ‚Mysterium'. Alle Probleme sind gelöst, und alles ist klar, einfach deshalb, weil das, was wichtig ist, klar ist. Der Felsen, alle Dinge, alles Leben ist voller Dharmakaya… alles ist Leere, und alles ist Mitleiden…"[1]

Der Ausdruck „Unergründlichkeit" ist also keine Aufforderung zum Grübeln. Er soll nur darauf hinweisen, dass wir den Grund nicht „einfangen" können. Könnte der Grund lachen, so könnten wir ihn sogar lachen hören, wenn wir ihn als Einfachheit und Klarheit „definieren", denn ein Hauch von Geheimnis, von Unauslotbarkeit bleibt eben doch, trotz aller Klarheit. Zumindest hindert uns diese Klarheit nicht, offen zu sein für das Mysterium des Lebens. „Alles ist Leere, und alles ist Mitleiden", schreibt Thomas Merton – und ist dieses große Mitleiden (*Mahakaruna*) denn so klar, so offensichtlich – wie die Felsen, die einfach *sind*?

DAS UNERGRÜNDLICHE MEER DES ERBARMENS

Es gibt eine Stelle in den Predigten Meister Eckharts, die ich anfangs nicht verstand – oder nicht verstehen wollte. Ich las darüber hinweg, blendete sie aus. „Verstanden" hatte ich bis dahin Folgendes: dass es jenseits des persönlichen Gottes mit all seinen Attributen wie Gutheit, Allmacht, Liebe, Allwissenheit usw. die „nackte" Gottheit gab, über die nichts mehr ausgesagt werden konnte. Die Liebe reichte nicht an sie heran, weil die Liebe Gott noch unter dem Mantel, unter dem Maya-Fell der Gutheit haben möchte, weil sie sich noch an die „Person" Gottes klammert. Nur die Vernunft (die natürlich das, was wir mit unserem heutigen Verstehen als „Vernunft" bezeichnen, weit transzendiert) nimmt Gott als das nackte attributlose Eine, „abgeschält" von aller Zweiheit und allen Eigenschaften.

„Das Erkennen bricht durch die Wahrheit und Gutheit hindurch und wirft sich auf das reine Sein und erfasst Gott bloß, wie er ohne Namen ist"(Eckhart). Damit war in meinen Augen das Ende der spirituellen Pilgerschaft erreicht, dies war der Sprung in die reine Transzendenz – höher und tiefer konnte man nicht gelangen! Doch dann sagt Eckhart von dieser Vernunft: „Sie kann ihn (Gott) aber niemals erfassen im Meer seiner Unergründlichkeit. Ich sage: Über diese beiden, über das Erkennen und die Liebe hinaus ragt die Barmherzigkeit; im Höchsten und Lautersten, das Gott zu wirken vermag, dort wirkt Gott Barmherzigkeit."[1]

Barmherzigkeit war in meiner Sicht allenfalls eine Variante der Liebe, und in der Form eines bloßen „Mitleids" hatte sie für mich keinen so hohen Stellenwert. Warum sollte die Barmherzigkeit nun plötzlich noch das nackte Sein Gottes transzendieren? War sie nicht ein bloßes Attribut des persönlichen Gottes, eine seiner vielen „Emotionen", die er sich hin und wieder leistete – neben Zorn und Eifersucht? Als solche hatte sie nichts in der reinen nackten Gottheit, im absoluten Grund, zu suchen. Und nun sollte sie sogar noch die allertiefste Schicht des Göttlichen, noch jenseits der „Nacktheit", ausdrücken?

Etwas nachdenklich machte mich die Tatsache, dass *Karuna* (Mitgefühl, Erbarmen) im Mahayana-Buddhismus neben der Weisheit (*Prajna*) als wichtigste Eigenschaft der „Leere" galt – soweit man hier überhaupt noch von „Eigenschaften" sprechen konnte. Doch setzte Karuna nicht schon Samsara, den Kreislauf von Geburt und Tod, voraus? Denn es musste ja schon etwas geben, dessen sich die Leere erbarmte. Damit gehörte diese Eigenschaft doch schon in den Bereich der Schöpfung, Mayas, des „Zufalls", der Kontingenz – und hatte, wie gesagt, im reinen Absoluten nichts verloren.

Nun stellte Eckhart – sich auf einen anderen „Meister" berufend – allerdings klar, dass er mit göttlicher Barmherzigkeit nicht meine, dass Gott „dem Menschen seine Sünde vergibt und ein Mensch sich über den anderen erbarmt", sondern es gehe um den *ersten Ausbruch*. „Was immer Gott wirkt, der erste Ausbruch ist (immer) Barmherzigkeit."[2] Mit anderen Worten, die Barmherzigkeit hat, ähnlich wie *Ananda*, die göttliche Glückseligkeit, mit dem Geheimnis der Schöpfung zu tun – oder genauer mit dem Mysterium, dass überhaupt etwas „da" ist. Und da anzunehmen ist, dass diese Barmherzigkeit keinen Anfang hat, geht daraus auch wieder hervor, dass auch der Kreislauf des Samsara keinen Anfang hat.

Das heißt, die Barmherzigkeit ist keine bloße Folge, keine spätere Reaktion auf das, was des Erbarmens „würdig" ist, sondern sie ist bereits „Gebärerin", gleichsam der Mutterschoß aller Wesen. Man könnte natürlich fragen: Warum die Barmherzigkeit – warum nicht die Liebe? Ist diese nicht aktiver, impulsiver?

Wenn Eckhart sagt, die Liebe könne Gott nicht in seinem nackten Sein erfassen, spricht er von der menschlichen Liebe, die zu Gott hinstrebt – also eher vom spirituellen „Eros". Was er dagegen Barmherzigkeit nennt, deckt sich sicherlich auch mit dem, was wir als Agape verstehen: die sich verströmende, verschenkende Liebe. Nur hat das Wort Liebe einen vergleichsweise „hellen" und „hohen" Klang, wie eine Violine, während die Barmherzigkeit eher einem Cello gleicht und „tiefere" Schichten in uns zum Vibrieren bringt. Eine der Eigenschaften Jahwes heißt im Alten Testament wörtlich „die Bewegungen des Mutterleibes". Erbarmen und Gebären liegen nah beisammen. Vor allem aber ist das Erbarmen „unergründlicher", und nicht zufällig spricht Eckhart im Zusammenhang mit der Barmherzigkeit von einem „weiten unergründlichen Meer".

Wäre der Grund nur das nackte Eine, das reine Sein, so bestünde die Gefahr, dass man ihn radikal von der Schöpfung, von der Welt der Erscheinungen abtrennt: als ein statisches Absolutes, das nicht den geringsten Impuls in sich zur Schöpfung hätte. Er wäre *nur* klar, durchsichtig – gleichsam ein riesiger transparenter Eisblock. Von Unergründlichkeit weit und breit keine Spur. Dass der Grund das „Klare Licht" der Gottheit ist – *und* ein unergründliches Meer des Erbarmens, lässt sich rational nicht völlig verstehen. Aber dann wäre er auch nicht mehr der letzte Grund, wenn wir ihn völlig „verstehen" könnten.

Natürlich sind auch dies nur „Annäherungen" an den Grund bzw. „Umkreisungen" des Grundes. Im Vedanta verfügen wir, um ihn zu „bezeichnen", über die Begriffe *Brahman* und *Atman,* die beide oft als Synonyme gebraucht werden. Doch obschon beide auf die letzte Wirklichkeit hinweisen, haben sie verschiedene Bedeutungs-„Färbungen". Der *Atman* steht eher für die Klarheit höchster Erkenntnis (obschon seine ursprüngliche Bedeutung auch auf das Vitale, Lebendige, den *Atem* des Lebens hindeutet), während das Wort *Brahman* eher ein unermessliches, unergründliches Meer suggeriert. Der Atman hat – wie der *Purusha* des Sankhya-und Yoga-Systems – etwas sehr Helles, Reines, Lichtvolles. Brahman dagegen ist so unermesslich, dass es Licht *und* Dunkelheit in sich birgt. Sein unendlicher Mantel des Erbarmens hüllt sogar noch die „dunkle" Materie ein. Denken wir beim Atman eher an das verwirklichte innere Zentrum des „männlichen" Asketen und *Jivanmukta*, ist Brahman auch Schoß und Gebärmutter. Zumindest in den Upanishaden ist Brahman noch nicht fein säuberlich von *Prakriti,* der Natur, getrennt. Brahman transzendiert die Natur, aber es wäre nicht das Unendliche, wenn es irgendetwas „außerhalb" von ihm geben würde.

DIE INKARNATION ALS „AUSDRUCK" DES GRUNDES

Noch ein Aspekt ist in diesem Zusammenhang sehr wichtig. Sowohl *Ananda,* die Glückseligkeit, als auch *Karuna,* das Mitgefühl, weisen auf die Bereitschaft des göttlichen Grundes hin, aus sich herauszugehen, sich mitzuteilen, sich zu „entleeren". Dadurch wird eine geheimnisvolle Verbindung zwischen dem Grund und der göttlichen Inkarnation – die man ja auch als „Ausdruck" dieses Erbarmens auffassen kann – hergestellt. Einer Religion, die weder den unpersönlichen Grund noch das Mysterium und Paradox der Inkarnation kennt, sondern „nur" den allmächtigen Schöpfergott, fehlt diese ungeheuere Spannweite, diese Dimension des „Unergründlichen". Die komplexe Gestalt der Inkarnation weist viel stärker auf den unergründlichen Grund hin als der oft sehr „vordergründige" Vatergott der rein monotheistischen Religionen. Ihr Erscheinen ist auch weit mehr als nur ein Zufallskapitel der Heilsgeschichte, weit mehr als nur eine Reaktion auf einen Sündenfall, weit mehr als eine bloße Sühnetat, die nicht notwendig gewesen wäre, wenn alles „gut" gelaufen wäre. Die Inkarnation ist Ausdruck des Grundes – und wird sich deshalb immer wieder inkarnieren. Sie ist ein „Meer des Erbarmens" – nicht nur, weil sie auf die Not der Wesen reagiert und ihnen zu Hilfe eilt, sondern weil sie Ausdruck eines uranfänglichen Erbarmens ist, das die vergängliche Welt überhaupt erst hervorgebracht hat. Erbarmen und Glückseligkeit fallen in ihr – wie im Grund – zusammen. Der bloße Verstand versteht das nicht, aber die Weisheit (*Prajna*), die mehr im Erleben wurzelt, hat damit keine Probleme.

Im Licht dieser Weisheit löst sich wohl auch unser Bodhisattva-Problem, das wir im vorhergehenden Kapitel angesprochen haben.

In diesem Licht sind die erlösungsbedürftigen Wesen und die Bodhisattvas nur zwei Aspekte der Wirklichkeit, der unergründlichen Tiefe der Barmherzigkeit. Fassen wir den Bodhisattva als ein begrenztes Einzelwesen auf, das andere begrenzte Einzelwesen „erlösen" will, so ist das natürlich absurd, da er mit seiner Arbeit nie fertig wird – ganz abgesehen von der Arroganz, die in diesem Entschluss, alle Wesen erlösen zu wollen, steckt. Wir brauchen jedoch gar kein absolutes Weltende anzunehmen, um den Boddhisattva aus dieser Verlegenheit zu befreien. Denn so wie es immer wieder Wesen geben wird, die der Erlösung und Befreiung bedürfen, wird es auch immer wieder Bodhisattvas geben, die sich ihrer annehmen. Beide kommen aus dem unergründlichen Schoß der Leere und kehren in ihn zurück, beide sind Ausdruck dieser Leere. Es ist deshalb im Grunde unwichtig, wie lange Individuen wie Vivekananda oder Meister Eckhart weiterwirken, um der Menschheit in ihrer geistigen Evolution zu helfen. Auch wenn der Bodhisattva sich zuletzt „zurückzieht", bricht er sein Gelübde nicht, denn dieses persönliche Gelübde ist nur stellvertretend für das Gelübde der grundlosen Tiefe; er spricht nur aus, was in dieser Tiefe unausgesprochen bleibt. Der im Nirvana entschwundene Buddha wirkt zugleich als Bodhisattva, als Avatar, als Guru in der Welt; der die ganze Schöpfung transzendierende und von ihr nicht berührte Krishna hängt zugleich als Jesus am Kreuz. *Turiya*, das absolute Bewusstsein, in dem alle Erscheinungen ihr Ende finden, ist zugleich das Meer des Erbarmens, aus dem alle Wesen hervorkommen und aus dem ewig das Wort, das Gelübde, gesprochen wird als der „Sohn", der nicht eher ruht, als bis alles wieder in Gott zurückgeführt ist. Das Sprechen des Gelübdes und die Erschaffung der Welt sind ein Akt, ein immerwährendes Opfer der Gottheit.

„Wir wissen", schrieb Victor Frankl, „vom unendlich fernen, unendlich tiefen Grund des Seins her wird uns nur dann keine Antwort zuteil, wenn wir unsere Fragen – richtig adressiert haben. Denn dann bleiben wir gerade deshalb ohne Antwort, weil unsere Fragen – das Unendliche erreicht haben."

Doch das Unendliche ist nicht nur unendlich. Es ist so unendlich, dass es auch endlich werden kann. Und der Grund ist nicht nur unergründlich; er kann seine Unergründlichkeit, durch die Macht seiner unergründlichen Maya, auch nach außen hin ausdrücken. Wir alle sind der Ausdruck, die Offenbarung dieses Grundes, doch am dichtesten hat er sich wohl in der göttlichen Inkarnation oder im Avatar ausgedrückt und geoffenbart: in einem Christus, in einem Buddha, in einem Ramakrishna. Sie alle sind unergründlich – und gleichzeitig einfach und klar. Sie halten nichts in der geschlossenen Faust zurück. Sie offenbaren das Absolute auf eine solche Weise, dass es fast ein Kind versteht. Die Unergründlichkeit des Grundes sollte uns deshalb nicht zu Agnostikern oder zu vergrübelten Pessimisten machen. Der stille Grund ist zugleich das Mitteilsamste, das man sich vorstellen kann. Verhüllung und Offenbarung sind ein großes kosmisches Spiel – und nicht selten ist die Offenbarung auch Verhüllung – und umgekehrt.

DIE ANANDA-TRÄNE

Letztlich lässt sich die Unergründlichkeit des Grundes, die die Schöpfung mit einschließt, eher in einem poetischen Bild als in einem rationalen Denkmodell darstellen. Mit einem solchen Bild möchte ich schließen. Es ist das Bild eines Erleuchteten, eines Verwirklichten, der völlig entspannt dasitzt. Man sieht ihm an, dass es für ihn nicht mehr das Geringste zu tun gibt, dass er die Welt überwunden hat. Die Lippen sind zu einem verhaltenen, fast versteckten Lächeln leicht geöffnet. Die Augen sind halb geschlossen. Sieht man genauer hin, so entdeckt man in jedem Augenwinkel eine Träne – eine *Ananda*-Träne, eine Träne der Glückseligkeit. Sieht man noch genauer hin, erblickt man in jeder Träne einen ganzen Kosmos, ein Universum, eine Unzahl von Erscheinungen, voller Freude und Schmerz, Licht und Dunkelheit. Alles ist darin enthalten, die schönsten Blüten und die verrücktesten Entgleisungen der Evolution, die schlimmsten Schurken und die selbstlosesten Bodhisattvas, die entsetzlichsten Verbrechen und die freudigsten Ekstasen. Im Funkeln dieser winzigen Träne sehen wir die Entstehung und den Kollaps ganzer Galaxien, strenge Zen-Mönche und tanzende Derwische, Vergewaltigungen im Sudan und das transparente Strahlen supramentaler Wesen. Wir sehen einen leuchtenden Kreis: Der Erleuchtete ist in den Grund zurückgekehrt, und aus der Glückseligkeit und dem Erbarmen des Grundes brechen immer wieder neue Schöpfungen hervor: unzählige Ananda-Tränen. Wir befinden uns in einer davon. Und ruhen doch zugleich im Grund.

Wir können dieses Rätsel nur lösen, indem wir ihm auf den Grund gehen – und dann gibt es kein Rätsel mehr.

ANHANG

„SPIRITUELLE AUTARKIE"?

Ein Brief an Bernardin Schellenberger

In seinem Buch „Auf den Wegen der Sehnsucht" artikuliert der ehemalige Trappistenmönch Bernardin Schellenberger seine Sorge, die Spiritualität könne heute zu einer weichgespülten, konturlosen All-Einheits-Mystik verkommen, und versucht dagegen mit dem altchristlichen Ideal einer personalen Gottesbeziehung – mit all ihren scharfen Kanten und unaufgelösten Resten, die auch in zwischenmenschlichen Beziehungen anzutreffen sind – anzugehen. In gewisser Weise ist sein Anliegen dem meines Buches, das die Grundvergessenheit des Abendlandes beklagt, also genau entgegengesetzt. Auf gewisse zentrale Aussagen meiner Studie, die ich bereits früher in einem kurzen Zeitschriftenartikel[1] zusammengefasst hatte, reagierte Schellenberger in seinem Buch ein wenig gereizt und ironisch:

„Der deutsche Neo-Hinduist Hans Torwesten stellte unlängst verwundert die Frage: ‚Warum hat es nie einen Aufstand gegen die offizielle Theologie gegeben, die im Menschen einen armseligen Bettler sieht, der nichts, aber auch gar nichts von zu Hause mitbringt und alles, aber auch alles der großzügigen Gnade Gottes zu verdanken hat?' Die Vorstellung, aus dem Nichts erschaffen zu sein, schaffe doch unvermeidlich ‚eine verängstigte neurotische Kreatur, der es vielleicht gelingen mag, in den Armen des göttlichen Übervaters Schutz zu finden, die es sich aber nie erlauben kann, sich schlicht im eigenen Seinsgrund zu entspannen.'

Zum Glück, so Torwesten, habe man nun endlich die Göttlichkeit des eigenen Seinsgrundes wiederentdeckt, und so kann er die frohe Botschaft ausrufen: ‚Nach der mystischen Lehre vom *Grund* ist die Transzendenz demokratischer Allgemeinbesitz.'

Damit ist jeder Einzelne metaphysisch, spirituell für autark erklärt und kann sich jederzeit im Whirlpool des eigenen Seinsgrundes entspannen.

Dieses spirituelle Ressentiment gegen die Vorstellung, von einem Gott abhängig zu sein, deckt sich verblüffend mit dem gesellschaftlichen Ressentiment, von anderen Menschen abhängig zu sein."[2]

Ich habe nach der Lektüre dieser Zeilen – und des ganzen Buches – sofort das briefliche Gespräch mit Schellenberger gesucht und habe einen äußerst sympathischen, aufgeschlossenen Menschen vorgefunden, der es nicht unter seiner Würde fand, die eine oder andere Formulierung – so z.B. die vom „Neo-Hinduisten", über die ich nicht ganz glücklich war – zu revidieren. Ja, „menschlich", aber auch in spiritueller Hinsicht, gab es da zahlreiche Berührungspunkte. Doch die lebhafte Korrespondenz offenbarte eben auch, dass man gewisse tiefgreifende Unterschiede im Fühlen und Denken nicht einfach mit bloßer „Sympathie" aus dem Weg schaffen kann.

Ich versuche im folgenden „Brief" meinen Standpunkt, den ich in dieser Korrespondenz äußerte, und auch noch manche nachträglichen Überlegungen zusammenzufassen, da ich der Meinung bin, dass es hier nicht nur um eine rein persönliche Auseinandersetzung geht, sondern dass hier uralte gegensätzliche Positionen aufeinanderprallen, die sich durch die ganze Geschichte der Religion und Mystik ziehen und die auch in diesem „Grund"-Buch eine große Rolle spielen. Dabei ist hervorzuheben, dass Schellenberger nicht die „Amtskirche" vertritt – unter der er als „ausgetretener" Mönch gewiss auch zu leiden hatte. Dennoch spricht er natürlich nicht nur für sich, wenn er eine Lanze für die „Person" und das „dialogische" Element bricht, sondern fühlt sich von einer langen christlich-abendländischen Tradition getragen, die er nun durch das sogenannte „Neue Paradigma" moderner meditativer Kreise, die den überpersönlichen Grund stärker betonen, gefährdet sieht.

Lieber Herr Schellenberger,

methodisch leidet Ihre Studie an einer gewissen Unschärfe, was das „Feindbild" angeht. Denn Sie weisen ausdrücklich darauf hin, dass sich Ihre Kritik vor allem gegen eine gewisse spirituelle „Szene" richtet – für die dann insbesondere Willigis Jäger als „Stellvertreter" herhalten muss –, und nicht gegen die hoch-differenzierten Systeme des traditionellen Hinduismus und Buddhismus. Gleichzeitig versuchen Sie klarzumachen, dass das „neue Paradigma" mit seiner Betonung eines überpersönlichen Seinsgrundes eine uralte Geschichte sei, ein Konglomerat aus Neuplatonismus und östlichen Weisheitslehren, das durch die personale Gottesauffassung der frühen Kirchenväter und auch späterer christlicher Mystiker und Theologen längst überwunden worden sei.

Nun ist es natürlich durchaus legitim, gegen gewisse Übervereinfachungen der heutigen Esoterik- und Meditationsszene – für die man sich allerdings andere Vertreter als Willigis Jäger aussuchen sollte, dem es an spirituellem Tiefgang gewiss nicht mangelt und der auch durchaus „differenziert" denken kann – anzugehen. Doch hinter diesem Angriff steckt bei Ihnen doch, wenn man nur tief genug gräbt, ein kaum verhülltes Unbehagen an der mystischen Lehre vom „Grund" überhaupt, die ja nun weiß Gott nicht von einem Willigis Jäger, Hans Torwesten oder irgendeinem modischen Satsang-Lehrer erfunden worden ist, sondern zum ältesten Bestandteil der Spiritualität überhaupt gehört. Deshalb wäre es ehrlicher, sich mit den Rishis der Upanishaden, Plotin, Nagarjuna, Shankara, Ramakrishna, Vivekananda, Ramana Maharshi – oder eben Meister Eckhart (um den Sie einen großen Bogen machen) anzulegen. Denn sonst werden nur Nebelkerzen geworfen, und der „Dunst", der Ihrer Meinung nach über der ganzen heutigen spirituellen Szene liegt, wird noch verstärkt.

Kurz zur geschichtlichen Sichtweise: Sie sind der Ansicht, dass das, was heute als östliche Meditationswelle und „neue Spiritualität" breiten Anklang findet, von der frühchristlichen Kirche längst kritisiert und überwunden worden sei – eben in der Auseinandersetzung mit der Gnosis und vor allem dem Neuplatonismus. Ja, Sie erwecken den Eindruck, dass im geistigen Schmelztiegel Alexandria auch bereits östliches, vor allem buddhistisches Gedankengut verrührt worden sei und dass den heutigen Christen durch die Abstoßung dieser Tendenzen die Notwendigkeit eines Dialoges mit dem Osten eigentlich erspart würde. Mit anderen Worten: Zen, Vedanta, Taoismus – ein uralter Hut, der längst durch eine genuin-christliche Spiritualität, die auf die personale Beziehung zwischen Gott und Mensch setzt, überwunden sei.

Nun mögen ja wirklich ein paar buddhistische Funken bis in den vorderen Orient und nach Alexandrien herübergesprüht sein, aber das heißt noch lange nicht, dass damals schon eine gründliche Auseinandersetzung mit den östlichen Religionen stattgefunden hätte. Die Kirchenväter kannten nicht den Pali-Kanon oder die subtilen Texte des Mahayana-Buddhismus, sie waren nicht mit den Upanishaden oder gar der „theistischen" Bhagavad-Gita vertraut, sie erwähnen Lao-tse mit keinem Wort, und Bhodhidharma war zu ihrer Zeit noch gar nicht nach China gekommen – ganz zu schweigen von neuen spirituellen Bewegungen im Osten, vor allem in Indien, mit denen man sich eben *heute* auseinandersetzen muss.

Selbstverständlich gab es auch im geografischen Bereich der Kirchenväter bereits eine Mystik – vor allem die neuplatonische Lehre –, die den überpersönlichen Grund betonte, doch wenn nun die Kirchenväter mehr die persönliche Beziehung zu Gott hervorhoben, so bewiesen sie damit lediglich, dass sie vom religiösen Temperament her, trotz vieler tiefer intellektueller Einsichten, vor allem *Bhaktas* waren, Gott-liebende – so wie in Indien die großen Acharyas Ramanuja oder Madhva, die „theistisch" geprägte Vedanta-Systeme gründeten. Die Kirchenväter bewiesen damit *nicht*, dass das Persönliche dem Überpersönlichen überlegen ist. Da trennte sich nicht plötzlich – wie Sie suggerieren – in der spirituellen Evolution eine höhere von einer niederen Stufe, sondern da artikulierte sich ein theistisches Weltbild, das ähnlich schon längst im Judentum formuliert worden war (mit Ausnahme der „Inkarnation"und der damit zusammenhängenden Trinitätslehre), und das ähnlich auch im Islam und in hinduistischen Bhakti-Schulen seine Stimme fand. (Wie Sie wissen, gehen ja viele Anhänger einer rein transpersonalen Mystik genau umgekehrt vor: Da gilt jede „dualistische" Beziehung zu Gott, die sich noch in Gebeten und im „Dialogischen" ausdrückt, allenfalls als Vorschule oder gar als „Kindergarten", dem man irgendwann einmal entwachsen muss!)

Darüber hinaus fragt es sich, ob der Siegeszug einer Theologie, die Gott als absoluten Herrscher und den Menschen vor allem als Sünder, als nichtige Kreatur – siehe Augustinus – ansah, einzig und allein eine Frucht spiritueller Denkarbeit war. Spielten da nicht auch ganz simple Gesetze der Machtausübung eine Rolle – sowohl für Rom als auch für die Amtskirche? Ein Mensch, der sich völlig abhängig weiß von seinem Herrscher, ob nun von Gott oder dem Kaiser, ist sicherlich ein besserer Untertan als jemand, der sich eins mit dem göttlichen Grund weiß. Warum wurde denn Meister Eckhart verurteilt? Doch nicht nur wegen ein paar subtiler theologischer Feinheiten, sondern weil der Mensch, der nach seiner „Grund"-Lehre lebt, *unverfügbar* ist – und deshalb letztlich keine „Vermittlung" durch eine Kirche mehr braucht.

Nach Ihrer Meinung und auch nach der offiziellen Lehre der Kirche ist der Mensch auf die göttliche Transzendenz absolut *angewiesen*. Nach der „Grund"-Lehre ist er auf Transzendenz *angelegt* – und es ist nur eine Frage der Zeit, wann er sie (wieder)verwirklicht.

Zugegebenerweise riskiert heute niemand, der seine metaphysische Einheit mit dem göttlichen Grund betont, den Scheiterhaufen. Aber man kann immer noch, wie das Beispiel Willigis Jäger zeigt, mit Restriktionen rechnen, wenn man sich allzu forsch in „transpersonale" mystische Bezirke vorwagt. Auch die Pioniere eines interreligiösen Dialogs wie Henri le Saux und Bede Griffiths, die Sie zu Beginn Ihres Buches lobend erwähnen, hatten arge Schwierigkeiten mit der Kirche. Sie unterschätzen, glaube ich, den Umstand, dass die personale Beziehung zu Gott im christlichen Kulturbereich nicht nur die reiche Frucht eines spirituellen Innenlebens war, sondern auch die einzige „offiziell" erlaubte Form des religiösen Lebens. Und die Betonung des „Transpersonalen" in der heutigen Meditationsszene ist nicht zuletzt auch ein Befreiungsschlag, eine Reaktion auf diesen langen Druck von „oben", ein spirituelles *Aufatmen*.

Ihre Befürchtung jedoch, die Dimension des Dialoghaften, Personalen könne durch den Einfluss der östlichen auf die christliche Spiritualität ganz verschwinden, dürfte wohl etwas übertrieben sein. Zumindest was die reine *Quantität* betrifft, sind all die religiösen Gruppierungen im Westen, die die Atmosphäre von Kirchentagen und Weltjugendtreffs prägen, die in charismatischen Gruppen ihren direkten persönlichen Draht zu Gott betonen oder in Scharen zu Wallfahrtskirchen pilgern – ganz zu schweigen von all den Evangelikalen, die nahezu die Hälfte aller U.S.Bürger ausmachen – immer noch weit in der Überzahl gegenüber denen, die sich in eher kleinen Kreisen auf Sitzkissen auf den Grund gehen. (Und ganz nebenbei: In Religionen, die viel „mystischer" geprägt sind als das Christentum, wie etwa dem Hinduismus, dürften mindestens 90% der Gläubigen ihre Religiosität auch eher durch Gebete zu einer Gottheit ausdrükken als durch eine Versenkung ins unpersönliche Brahman.)

Nun leugnen Sie ja keineswegs die Existenz eines „Grundes". Aber er ist für Sie etwas „Minderwertiges". „Meiner Überzeugung nach", schreiben Sie in einem Ihrer Briefe, „ist gegenüber allem ‚Wesen' und ‚Substanziellen' und ‚Grund' die Kategorie des ‚Personalen', des DU etwas qualitativ Höheres und Neues, ähnlich wie Sprache gegenüber dem Stummsein bzw. der wortlosen Kommunikation der Tiere."

Warum haben dann Mystiker wie Teresa von Avila oder Johannes vom Kreuz, die sich durchaus auf eine persönliche Beziehung zu Gott verstanden, im Schweigen eher eine *Erfüllung* des verbalen Gebetes gesehen – und nicht einen Absturz in tierisches „Noch-nicht-sprechen-Können"? Warum behauptete Meister Eckhart, der ja durchaus in seiner Mystik Raum hatte für den persönlichen Gottesbezug, die „Gottheit" bzw. der Grund sei „über" dem persönlichen Schöpfergott „wie der Himmel über der Erde?" Warum bat er Gott, dass er ihn Gottes „quitt" mache? Warum zerhieb Ramakrishna das „Gegenüber" seiner heiß geliebten Göttlichen Mutter mit dem *Jnana*-Schwert, um aufgehen zu können im überpersönlichen Brahman? Sind diese fast übermenschlichen Anstrengungen nichts weiter als regressive Tendenzen, sich endlich wieder in einem primitiven Urmeer, das sich noch nicht „artikulieren" kann, zu entspannen? (Und ganz persönlich gefragt: Wenn das Sprechen einen solchen Vorzug vor dem Stummsein hat, warum sind Sie dann Trappist geworden?)

Es gibt inzwischen eine umfangreiche Literatur, die das transpersonale „Eine" sehr klar vom noch undifferenzierten Chaos und „Mutterschoß" abgrenzt. Ich nenne hier nur Ken Wilber. Und es ist mühsam und auch recht undankbar, immer wieder auf diesen Unterschied zwischen dem Noch-Unbewussten und dem Über-Bewussten hinweisen zu müssen. Alle, die im Namen des Christentums das Personale gegenüber dem „Grund" abheben wollten, etwa Teilhard de Chardin, haben es hier im Namen größerer Differenzierung genau an dieser Differenzierung fehlen lassen – um eben die Superiorität des „personalen" Christentums gegenüber anderen Weltanschauungen zu behaupten.

Mit einem gewissen Recht beklagen Sie, dass viele meditativen Gruppen heute mit dem Schweigen *anfangen* – und sich überhaupt nicht mehr auf das Dialogische und auch Differenzierende einlassen. „Man soll laufen in den Frieden, man soll nicht anfangen im Frieden", sagte Eckhart. Und in all diesen Mühen des Anfangs sollte auch das „Personale", „Dialogische" und meinetwegen auch das „Biografische" des konkreten Lebens nicht zu kurz kommen.

Doch es ist andererseits auch verständlich, dass die Betonung in vielen spirituellen Kreisen heute mehr auf dem „Grund"-sätzlichen liegt und auch auf dem Schweigen. Die Beichtväter und Spiritualen der Kirche haben sich viele Jahrhunderte lang fast ausschließlich mit dem „Personalen", Biografischen und allen nur erdenklichen Differenzierungen beschäftigt. Es gibt nicht nur individuelle Entwicklungen im Seelenleben, sondern auch „kollektive". Und wenn dann einmal das Pendel sehr stark zur anderen Seite ausschwenkt – ist das so tragisch? Gibt es da nicht einen ungeheueren Nachholbedarf im Westen?

Außerdem: Vielen Menschen ist heute ein personales Gottesverhältnis schlicht abhanden gekommen. Der „transzendente, geheimnisvolle, gewaltige, unverfügbare" Gott, von dem Sie sprechen, kann ihnen nicht mehr „nahe" gebracht werden. Er hat sich in die absolute „leere" Transzendenz – oder in die völlige Säkularisierung – aufgelöst. Wenn nun trotzdem spirituelle Sehnsüchte da sind, wie sollen sich diese ausdrücken? Wie soll dieser Durst gelöscht werden? Soll man ihnen das Beten, das Sprechen mit Gott wieder künstlich beibringen? Liegt es nicht näher, mit einer eher „neutralen" überpersönlichen Meditationsform zu beginnen, die an keine konfessionellen Gottesbilder gebunden ist? Wenn dann auf dem weiteren Weg auch wieder eine „persönlichere" Beziehung zu Gott aufblüht, in einem neuen Freiraum, so ist dies ein wunderbares Geschenk. Aber erzwingen lässt sie sich nicht und gehört in meinen Augen auch nicht zum absoluten „Muss" einer spirituellen Entwicklung.

Für Sie bricht gleich das Abendland mit dieser Neuausrichtung auf den „Grund" zusammen. „Das scheint mir nun zu korrespondieren mit einem allgemeinen Zerfall von Sprache, gründlicher Reflexion, konstruktiver Auseinander-Setzung, Ver-Antwortung..." Ich sehe diese Gefahr nicht. Ich frage mich eher, warum das Christentum, von Ausnahmen abgesehen, nie fähig war, durch „gründliche Reflexion" und spirituellen Tiefgang zu jenen Erkenntnissen vorzudringen, mit denen uns nun der Osten – mit Recht – überschwemmt.

„Meine Grunderfahrung war die einer Berufung, die ich deutlich als ‚Anruf' und faszinierende, begeisternde Aufforderung empfand...", schreiben Sie. Diesen Anruf verstehen Sie natürlich „personal" – und Sie fügen hinzu: „Was mich fasziniert hat, war das Phänomen, dass das, was Sie wohl als ‚Grund' bezeichnen würden, sich in der Geschichte sozusagen ‚geregt', ‚verlautbart' und als konkrete historische ‚Energie' aktiviert hat." Damit bin ich völlig einverstanden. Nur glaube ich natürlich nicht, dass sich der Grund nur in den Propheten des Alten Testaments, in Jesus und vielleicht noch im Vatikan „verlautbart" hat, sondern auch in den Upanishaden, in den Reden Buddhas, in den Predigten Meister Eckharts und in den Aussprüchen Ramakrishnas oder Ramana Maharshis. Ich glaube an die „Inkarnation" des Göttlichen in der Welt, an die „Wort"-Werdung des unaussprechlichen Absoluten. Aber zugleich höre ich paradoxerweise auch einen „Anruf" jenes Grundes, der „nie nach einem Werk ausgelugt hat", wie Eckhart sagt, der alle „Offenbarung" (die immer nur in „Maya" stattfinden kann) transzendiert, der mich lockt in die „Wüste" der nackten Gottheit, aus der das „Wort", das OM, hervorkommt und uns wieder zurückführt in die Stille. Die Sehnsucht nach dieser namenlosen Stille kann so herzzerreißend sein wie die Sehnsucht nach dem oder der göttlichen „Geliebten". Und sind sie „im Grunde" nicht nur zwei Aspekte derselben göttlichen Wirklichkeit?

Selbst der Jesuit und Mystikkenner Josef Sudbrack, auf den Sie sich gern berufen, gibt zu, dass die „Abhebung der Identitätsmystik des Menschen von der Beziehungsmystik auf Gott hin", wie sie zum Beispiel Martin Buber betrieb, „zu scharf sei". „Die Erfahrungsberichte und

Biografien der christlichen Mystik kennen fließendere Übergänge", schreibt er – und man möchte hinzufügen: erst recht die Biografien hinduistischer und auch islamischer Mystik! „Wenn diese ‚Ek-stase' auf Gott hin dem Menschen zur ‚Einheits'-Erfahrung wird", schreibt Sudbrack weiter, „ beginnt dieser zu ahnen, dass Gott nicht nur das Du ist, dem er in Liebe begegnet, sondern auch der Grund, der die Einheits-erfahrung trägt. Ein eindimensionales Sprechen von Gott und damit von Gotteserfahrung – nur ‚gegenüberstehendes Du' oder nur ‚Meer der Seinseinheit' – wird der göttlichen Wirklichkeit nicht gerecht."[3]

Mystiker wie Eckhart oder Ramakrishna haben aus dieser „Ah-nung" Gewissheit werden lassen, indem sie beides akzeptierten und verwirklichten: die stille Wüste der Gottheit und den dynamischen persönlichen Gott. Und an solchen Höhepunkten christlicher und auch östlicher Mystik sollte man sich orientieren – und nicht so sehr an einem Philosophen wie Martin Buber, der die überpersönliche „Mystik" als bloße Jugendsünde abtat, ohne je den „Grund", von dem Meister Eckhart spricht, verwirklicht zu haben. (Damit bestreite ich keineswegs, dass die Dimension des ‚Ich und Du', die Buber erkun-dete, von äußerster Wichtigkeit ist; doch das bedeutet noch keines-wegs, dass Buber den Erlebnishorizont eines Eckhart damit schon transzendiert hätte.)

Natürlich kann das „Ruhen im Grund" – oder in dem, was man für den „Grund" hält – durchaus seine Tücken haben, da haben Sie völlig recht. Doch auf solche Gefahren haben nicht nur Mystiker wie Tauler, Ruysbroeck, Teresa von Avila und auch ostkirchliche Meister des Gebets hingewiesen, sondern auch erleuchtete Yogis wie Ramana Maharshi, der einen gewissen Zustand äußerster Gemütsruhe (*mano-laya*) für sehr gefährlich hielt. Ich möchte den diesbezüglichen, in meinem Buch bereits erwähnten Text hier noch einmal in seiner vol-len Länge zitieren, da er wohl endlich mit dem Märchen aufräumt, nur christliche Mystiker wüssten um diese Gefahr.

„Manolaya, d.h. Einschmelzen des Gemüts, bedeutet die Samm-lung, die den Strom des Bewusstseins zeitweilig anhält. Sobald diese Sammlung aufhört, strömen Vorstellungen, alte und neue, wie ge-wöhnlich ein, und wenn dieses zeitweilige Einlullen des Gemüts auch tausend Jahre währt, so führt es niemals zu jenem völligen Abbau des

Bewusstseins, den man unter Erlösung oder dem Freisein von Geburt und Tod versteht. Man muss deshalb bei seinen Übungen auf der Hut sein und nach innen die Frage stellen: ‚Wer hat das Erlebnis?' und ‚Wer erlebt die Beglückung?', und solange man das nicht ergründen kann, läuft man Gefahr, in einen langen Trancezustand oder traumlos tiefen Yogaschlaf (*yoga-nidra*) zu verfallen. Wenn dann für den Übenden kein geeigneter Führer da ist, kommt es vor, dass er sich selber betrügt und einem Wahnbild der Erlösung zum Opfer fällt... Manolaya, das Einschmelzen des Gemüts, ist ein Zeichen dafür, dass man dem Ziel schon merklich näher gerückt ist, aber es ist auch der Punkt, wo sich der Weg gabelt: Ein Weg führt weiter zur Erlösung, der andere zum Yoga-Tiefschlaf."[4]

Mit anderen Worten: Es gibt verschiedene Entwicklungsstufen der Ruhe, Stille und Erfüllung, die nicht alle über einen Leisten geschlagen werden sollten. Wenn sich deshalb manche christliche Mystiker von gewissen Zuständen der Seelenruhe wieder abwandten, um weiterzukommen, so ist damit nicht automatisch die ganze nicht-personale Mystik des Ostens (oder Meister Eckharts) als bloße Anfangs- oder Mittelstufe abqualifiziert. Ramana verließ den Zustand des „Eingelulltseins" nicht, um sich fortan nur noch einer personalen Mystik zu widmen, sondern um den wahren Zustand des *Advaita*, der „Nicht-Zweiheit", zu verwirklichen. Was ihn übrigens nicht hinderte, gleichzeitig ergreifende Hymnen zum Lobpreis Shivas zu dichten.

Vielleicht stören Sie sich bei dem vorangegangenen Zitat an dem Ausdruck „völliger Abbau des Bewusstseins" – wobei es sich natürlich auch um ein Übersetzungsproblem handelt. Auf jeden Fall meint Ramana nicht ein Versinken im Unbewussten oder Vor-Bewussten, sondern das Transzendieren aller mentalen Schwingungen (*vrittis)* und geistigen Tendenzen (*vasanas*), die uns noch an unser empirisches Ich fesseln und auch nicht durch eine vorübergehende „Trance" verschwinden. Ramana ging es, wie allen wirklichen Meistern, um eine tiefgreifende Transformation des ganzen Menschen – die aber nach seinem Verständnis nicht etwas völlig „Neues" zu Tage fördert, sondern den „natürlichen" Zustand des Menschen offenbart. (Womit wir schon wieder bei unserem Kern-Gegensatz wären: Für Sie und für das traditionelle christliche Verständnis ist es mit dem „natürlichen" Zustand des Menschen nicht weit her, er muss unbedingt von

Gott gnadenhaft „überformt" werden, damit er überhaupt „vorzeigbar" ist; für den Advaitin und wohl auch für Eckhart ist unser „ursprünglicher" Zustand unsere Atman- oder auch Buddha-Natur.)

Der radikale „Abbau des (normalen) Bewusstseins", der Eckharts radikaler „Armut im Geiste" gleichen dürfte, mag äußerlich wie eine völlige Reduktion aussehen, ist aber in Wirklichkeit eine ungeheuere Steigerung des Bewusstseins, das seine eigentliche göttliche *Chit*-Natur erfährt. *Chit* – der Sankrit-Begriff für Geist, Erkenntnis, Bewusstsein – verwirklicht sich hier in seiner reinen Essenz. Die Schwingung wird nicht auf Null heruntergefahren, sondern erlebt eine solche Beschleunigung und Intensivierung, dass keine Bewegung mehr feststellbar ist. Extreme gleichen sich oft, wie Vivekananda in seinem „Raya-Yoga"-Buch deutlich gemacht hat. Ihre Feststellung: „Im Christentum wird das mystische Einswerden nicht auf Null erlebt, sondern auf Hundertachtzig" trifft deshalb, wenn sie sich als Gegenpol zur östlichen Mystik versteht, nicht ins Schwarze. „Es", schreiben Sie weiter, „wird im intensivsten Hin-hören und Hin-gerissensein erfahren, nicht im Herunterdimmen der Ohren und im Vergehen."[5] – Sprechen Sie wirklich vom „mystischen Einswerden"? Ist da wirklich noch ein „Hörender" und „Hingerissener" existent? Vergehen einem da nicht Hören und Sehen – und auch das Staunen? Auch wenn Mystiker wie Eckhart, wenn sie diesen Zustand „nachträglich" und gleichsam von außen betrachten, von einem bestaunenswerten Wunder sprechen können: „Lausche (denn) auf das Wunder! Wie wunderbar: draußen stehen wie drinnen, begreifen und umgriffen werden, schauen und zugleich das Geschaute selbst sein, halten und gehalten werden – *das* ist das Ziel, wo der Geist in Ruhe verharrt, der lieben Ewigkeit vereint."[6]

Im Übrigen treten auf dem spirituellen Pfad nicht nur dann „Tücken" auf, wenn man sich dem überpersönlichen Grund verschreibt, sondern auch bei der persönlichen Gottesanbetung. Der strenge Eckhart hatte nicht so sehr mit Menschen zu tun, die sich vom „Ruhen im Grund" angezogen fühlten, sondern wohl meistens mit Nonnen, die sich wahren Orgien der Verzückung hingaben – als Hörende, Sehende und Hingerissene, höchstwahrscheinlich auf hundertachtzig! Der menschlich allzu menschliche Narzissmus findet überall seinen Nährboden: in einem quietistischen „Eingelulltsein" des Geistes ebenso wie in ekstatischen „personalen" Verzückungen. Eckhart sagte den Nonnen, um deren Seelsorge er sich kümmern musste, nicht, sie seien völlig auf dem falschen Weg – genau so wenig wie Ramana Maharshi den Yogis sagte, ihr „mano-laya"-Zustand sei ein völliger Irrweg. Sie wiesen nur darauf hin, dass diese Zustände, egal, ob nun persönlicher oder überpersönlicher Art, nur vorläufige Zwischenzustände seien, gleichsam „Zuckerl", die uns animieren sollen, den spirituellen Weg weiter zu verfolgen – aber eben noch nicht das Ziel: das vollkommen „erwachte" Einssein im Grund.

Nun kann man natürlich niemanden zum Verwirklichen des attributlosen Grundes zwingen. Der *Bhakta*, der Gott als Person anbete, verlange gewöhnlich nicht nach einer völligen Einswerdung, sagte Ramakrishna, ihm genüge die Beziehung zu Gott. Er wolle den Zucker genießen – und nicht selber Zucker werden.

Ramana Maharshi sah das etwas anders. Er, der gewöhnlich die Ruhe in Person war und dem man Temperamentsausbrüche kaum zutraute, konnte äußerst „ungehalten" werden, wenn es um die Position gewisser vishnuitischer Bhakti-Schulen ging. „Die Vaishnavas (Vishnuiten) hadern darum, dass der Zucker die eigene Süße nicht schmecken könne und dass daher einer übrig bleiben müsse, der den Zucker schmeckt und genießt. Aber", fragt er erzürnt, „wie kann man sich ‚ausliefern' und trotzdem seine Individualität wahren wollen für einen höchsten Genuss? – Weiterhin behaupten sie, dass die Seele, die die göttlichen Regionen erreiche und dort bleibe, dem Höchsten Wesen diene. Kann der schmeichlerische Klang des Wortes „Dienen" den Höchsten täuschen? Weiß Er nicht Bescheid? Wartet Er auf die Dienste dieser Leute? – Es ist schon eine Anmaßung, zu behaupten, wir wären vom göttlichen Ursprung getrennt; aber es ist arglistige Täuschung, wenn dem hinzugefügt wird, dass man, des Ego entkleidet, rein würde und trotzdem die Individualität zurückbehielte, um sich des Höchsten zu erfreuen oder Ihm zu dienen. Was ist das für eine Doppelzüngigkeit, sich erst etwas anzueignen, was in Wirklichkeit Ihm gehört, und sich dann zu erdreisten, Ihn erfahren oder Ihm dienen zu wollen! Sollte Er alles dies nicht wissen?"[7]

Eckhart hätte wohl seine wahre Freude an diesem Ausbruch gehabt, und man sollte einmal ernsthaft überlegen, ob nicht gerade *Advaitins* die besten Wächter darüber sind, dass man Gott nichts vormacht und ihn nicht „benutzt". Zumindest sind sie in der Forderung der Nacktheit und Armut im Geiste radikaler als die meisten Bhaktas, die noch ein subtiles Ego retten wollen, das Gott genießen kann.

Es wäre jedoch falsch, hieraus nun wieder eine asketisch-dogmatische Position zu entwickeln, die jedes „spielerische" und auch genießerische Element in der Beziehung zu Gott verbietet. „Lasst uns ein wenig vom ‚Ich' und ‚Du' behalten, des Spieles wegen," sagte Ramakrishna – und bewies damit seine ihm eigene Souveränität, die ihm als Avatar wohl zustand. In einer seiner intensiven Bhakti-Stimmungen rief er aus: „Ich verbeuge mich millionenmal vor der (unpersönlichen) Brahman-Erkenntnis. Gib sie denen, Mutter, die sie suchen. O Anandamayi! O Mutter der Glückseligkeit!"

Sie sehen, die Sache ist vielschichtiger, als es in vielen theologischen Arbeiten mit ihren starren Frontverläufen dargestellt wird. Allein ein Blick in den ungeheueren Facettenreichtum an religiösen Haltungen im geistigen Umkreis Ramakrishnas ist aufschlussreicher und um vieles lebendiger als akademische Vergleiche – mit denen Sie ja Gott sei Dank auch nicht so viel am Hut haben.

Doch kommen wir nun zum Kernpunkt Ihrer Kritik an meiner „Grund"-Haltung, die Sie vor allem als Streben nach „spiritueller Autarkie" charakterisieren.

Sie bringen das „Ruhen im Grund" fast ausschließlich mit „Entspannung" und mit der heutigen Wellness-Kultur in Verbindung, was aus dem Grund dann einen „whirlpool" macht, in dem man es sich auf gut narzisstische Art gut sein lässt.

Ein kurzer Blick auf die Aussagen von Zen-Meistern, Satsang-Lehrern oder auch älterer Mystiker wie Eckhart zeigt uns natürlich, dass die Hinwendung zum Grund durchaus etwas „Forderndes" hat und mindestens so „anstrengend" sein kann wie eine persönliche Beziehung, sei es nun zu Gott oder zu einem anderen Menschen. Kurz, mit dem angenehmen Erschlaffen in warmen Schwefelbädern, das Ihr Ausdruck „whirlpool" suggeriert, hat das ernsthafte Sicheinlassen auf den Grund nicht viel zu tun. Mögen auch manche Meditationsangebote heute in diese Richtung gehen, so ist es nicht damit getan, sich an solchen Karikaturen abzuarbeiten. Denn auch das ist eine Möglichkeit, dem wirklichen Grund aus dem Weg zu gehen.

Andererseits: Ist Entspannung denn etwas so Negatives – ob nun auf niedrigem „Wellness"- oder höchstem mystischen Niveau? Steckt hinter diesem Argwohn gegenüber der Entspannung nicht auch das Bild eines Gottes, der uns eine solche „Entspannung im eigenen Seinsgrund" nicht gönnt? Der uns ständig in „Spannung" hält – als derjenige, der „immer zunächst gewaltige Furcht weckt"[8], wie Sie schreiben?

„Stelle dich darauf ein, dass du in alle Ewigkeit nicht in vollkommenem Einssein versinken und in völliger Ruhe leben wirst"[9], schreiben Sie an anderer Stelle. Das mag erfrischend klingen gegenüber so manchem unbedarften Einheitsgesäusel und kann sich zur Not auch auf Eckharts Forderung „Man soll laufen in den Frieden, man soll nicht anfangen im Frieden" berufen. Doch irgendwann gönnt uns auch dieser strenge Meister die Ruhe im Grund – die sich dann allerdings in der Unruhe des konkreten Lebens bewähren muss.

Sie bringen das Verlangen, im „Grund" zur Ruhe zu kommen, nun in Verbindung mit der Tendenz des heutigen Menschen, sich möglichst autark abzusichern. Das Angewiesensein auf andere Menschen, geschweige denn auf Gott, sei den meisten „lästig, ja peinlich". Dies führe dazu, dass man sein Grundgefühl an Sicherheit nicht Beziehungen – zu Gott, zu den Mitmenschen – verdanke, sondern seinem finanziellen Polster. „Seit die Geborgenheit de-personalisiert und in Euro und Cent verobjektiviert ist, weiß man, was man hat. Oder wusste es bis vor kurzem. Entsprechend wecken derzeit Rentendiskussion und öffentliche Finanzkrise geradezu metaphysische Ängste."[10]

Die Neubesinnung auf persönliche, vom Geld unabhängige Beziehungen kann diese Ängste gewiss bis zu einem gewissen Grad lindern. Doch was hindert uns, die Verwirklichung des Grundes zumindest als zusätzliche Lösung des Problems zu sehen – anstatt dieses „Grundbedürfnis" nur als Symptom einer kranken, narzisstischen Gesellschaft zu betrachten? Der Grund schafft Sicherheit und Grundvertrauen – eben weil er uns von allen falschen „Absicherungen" durch Geld und Besitz befreit, weil er uns den „Sturz aus den Festigkeiten" wagen lässt. Ich wiederhole Eckharts Satz: „Wer in diesen Grund je nur einen Augenblick lugte, dem Menschen sind tausend Mark roten, geprägten Goldes (so viel) wie ein falscher Heller."

Zugegeben, dies verleiht eine gewisse Unabhängigkeit, meinethalben auch „Autarkie". „Hier ist Gottes Grund mein Grund und mein

Grund Gottes Grund. Hier lebe ich aus meinem Eigenen, wie Gott aus seinem Eigenen lebt"(Eckhart). Dies macht mich, wie ich ebenfalls zugebe, auch unabhängiger von Beziehungen, ich definiere mich und mein Wohl-Sein nicht ständig über sie. Das mag meine private Biografie ein wenig uninteressanter und unaufgeregter machen – aber wollen wir denn bis in alle Ewigkeit nur die Romanliteratur mit unseren persönlichen „Dramen" befruchten?

Doch das Wissen, dass ich „aus meinem eigenen Grunde" leben kann, muss ja keineswegs zu einer egoistischen Abkapselung, zu einer „splendid isolation" führen. Es kann mich im Gegenteil frei machen für wahre Beziehungen, ohne „Klammer"-Tendenzen – auch zu Gott.

Diese Freiheit verträgt sich sehr wohl mit dem Gefühl des „Aufeinander-Angewiesenseins" im konkreten Leben. Die stetige Veralterung unserer Gesellschaft wird dieses Gefühl noch weiter verstärken. Anstatt verschiedene Positionen hier gegeneinander auszuspielen – hier ein angebliches Sich-Absichern im Grund, dort ein personales Aufeinander-Angewiesensein – sollte man die positiven Kräfte, die in diesen verschiedenen Haltungen stecken, bündeln, um die Sinn- und Vertrauenskrise der heutigen Gesellschaft zu überwinden. Der christliche Impuls aktiver Nächstenliebe (ein Plus, das wohl niemand dem Christentum abstreitet!), das buddhistische Bewusstsein der „interdependence" – dass alles mit allem zusammenhängt und in gewissem Sinne auch voneinander abhängt –, und das positive vedantische Selbstwertgefühl, der berechtigte Stolz auf die *Atman*-Natur eines jeden Menschen – sind dies nicht gewaltige geistige Kräfte, die zur Umgestaltung der Erde beitragen können? Ist eine Verbündung dieser Kräfte nicht sinnvoller als das gegenseitige Sich-Abschotten, als der ständige Versuch, das „einmalig" Christliche usw. herauszuarbeiten? Ich fürchte, wir werden uns den Luxus solcher Absicherungen und Grenzziehungen bald nicht mehr leisten können. Der Druck steigt. Und zwingt uns, über neue lebendige Synthesen nachzudenken. Und sie auch im Leben umzusetzen.

Vor allem befreit er uns vor falschen Alternativen. Im Anschluss an Ihre Kritik an der Entspannung „im whirlpool des eigenen Seinsgrundes" schreiben Sie: „Dieses spirituelle Ressentiment gegen die

Vorstellung, von einem Gott abhängig zu sein, deckt sich also verblüffend mit dem gesellschaftlichen Ressentiment, von anderen Menschen abhängig zu sein."

Bedeutet dies, dass ein Mensch, der seinen Seinsgrund meditativ zu ergründen versucht, es als eine Zumutung betrachtet, sich als alter, pflegebedürftiger Mensch von einem jungen Altenpfleger ausziehen und waschen zu lassen? Hilft uns nicht schon ein Hauch von Grund-Erfahrung, auf alle persönliche Eitelkeit und Empfindlichkeit zu verzichten – und sich schlicht den Armen dieses Pflegers anzuvertrauen, der doch gerade ein „Ausdruck" dieses Grundes ist, der uns trägt? Unser Ego trägt uns ganz gewiss nicht. Und die „Autarkie", die auf der Grunderfahrung basiert, hat mit dem modernen gesellschaftlichen Egoismus, der sich hinter hohen Besitz-Mauern abschottet, nichts zu tun.

Ein Buddhist weiß sich von keinem mächtigen Schöpfergott abhängig. Haben wir es deshalb in buddhistisch geprägten Gesellschaften mit lauter „autarken" Egoisten zu tun? Zugegebenermaßen herrscht dort auch kein „Ressentiment" gegen die Vorstellung, von einem Gott abhängig zu sein, weil man von vorneherein ohne einen Schöpfergott auskommt und sich deshalb auch nicht gegen ihn „auflehnen" muss. Im zumindest vor kurzem noch stark vom Christentum geprägten Westen dürfte ein solches „Ressentiment" bei manchen Menschen durchaus eine Rolle spielen, aber ob mit der „Gottesfürchtigkeit" auch automatisch die mitmenschliche Solidarität abnimmt, ist doch höchst zweifelhaft.

Eigentlich kämpfen Sie ja an zwei Fronten. Sie kritisieren einerseits den modernen Individualismus mit seinen Autarkie-Bestrebungen – und halten ihm als Ideal und Gegenmodell das Zeitalter der Romanik vor, in dem die Menschen die Solidargemeinschaft ihrer Familien und Gruppen genossen und nicht den Ehrgeiz hatten, als Individuum absolut autonom zu sein – wenn sie überhaupt schon so etwas wie ein „Ich"-Gefühl entwickelt hatten. Sie zitieren zustimmend Wilhelm Nyssen, der feststellt, dass im damaligen Weltbild „der ‚Mensch an und für sich' gar nicht vorkommt, auch nicht der selig in sich ruhende Mensch, der an seinem Dasein Genüge hat, sondern immer nur der auf ein Ereignis bezogene Mensch, als wäre sein Bild immer von etwas umschlossen und bewegt, das größer ist als er selbst und ihn daher überragt"[11].

Auf der anderen Seite kämpfen Sie gegen die „Verschmelzungs"-Tendenzen moderner und östlicher Meditations-Methoden und halten die Flagge eines christlich geprägten Individualismus hoch, der auf sein „Person"-sein pocht und auch gern, in der Sprache Kierkegaards, mit seiner einzigartigen Existenz „gestikuliert".

Nun, die Rückkehr ins Zeitalter der Romanik ist uns aus guten Gründen verwehrt – so wie es uns auch verwehrt ist, uns das Sippenbewusstsein einer bengalischen oder türkischen Großfamilie anzutrainieren. Sie selber schildern ja sehr humorvoll, wie es Ihnen in einem afrikanischen Stamm ergangen ist: wie da Ihr westlich-individuelles (und sicherlich noch im Trappistenorden gesteigertes) Bedürfnis, sich mal für eine gewisse Zeit „zurückzuziehen", auf völliges Unverständnis stieß und man Sie fragte, ob Sie beleidigt oder krank seien. Ist dann aber auch nicht das Bedürfnis des heutigen westlichen Menschen, der sich mit dem alten Glauben und den hergebrachten Formen der Frömmigkeit (und schon gar mit künstlich aufgepeppten „Event"-Messfeiern) nicht mehr identifizieren kann, nach stiller Meditation verständlich und auch legitim? Er will vielleicht nicht mehr nur in der Gemeinschaft laut beten – oder „palavern" wie der afrikanische Stamm – und er will vielleicht nicht nur auf „Ereignisse" (der Heilsgeschichte) bezogen sein, sondern endlich herausfinden, wer er denn nun „im Grunde" ist. Und vielleicht befriedigt ihn da die Auskunft, dass er eben „im Grunde" eins mit dem Atman oder der Buddha-Natur sei – und dass man diese sogar „verwirklichen" könne –, mehr als die Auskunft, dass er nur ein völlig abhängiges Geschöpf sei, das Gott auch hätte nicht erschaffen können.

Gewiss, gerade der moderne „aufgeklärte" Mensch, der sich aus seiner „selbstverschuldeten Unmündigkeit" befreit hat, ist sich seiner Gefährdung bewusst und wird sich gerade deshalb, wenn er sich nicht von den Zerstreuungen der modernen Gesellschaft ganz ablenken lassen will, nach einer metaphysischen „Einbettung" umsehen. Sie verkennen, wie mir scheint, völlig das Defizit in der traditionellen christlichen Theologie, die dem Menschen eine solche „Verwurzelung" eben nicht zugestanden hat. Und Sie verkennen auch die spirituelle Sehnsucht, die sich da in vielen aufgestaut hat, die sich eben nicht mehr mit der „Guten Nachricht" abspeisen lassen, dass da ein Gott im Himmel sei, der allein die Transzendenz besitze und verkörpere, und die sich auch nicht mehr mit der „Frohbotschaft" begnügen, dass dieser Gott seinen Sohn zu uns geschickt habe. Ich bin ein leidenschaftlicher Anhänger der „Inkarnations"-Idee – aber auf der festen Basis der „Grund"-Lehre.

Sie übersehen auch, dass gerade die „demokratische" Teilnahme des Menschen an der Transzendenz, das Sichbewusstwerden dieser transzendenten Dimension im innersten Seelengrund – wo die Transzendenz eben „immanent" ist – verhindert, dass sich der Einzelne in eine isolierte Autarkie verrennt und womöglich, getrieben von seinen Minderwertigkeitskomplexen, so werden möchte wie Gott. Wird uns Gott immer nur als der transzendente „Herr" präsentiert, als göttliches Super-Ego, das keine anderen Götter neben sich duldet, so kommt man irgendwann auf die Idee, diesem „Vorbild" nachzueifern. Wer den Grund verwirklicht hat, für den ist nicht nur der Besitz von Geld, sondern auch der Besitz von Transzendenz uninteressant, denn er „hat" keine Transzendenz, er ist sie. Er ist endgültig von allen Minderwertigkeitskomplexen und gleichzeitig von diesem ganzen Größenwahn befreit, er muss sich nicht mehr auf die Zehenspitzen stellen wie Adam, um „wie Gott" zu werden. Wenn diese Genügsamkeit „spirituelle Autarkie" ist – nun, in Gottes Namen.

Dass in einer solchen meditativen „Grund"-Stimmung nicht immer gleich eine leidenschaftliche Liebe zum persönlichen Gott (neu) aufflammt, gebe ich zu. Da ist im christlichen Bereich zu viel Porzellan zerschlagen worden – indem die Liebe zu diesem persönlichen Gott eben zur absoluten *Pflicht* erhoben wurde, gern auch verknüpft mit Gefühlen der Schuld, Zerknirschung und überschwänglicher Dankbarkeit. Wir werden noch ein wenig daran zu arbeiten haben, diese Komplexe – die Sie wohl ein wenig unterschätzen – aufzulösen.

Doch es besteht eben auch die Chance, auf dem Boden dieser „Grund"-Erfahrung eine neue Liebe zu entwickeln, die sich von alten Abhängigkeiten und Schuldgefühlen befreit hat. Sie muss sich nicht unbedingt in der Liebe zu einem persönlichen Gott äußern – oder sollen wir dem Dalai Lama unterstellen, dass er nicht weiß, was Liebe ist? Sie gleicht eher einer Grundströmung – was sie nicht daran hindert, sich gegebenenfalls auch zu „inkarnieren" und ganz konkrete Formen anzunehmen, sei es nun auf göttlicher oder menschlicher Ebene. „Die Liebe erschafft ihre eigenen Notwendigkeiten, selbst die, eine Person zu werden", sagte Nisargadatta.

Einen kleinen Fingerzeig können uns die indischen *Bhakti*-Richtungen geben: Der Verehrer Krishnas verneigt sich da nicht unbedingt vor seinem „Schöpfer", dem er Dank dafür schuldet, dass er überhaupt ins Dasein treten durfte, sondern er ist hingerissen vom „Bräutigam", vom göttlichen Guru, vom Freund und Geliebten, vom Spielgefährten, der ihn mit seinem Flötenspiel in die Dimension des Transzendenten lockt. Schriften wie die Bhagavadgita oder Biografien wie die von Ramakrishna beweisen, dass da immer noch Raum ist für das „Heilige"(Rudolf Otto), für das „Mysterium tremendum et fascinosum", das dem Gläubigen manchmal die Haare zu Berge stehen lässt. Das Christentum hat sich dieser religiösen Haltung, die in Gott verstärkt den Freund, den Bräutigam, ja das Kind sieht, durch die Inkarnationslehre ja auch schon stark angenähert, insbesondere in der Mystik. Ich wehre mich nicht gegen die persönliche Liebesmystik, sondern gegen die absolute Koppelung von Liebe und Abhängigkeit, wobei die letztere durch die christliche Lehre von der „Schöpfung aus dem Nichts" und durch die Erbsündenlehre besonders schroff hervorgehoben wird.

Dies hindert mich nicht daran, Gefühle der Dankbarkeit zu äußern. Doch diese Dankbarkeit ist nicht erzwungen, kein Gott und keine ältliche Tante fragt mich: „Hast du auch Danke gesagt?" Eckhart wusste schon, warum er Gott bat, ihn Gottes „quitt zu machen" – um endlich diesem Zwang zu entfliehen und Gott und sich selber neu und frisch in Empfang zu nehmen, geradewegs aus dem gemeinsamen göttlichen Grund.

Ein solches Gefühl der Freiheit kann sehr wohl leben mit dem Gefühl des „Angewiesenseins" im konkreten alltäglichen Leben. Ich bin angewiesen auf meine Frau, die herrlich (und sehr schnell) kochen kann und die Geheimnisse des Computers (fast) perfekt beherrscht. Ich koche zwar auch manchmal selber und kann auch leidlich meinen Laptop bedienen und könnte auch den Ehrgeiz entwickeln, in dieser Hinsicht noch „autarker" zu sein, doch einen Hauch von Abhängigkeit möchte ich mir doch noch leisten können.

Ich brauche mein „Angewiesensein" hier wohl nicht vollständig zu dokumentieren: von der Autowerkstatt über das Netzwerk der Freunde bis hin zu einem Beerdigungsinstitut, das im Falle meines Ablebens hoffentlich alles gut regelt. Ich bin auf dieses Netzwerk bereits in meinem Kapitel über das „Grundvertrauen" etwas näher eingegangen. Das Grunderlebnis hat nicht die Aufgabe, uns äußerlich davon zu befreien, sondern uns zu helfen, uns nicht mehr *ausschließlich* darüber zu definieren und nicht gleich zusammenzubrechen, wenn ein Glied in diesem Netzwerk einmal ausfällt. (Was in der Praxis keineswegs ausschließt, dass ich mit hochrotem Kopf vor dem Computer sitze, wenn meine Frau im Krankenhaus liegt und mir für irgendwelche Einladungen, die noch schnell herausmüssen, Fernanweisungen gibt!)

Darüber hinaus ist meine winzige Erdenperson angewiesen auf das, was ich die „schöpferische Energie" Gottes nennen möchte und gern als „Shakti" verehre. Diese hat außer meiner nun wirklich winzigen Wenigkeit bereits unzählige Universen aus ihrem Maya-Hut gezaubert, deren Gesetze ich trotz eifrigsten Studiums einschlägiger Fachbücher – Astrophysik, Hirnforschung, Genetik usw. – noch immer nicht ganz durchschaue. Wenn ich mich bei ihr auch manchmal über die entsetzlichen Grausamkeiten in unserer Welt beschwere, so bestaune ich doch auch oft genug die Wunder ihrer Schöpfungen, einschließlich meines Körpers (ich würde nicht einmal etwas so Unnötiges wie einen Blinddarm zustandebringen, geschweige denn einen leiblichen Gesamtorganismus!). Trotzdem erstarre ich nicht ständig in Ehrfurcht vor dieser göttlichen schöpferischen Macht, sondern ich *weiß* mit Eckhart, dass mein „wesentliches Sein" oberhalb von Gott steht, „sofern wir Gott als den Beginn der Kreaturen fassen". Und ich bin dem Gott des Alten Testaments und auch dem mittelalterlichen Gott schon ein wenig gram, dass er mich darüber nicht aufgeklärt hat, und ich bin der Shakti Ramakrishnas unendlich dankbar, dass sie mich geradezu auffordert, über sie hinauszugehen. Das ist für mich die neue „Frohbotschaft", die natürlich an die uralte Weisheit der Upanishaden oder Eckharts anknüpft, hier fühle ich mich mit allem verbunden, ohne mich in die Sippenhaft und Unmündigkeit des Frühmittelalters begeben zu müssen, die ja nicht nur vor gesellschaftlicher Solidarität strotzte (von Judenpogromen und ständigen

Metzeleien wollen wir hier einmal absehen), sondern auch buchstäblich „starr" war vor lauter Höllenangst. Es ist so leicht, im modernen Meditations-„Betrieb" hier und da menschliche Eitelkeiten und andere Macken zu entdecken. Aber ist er nicht trotzdem ein großer Fortschritt gegenüber dieser „Unmündigkeit"? Gehen menschliche Emanzipation und spirituelle Sehnsucht, trotz mancher Karikaturen, hier nicht trotzdem eine halbwegs tragbare Ehe ein?

Letztlich läuft es doch wieder auf die Frage hinaus: Was erwarte ich als „Ergebnis", wenn ich mich „ergründe", wenn ich mir auf den letzten Grund gehe und mich im Lichte dieses Grundes „erkenne"? Sie machen die Alternative in Ihrem Buch überdeutlich: „Als Augustinus darum betete, er möge sich selbst erkennen, um dadurch Gott zu erkennen..., sprach er die Spannung zwischen seiner eigenen Nichtigkeit und der Größe Gottes an und wollte sagen: Lass mich erkennen, wie ich aus mir selbst nichts, aber dank deiner Zuneigung zu mir unendlich beschenkt und groß bin. – Die radikalste Umdeutung dieser Aufforderung (des Orakels von Delphi), sich selbst zu erkennen, lieferte im 3. Jahrhundert n.Chr. endgültig Plotin, der erklärte: Du selbst, o Mensch, bist Ausfluss und darum Teil des Unsterblichen, Göttlichen. Erkenne also deine eigene göttliche Natur!"[12]
Letztere Haltung nennen Sie „narzisstisch". Es sei eine Einstellung, „mit der der Mensch in Ewigkeit nicht über sich hinauskommt, auch nicht mit seinem ganzen Interesse für Spiritualität und seinen Sehnsüchten danach". „Immer, immer bin ich nur in mir."[13]
Seltsam, dass den Meditierenden des „Neuen Paradigma" gleichzeitig immer vorgeworfen wird, sie wollten ihr „Ich" loswerden, sie wollten mit dem „Einen" verschmelzen. Ein „Ich" darf – oder sollte – schon zurückbleiben –, denn wer sollte sonst seine Nichtigkeit und Abhängigkeit von Gott artikulieren?
Aber, lieber Herr Schellenberger, ist dieses „Spiel" nicht allzu durchschaubar? Und haben wir es nicht schon viel zu lange gespielt? Ist es nicht überdeutlich, dass auch dieses „Ich", das auf seiner Nichtigkeit und absoluten Abhängigkeit besteht, nicht über sich hinauskommt? Dass es für ewige Zeiten in sich stecken bleibt, so sehr der allmächtige Gott es auch aus seiner übergroßen Gnade heraus „verklären" mag?

Da hilft doch nur eine Radikalkur: Erkenne, dass du nicht eine winzige Kreatur bist, die Gott aus einer Laune heraus erschaffen hat, sondern dass du nichts bist, absolut *Nichts*! Keine halben Sachen! Nur Gott *ist*. Da bleibt kein Platz für dich, kein Millimeter. Und in dem eigentlich nicht vorhandenen Spielraum, der dir dann noch übrig bleibt, auf dem winzigen Brettchen, dass dir dann noch als „Nichts" zur Verfügung steht, verdonnern dich Meister Eckhart, der Zen-Buddhismus und auch der indische Advaita-Vedanta zu der Kern-Frage: Wer bist du? Wenn du dann noch immer darauf bestehst, du seiest ein armseliges Geschöpf, das nur durch die unendliche Gnade Gottes usw. usw. usw. – Nun gut, manche Fernsehserien laufen ewig.

Im Christentum gilt es als eine „Anmaßung", sich für göttlich zu halten. Ramana Maharshi nennt es dagegen eine Anmaßung, zu behaupten, man habe sich vom göttlichen Ursprung getrennt. Im Christentum gilt es als die Ursünde schlechthin, so werden zu wollen wie Gott. In den mystischen Traditionen des Ostens gilt es als größte Sünde, seine Göttlichkeit zu vergessen.

Es ist gut, sich diese beiden Positionen in aller Schärfe und Gegensätzlichkeit bewusst zu machen – und anscheinend stehen Sie und ich ja beispielhaft für diese konträren Haltungen, Sie für die christliche und ich für die „vedantische". Doch wer am interreligiösen Dialog ernsthaft interessiert ist, kann sich nicht damit begnügen, ideologische Standpunkte zu vertreten und dem jeweils anderen um die Ohren zu hauen. Da bleibt man noch immer der „Haben"-Haltung verhaftet, der es vor allem um den „Besitz" der Wahrheit geht – und nicht um ihre Verwirklichung. Glücklicherweise bevorzugten die großen spirituellen Meister auch eher Parabeln und Geschichten aus dem konkreten Leben, um ihre Botschaft „rüberzubringen".

Nehmen wir die Geschichte vom Verlorenen Sohn. Und verknüpfen wir sie mit dem eher ideologischen Ausdruck „homo curvatus", der von Augustinus über Bernhard von Clairvaux bis hin zu Luther eine große Rolle in der christlichen Spiritualität spielte und den „gigantischen Wahn des in sich zurückgebogenen menschlichen Geistes" (Martin Buber) bezeichnete – also auch den mystischen Wahn, durch „Selbstergründung" Gott erfahren zu können. Immer, so meinen ja auch Sie, bleibt der Mensch in sich selber stecken, so tief er auch in sich bohren und so hoch er sich auch über sich erheben möchte. In einer Skizzierung der Mystik Bernhards von Clairvaux schrieben Sie in einer früheren Studie (in: Große Mystiker): „Sünde ist ihrem Wesen nach eine Verengung des Menschen auf sein eigenes Wollen und Vermögen, ist ‚voluntas propria‘, ‚Eigen-Wille‘. Ein Bild aus dem Gleichnis vom Verlorenen Sohn veranschaulicht (für Bernhard) die Verfassung des Sünders: im Adel des Aufrechtstehenden, des ‚Sohnes‘ und ‚Erben‘ erschaffen, der zum Himmel blickt, hat er sich auf den Boden gekrümmt und frisst aus den Trögen der Schweine. Diese ‚curvatio‘, ‚Krümmung‘ seines Wesens äußert sich im Zurückbeugen auf sich selbst, in einer narzisstischen Re-flexion, in der Nabelschau und Verkapselung in sich selbst, die das gerade Gegenteil wahrer Selbsterkenntnis ist.“[14]

Hier ist doch immerhin zuerst vom Adel des *aufrecht* stehenden Sohnes und „Erben“ die Rede – ein Bild, das Ramakrishna und vor allem Vivekananda sicherlich gefallen hätte –, und der „homo curvatus“ ist keineswegs ein hochmütiger Adam, der sich auf die Zehenspitzen stellt und so werden möchte „wie Gott“, sondern ein armer Schweinehirt, der sich im Dreck der Erscheinungen suhlt. Vivekananda erzählte gern die mythologische Geschichte von Vishnus Inkarnation als Schwein: Dieser fühlte sich, nachdem er seine „Sendung“ erfüllt hatte, in diesem Schweinekörper so sau-wohl, dass er nicht daran dachte, wieder in den Himmel aufzufahren. Erst als Shiva, auf Bitten der entsetzten Götter, mit seinem Dreizack dieser schweinischen Inkarnation ein Ende setzt, kehrt Vishnu wieder lachend in seine himmlische Heimat zurück.

Die „vedantische“ Interpretation dieser Geschichte – wie auch der vom Verlorenen Sohn – würde lauten: Wir haben unsere ursprüngliche göttliche Natur vergessen und damit auch unseren „aufrechten“ Gang, wir leiden jetzt an unserer Verkrümmung, weil wir uns zu tief zu den Schweinetrögen hinabgebeugt haben, aus denen wir nun fressen, und weil wir zu sehr im „falschen Selbst“, in unserem Ego befangen sind. Deshalb predigte Vivekananda auch keinen neuen Gott, vor dem wir wieder im Staub kriechen sollten, sondern er forderte die Menschen auf, sich endlich zu erheben und aufrecht den „Atman“, jenen unbekannten Gott in jedem von uns, zu ehren.

Liest man die Parabel vom Verlorenen Sohn – und letztlich auch die Geschichte vom Sündenfall – unvoreingenommen, so ist nicht die

Rede vom titanenhaften Greifen des Menschen nach Gottes Thron, sondern davon, wie der Mensch in seine eigene Geschichte hineinfiel und dabei auf den Status eines Schweinehirten herabsank. Der Zustand des „Gekrümmtseins" bezieht sich zwar auch für Bernhard nicht nur auf den gekrümmten Rücken, der sich zum Schweinetrog hinabbeugt, also auf das Sich-Verlieren ins „sinnliche" Leben; er ist auch Zeichen für das Sich-in-sich-selber-Verkapseln des Menschen, für seine Eigenliebe. Aber die wird ja im Hinduismus und Buddhismus ebenso gegeißelt wie im Christentum. Die Frage im Christentum stellt sich eher so: Ist das ständige Sich-Krümmen, Niederknien und „Buckeln" vor dem allmächtigen Gott das geeignete Heilmittel für diesen gefallenen und gekrümmten Zustand?

Es gibt ja im Übrigen nicht nur die aufrecht stehende und die gebückte, in sich verkrümmte Haltung, sondern auch die östliche Meditationsstellung, die auf so unüberbietbare Weise im sitzenden Buddha ihre „Gestalt" gefunden hat. Das Abgerundete und Geschlossene dieser Haltung, die ja heute auch von vielen Christen während der Meditation eingenommen wird, ist zugleich offen für die Transzendenz und befreit uns von so manchen falschen Alternativen und von dem Herumgefuchtele mit ideologischen Überzeugungen.

Angesichts des heutigen Meditationsbooms stellen Sie nun die Frage: „Schrumpft da nicht der transzendente, geheimnisvolle, gewaltige, unverfügbare Gott der Bibel und einer jahrtausendealten Erfahrung zu einer wehrlos unseren Bohrungen ausgelieferten Tiefenschicht zusammen?"[15] Man kann die Gegenfrage stellen: Begegnet dieser „gewaltige, unverfügbare Gott" denn dem normalen Besucher einer Sonntagsmesse oder einer Marienandacht? Spricht er noch immer aus dem Dornbusch zu uns? Geht er uns in der Wüste des Lebens in einer Feuersäule voran?

Ich fürchte, dieser alte Wüstengott begegnet heute den Menschen nur noch in schrecklichen Erdbeben oder Hurrikans. Zumindest sind Marienerscheinungen um einiges häufiger als Auftritte dieses alttestamentlichen Gottes. Wir haben seine Transzendenz und Unverfügbarkeit so sehr betont, dass er zuletzt ganz verschwunden ist. Liegt es da nicht für viele, die ihre Spiritualität leben wollen, näher, wenigstens jenen Seelengrund, der nach Eckharts Aussage auch geheimnisvoll, unverfügbar und transzendent ist, da er ja *über* allem „Geschaffenem" liegt, auszuloten? Zumindest handelt es sich um eine „Tiefenschicht", die um einiges tiefer liegt als das, was viele in normalen Gebeten und Gesängen ausdrücken und erleben.

Sollte uns der geheimnisvolle gewaltige Gott trotzdem auch „personal" begegnen, so ist es ein Geschenk – genauso wie die Verwirklichung unseres wahren Selbst. Beides kann nicht erarbeitet werden. Aber es ist trotzdem wichtig, eine Meditations-*Kultur* zu schaffen, um der spirituellen Sehnsucht Ausdruck zu geben – denn sonst bleibt nur ein pathetisches Gerede vom „gewaltigen, unverfügbaren" Gott und ebenso gewaltige Leerräume, die sich mit reiner Säkularisierung füllen. Ich weiß, so manchem protestantischen Theologen ist ein solcher Leerraum lieber als Meditationsangebote und Marienandachten – aber vom Pathos und der Trockenheit allein können wir nicht leben. In dieser Hinsicht bin ich durch und durch „katholisch" – und meinetwegen auch „hinduistisch".

Ist uns denn dieser unverfügbare gewaltige Gott nicht schon längst sehr nahe gekommen – in der Krippe, am Kreuz? Oder auch im tanzenden Krishna? – Und ist diese Inkarnation nicht wieder ein Fingerzeig auf das Göttliche in jedem Menschen? Allerdings ist für mich die Menschwerdung Gottes nicht die *Voraussetzung* für die Gottwerdung des Menschen, sondern das äußere Drama, das auf eine innere Wahrheit hinweist, die seit Ewigkeit gilt. Auch für mich ist Jesus eine Offenbarung Gottes, und wenn ich mich geistig in seine Verklärung auf dem Berg Tabor versetze – die in so zahlreichen Ikonen der Ostkirche verherrlicht wird! –, so begegne ich gewissermaßen auch dem „geheimnisvollen, gewaltigen" Gott, ja, dem „Ganz Anderen". Es gibt gewisse Episoden im Leben Ramakrishnas, die mich auf ganz ähnliche Art tief berühren. So wie ich auch berührt und überrascht bin von den Begegnungen Ramakrishnas und Vivekanandas mit der oft recht launenhaften „Göttlichen Mutter", die Ihrem „geheimnisvollen gewaltigen" Gott der Bibel eigentlich recht nahe kommt. Das sind Dimensionen des religiösen Lebens, die in den schlichten „Einführungen" in die Kunst der Meditation, über die Sie ein wenig die Nase rümpfen, sicherlich nicht vorkommen. Aber so bewegend und aufwühlend sie auch sein mögen: Mit der Verwirklichung des Seelengrundes haben sie nichts zu tun. Sie sind zusätzliche Geschenke, die das spirituelle Leben aufregender, reicher und spannender machen (zumindest für diejenigen, die noch einer solchen Spannung bedürfen), aber sie sind kein Darüberhinaus. Ihr „transzendenter, geheimnisvoller, gewaltiger, unverfügbarer Gott" kann, solange er auf seinem „Personsein" besteht, nicht über diesen tiefsten Grund der Seele „verfügen", er muss „draußen" bleiben, wie Eckhart sagt. In diesem „Draußen" können wir mit ihm kommunizieren, wir können zu ihm beten, wir können atemlos allen Heilsgeschichten lauschen und uns von ihnen inspirieren lassen. Aber „zu Grunde" können wir nur gehen, wenn wir das alles – und natürlich auch uns selber – lassen.

Vielleicht noch ein Wort zu spirituellen „Erfahrungen". Sie sprechen lobend von Meister Eckhart, den Sie einen „Asketen" der Erfahrung nennen. „Er war so nüchtern, dass er überhaupt nicht von persönlichen Erfahrungen sprach, sondern der Zuversicht war, mit seinem scharfen Denken die Zweideutigkeit alles ‚Erfahrens' durchschneiden zu können. Was er in denkerischer Abstraktion formulierte, sagten in einfacherer Sprache viele christliche Mystiker genauso: Nur wer sich an ausnahmslos keine ‚Erfahrung' hänge, rühre an die Wirklichkeit des geheimnisvollen Gottes. Er und seine Wirklichkeit ist etwas radikal anderes als alle Erfahrungen, an die man mit einigem konsequenten Übungen geraten kann." Und Sie fügen hinzu: „Ich fürchte, vor lauter spirituellen Erfahrungen gerät er zusehends in Vergessenheit."[16]
Doch würde er ohne alle Erfahrungen nicht noch mehr in Vergessenheit geraten?

Natürlich haben Sie recht: Man soll nicht nach Erfahrungen gieren – und man soll sich, wenn man sie „erfahren" hat, nicht an sie klammern. Man soll auch „trockene" Perioden durchstehen: Das gehört wohl zum geistigen Allgemeinbesitz aller Mystik.
Sowohl der Advaita-Vedanta als auch Meister Eckhart sagen uns weiterhin, wie Sie ja andeuten: Allein durch die Erkenntnis (*Jnana*) kann man die Welt des „Zufalls" bzw. Mayas überwinden und zum Grund vorstoßen. Und es sei wichtiger, sodann in dieser „grund-sätzlichen" Haltung der Einheit zu verharren, als „Erfahrungen" nachzujagen, die ja zum großen Teil auch noch der Maya-Welt angehören,

so himmlisch sie oft auch sein mögen. (Allerdings ist mir nicht ganz klar, ob Sie bei diesem Lob Meister Eckharts auch bedacht haben, dass er eben kraft dieses „Erkennens", das Gott von allen persönlichen „Attributen" abschält, zu eben jenem überpersönlichen Einen gelangte, mit dem Sie nicht so viel anfangen können.)

Gut, das ist die eine Seite. Dennoch würde ich Karl Rahner und seinem etwas überstrapazierten Satz zustimmen, der Christ der Zukunft werde ein Mystiker sein, der etwas *erfahren* habe – oder er werde nicht sein. Am Anfang des sonst recht undramatischen Weges von Ramana Maharshi stand eine dramatische „Erfahrung". Jesu Taufe im Jordan oder seine Verklärung auf dem Berg Tabor – waren dies nicht intensive Erfahrungen, nicht nur für seine Umgebung, sondern auch für ihn? Ramakrishnas Leben ist eine einzige Kette von spirituellen Erlebnissen und Erfahrungen. (Nun gut, als manche seiner Schüler es ihm dann in etwas zu dramatischer Manier nachtun wollten und schon darüber stritten, wer am meisten Tränen der Ekstase vergoss und wer am höchsten hüpfte, musste Vivekananda einschreiten und sie zur Nüchternheit verdonnern.) Aber von Nüchternheit allein kann keine Religion und keine Mystik leben. Am Anfang der christlichen Urkirche standen nicht nüchterne Überlegungen, sondern die Auferstehung und die ekstatische Pfingsterfahrung. Und wenn der angeblich so trockene Meister Eckhart sagt: „Da empfange ich einen Aufschwung, der mich bringen soll über alle Engel..." – ist da nicht auch von mystischer „Erfahrung" die Rede? Sie sprechen doch selber vom Hauch des Heiligen Geistes: „Gott beatmet seine Schöpfung und den Menschen unablässig, und der Mensch atmet unaufhörlich mit. Das ist, wie wenn sich der Atem zweier Küssender bei einem langen Kuss austauscht." (Und Sie fügen hinzu: „Auf diesen Vergleich bin nicht ich gekommen, sondern er stammt von den Kirchenvätern. Ich vermute, er ist ihnen nicht ausschließlich während des Studiums alter Pergamenthandschriften eingefallen".)[17]

Ramakrishnas Kommunikation mit seiner Göttlichen Mutter war ein einziger, man kann schon sagen „erotischer" Kuss-Austausch. Gott will doch auch „erfahren" und „gekostet" werden: in der Heiligen Kommunion, in der mystischen Vereinigung. Man kann solche Erfahrungen „mit einigem konsequenten Üben" nicht erzwingen, da haben Sie völlig recht, aber es ist auch nicht auszuschließen, dass man Gott auch beim „Üben" begegnet. Gott kommt uns zehn Schritte entgegen, wenn wir einen Schritt auf ihn zugehen, sagte Ramakrishna. Er sagte auch, der Wind der göttlichen Gnade wehe immer, doch es sei an uns, die Segel zu setzen, um ihn aufzufangen.

Dass es auch „Ausnahme"-Erfahrungen gibt, will ich nicht abstreiten. Jakobs Ringen mit dem Jahwe in Engelsgestalt etwa. Oder Jesu Taufe im Jordan. Oder die Begegnung des Heiligen Franz von Assisi mit dem strahlenden, gekreuzigten, sechsflügeligen Seraph. Im Leben Ramakrishnas gibt es zahlreiche Erfahrungen, die wohl nur ein Avatar wie er machen konnte. In dieser Hinsicht bin ich ausnahmsweise kein spiritueller „Demokrat", da glaube ich durchaus an Ausnahmeerscheinungen. „Du glaubst ", sagte Ramakrishna zu einem seiner Verehrer, „dass man allein durch spirituelle Disziplinen einen Zustand wie den meinen erreichen kann. Aber dem ist nicht so. Hier ist etwas Besonderes. Gott sprach zu mir. Es war nicht eine bloße Vision. Ja, er sprach zu mir. Unter dem Banyan-Baum sah ich ihn vom Ganges herkommen. Und dann lachten wir so viel! Er verstauchte mir beim Spielen meine Finger. Dann begann er zu sprechen. Ja, er sprach zu mir. Drei Tage lang weinte ich ununterbrochen. Und er offenbarte mir, was in den Veden, den Puranas, den Tantras und den anderen Heiligen Schriften enthalten ist." – Eine solche „Begegnung" mit dem lebendigen Gott ist wahrscheinlich selbst einem heutigen Christen ein wenig zu personal, zu „massiv", zu anthropomorph, zu „biblisch" – ja, fast peinlich. Da geht Gott anscheinend noch immer im Garten Eden spazieren und spricht mit jemandem, der noch nicht vom Baum der Erkenntnis gegessen hat. – Aber es ist eben dies, was ich am Hinduismus so sehr schätze: diese ungeheure Spannweite zwischen sehr „persönlichen" Gotteserfahrungen und der überpersönlichen Atman-Brahman-Erkenntnis, die *jedem* Menschen zugänglich ist – wenn auch möglicherweise noch nicht nach zwei Wochenend-Meditationskursen.

Die allgemeine christliche Einstellung, dass es gar keiner Erfahrungen und Erlebnisse und Durchbrüche und Erleuchtungen bedürfe, da ja Jesus uns erlöst habe und sich alles weitere dadurch erübrige, teile ich nicht. Selbst die meisten Christen wollen ja zumindest irgendwie „erfahren", dass sie erlöst sind. Was nützen uns reine Theorien? Auch die Glaubensvorstellung, dass wir mit Gott „im Grunde" eins sind, muss ja durch Erfahrung – und meinetwegen auch durch scharfsinnige spirituelle Erkenntnis – untermauert werden. Um mein spirituelles Glaubensbekenntnis hier zusammenzufassen: Ich bin von der „grundsätzlichen" Einheit von Gott und Mensch überzeugt – und zugleich angetan von lebhaften Erfahrungen, die dieser Einheit auch einen „Spielraum" geben – was Sie selber so schön mit dem Bild des „Ineinander-Tanzens" beschreiben. Was mir jedoch immer unbegreiflicher wird, ist diese Geschichte von dem unbegreiflichen Gott, der mich angeblich, ohne mich zu fragen, aus dem Nichts ins Dasein katapultiert hat, dem ich dafür ewig dankbar sein muss, der mich auch noch zu allem Überfluss von diesem nackten Dasein, das er mir geschenkt hat, wieder erlöst hat... Diese Geschichte ergibt keinen Boden, auf dem man in- und miteinander tanzen könnte. Und keinen Grund, auf dem und in dem man meditieren könnte.

Kommen wir zum Schluss! (Glücklicherweise konnte ich in diesem Brief etwas ausführlicher sein als in unserer „wirklichen" Korrespondenz!) Dass mir trotz meiner Begeisterung für den „Grund" noch nicht die Dimension des „Dialogischen" abhanden gekommen ist, beweist ja wohl auch dieser Brief. Und wir sind beide wohl davon überzeugt, dass es nicht darum geht, „recht" zu behalten. Aber das persönliche Gespräch kann doch einiges klären, und ich hoffe, wenigstens *diesen* Punkt geklärt zu haben: dass man, wenn man sich der überpersönlichen Meditation verschreibt, nicht dazu verdammt ist, ewig „in sich" stecken zu bleiben – eine Gefahr, die Sie am Ende Ihres Buches ja noch einmal zur Hauptbotschaft erklären. Meister Eckhart sagt nach der Beschreibung des (unbeschreibbaren) Seelengrundes: „Könntest du dich selbst vernichten nur für einen Augenblick, ja, ich sage, selbst für kürzer als einen Augenblick, so wäre dir alles das eigen, was es in sich selbst ist."

Wem ist dann „alles das" *eigen*, wenn es kein Ich mehr gibt?

Über dieses Koan lasst uns nun meditieren.

Mit herzlichen Grüßen, H.T.

ANMERKUNGEN

EINLEITUNG

1   Tauler, Johannes: Predigten, übertragen und herausgegeben von Georg Hofmann. Johannes Verlag, Einsiedeln, 1987, Bd.II. S.338-339

1.GRUNDVERTRAUEN

1   Meister Eckehart, Deutsche Predigten und Traktate, herausgegeben und übersetzt von Josef Quint. Carl Hanser Verlag, München, 1963. S.273
2   ebd. S.180
3   Udana 395; in: Im Zeichen Buddhas. Fischer Bücherei, Frankfurt a.M., 1957. S. 86
4   Quint S.302
5   Kafka, Franz, Hochzeitsvorbereitungen auf dem Lande und andere Prosa aus dem Nachlass, S.Fischer, Frankfurt a.M., 1953, S.80

2. HAT GOTT UNS AUS DEM NICHTS ERSCHAFFEN?

1   Quint S. 308
2   Paul Tillich, Der Mut zum Sein, Walter de Gruyter, Berlin-New York, 1991, S.137
3   Quint S.171
4   ebd. S.181
5   ebd. S.175
6   ebd. S.176
7   ebd. S.192
8   ebd. S.444-445
9   Quint S. 188
10 ebd. S.273

3. DER STURZ AUS DEN FESTIGKEITEN

1   Karl Jaspers, Einführung in die Philosophie, Zürich, 1949, S.37
2   Quint S.328
3   Martin Heidegger, Was ist Metaphysik? V. Klostermann, Frankfurt a.M., 1998, S. 45

4. DIE WELT KÖNNTE EBENSO GUT NICHT SEIN

1   Albert Camus, Der Mythos von Sisyphos, Rowohlt Verlag, Hamburg, 1960, S.18
2   ebd.
3   Friedrich Nietzsche, Die Geburt der Tragödie, Goldmann Verlag, München, 1959, S.55-56
4   Quint, S.215
5   ebd. S.341

5. DER STACHEL DES LEIDENS

1 Schellings Werke, Edition M. Schröter, München, 1962-71, Erg.Bd. VI, S.6ff
2 Letters of Swami Vivekananda, Advaita Ashrama, Calcutta, 1976, S.296-97
3 J.W. Goethe, Die Leiden des jungen Werthers, dtv Gesamtausgabe, Bd.13, München 1962, S.83-84
4 Paul Tillich, op.cit.,S.33
5 ebd. S.34
6 Ludger Lütkehaus, Nichts, Haffmans Verlag, Zürich, 1999
7 Quint, S.34
8 ebd. S.366
9 ebd.S.188
10 Heinrich Zimmer, Der Weg zum Selbst, Eugen Diederichs Verlag, Düsseldorf/ Köln, 1976, S. 91

6. WER BIN ICH?

1 Arthur Osborne, Ramana Maharshi und der Weg der Selbsterkenntnis, O.W.Barth-Verlag, München-Planegg,1959, S. 16-17
2 Jean Paul, Wahrheit aus meinem Leben, in: Dichtungen, Dieterich'sche Verlagsbuchhandlung, Leipzig, 1940, S.29
3 Tagebuch vom 15.11.1790, in: Jean Paul, Werk, Leben, Wirkung, Texte, herausgeg. von Friedhelm Kemp, Norbert Miller, Georg Philipp, München, 1963, S. 39
4 Jean Paul, Hesperus, Sämtliche Werke, herausgeg. Von Dr. Ernst Förstr, Berlin, 2. Aufl., 1840-42, Bd. 7, S. 57
5 Osborne, op. cit., S.19
6 ebd. S.19-20
7 Mundaka-Upanishad III,2,3 und Katha-Up. I,2,23
8 Sri Ramana Maharshi, Gespräche Bd.I, Schwab Verlag, Büdingen-Gettenbach, 1958, S.258-59
9 ebd. S.247
10 ebd. S.228-29
11 in: Alan W. Watts, Zen-Buddhismus, Rowohlt Taschenbuch Verlag, Reinbek b.Hamburg, 1961, S. 180
12 Jean Paul, Levana, Sämtliche Werke, Bd.22, S.60
13 Jean Paul, Siebenkäs, S.W.,Bd.11, S.156
14 Karlfried Graf Dürckheim, Meditieren – wozu und wie?, Herder Verlag, Freiburg i. Br., 1976, S. 146
15 Quint, S.355
16 Gespräche I, S.130
17 Ramana Maharshi, Sei, was du bist, herausgegeben von David Godman, O.W.Barth Verlag, München, 2002, S.64
18 ebd. S.68
19 ebd. S.71
20 ebd. S.98
21 ebd. S.75
22 ebd. S.86

23 Gespräche I, S. 90
24 ebd. S.23-24

---

7. ECKHART IN SCHWIERIGKEITEN

1   Quint, S.163
2   ebd. S.164
3   ebd. S.294
4   ebd. S.302
5   Gerhard Wehr, Meister Eckhart, Rowohlts Monografien, Reinbek b. Hamburg, 1989, S.43
6   Quint, S.308
7   Mundaka-Up. III,1,1-3 (in: Im Wandel das Bleibende, Vier Upanishads, übers. Und erläutert von Egbert Richter, Bremen 1969)
8   Quint S.273
9   ebd. S.156
10 ebd.
11 ebd.
12 ebd. S.308
13 Gerhard Wehr, op.cit., S.41
14 Quint, S. 164
15 Upanishaden, Diederichs, Düsseldorf/Köln, 1973, S. 122-23
16 ebd. S. 99
17 Quint, S.304-05
18 In: Anne Bancroft, Mystiker – Wegweiser für die Zukunft, Walter Verlag, Olten, 1992, S.56
19 Keiji Nishitani, Was ist Religion? Insel Verlag, Frankfurt a.M., 1986, S.134
20 ebd. S.135
21 ebd. S.135-36
22 ebd. S.123
23 ebd.
24 ebd. S.125
25 ebd. S.138

---

8. DER ABGRUND RUFT DEN ABGRUND

1   Johannes Tauler, Predigten II, S.407
2   ebd. I, S.40
3   ebd. II, S.321
4   Louise Gnädinger, Johannes Tauler, Verlag C.H.Beck, München, 1993, S.126
5   Pr. II, S.485
6   ebd. S. 591-92
7   ebd. S. 592
8   ebd.
9   Gnädinger, op.cit. S.254
10 ebd. S.257
11 ebd. S.256
12 Pr. II, S. 336

13 Quint, S. 172
14 ebd. S.181
15 ebd. S.307
16 Pr. I, S. 86
17 Gnädinger, S. 128
18 ebd.
19 ebd. S.129
20 Pr. II, S.389
21 ebd. S. 390
22 ebd.
23 ebd.
24 ebd. S.391
25 ebd. S.623
26 ebd. S.499
27 ebd. S.376
28 The Gospel of Sri Ramakrishna, according to M., Ramakrishna-Vivekananda-Center, New York, 1952, S. 111 und S. 548
29 Gnädinger, S. 260
30 ebd.
31 Pr. I, S.268
32 The Gospel of Sri Ramakrishna, S. 268
33 Swami Vivekananda, Complete Works, Advaita Ashrama, Calcutta, 1968, Vol. II, S.404-05
34 Pr. II, S.404-05
35 Alois M. Haas, Meister Eckhart. In: Ruhback/Sudbrack, Große Mystiker, München, 1984
36 The Gospel of Sri Ramakrishna, S. 613
37 Quint, S. 313
38 Gospel of S.R., S.97
39 ebd. S.384
40 ebd. S.138
41 ebd. S.403
42 ebd. S.501
43 Swami Vivekananda, Complete Works, VIII, S. 141
44 Pr. I, S.252
45 S.V., C.W., VIII, S.134

9. HINGABE AN DIE SHAKTI

1 Johannes vom Kreuz, Dunkle Nacht, Sämtl. Werke, Bd. II, Kösel-Verlag, München, 1979, S.9
2 Suzanne Segal, Kollision mit der Unendlichkeit, Context Verlag, Bielefeld, 1997, S. 150
3 Ken Wilber, Das Atman-Projekt, Junfermann, Paderborn, 1990

10. JENSEITS DER ANGST

1   Verena Kast, Vom Sinn der Angst, Herder, Freiburg i.Br., 2003, S.32
2   ebd. S.27
3   Brihadaranyaka-Up. I,4,1-2, in: Upanishaden – Befreiung zum Sein, ausge-
    wählt und übersetzt von Bettina Bäumer, Wilhelm Heyne Verlag, München,
    1994, S.143
4   Siehe Pr. 13, Quint S. 215
5   Quint, S.287
6   ebd. S. 288
7   ebd. S. 291

11. MYSTIK UND ENDZEITERWARTUNG

1   G.M.Martin weist in seinem Buch „Weltuntergang, Gefahr und Sinn apokalyp-
    tischer Visionen", Kreuz Verlag, Stuttgart, 1984, auf einen Aufsatz von Karl
    Helm hin: Weltwerden und Weltvergehen in altgermanischer Sage, Dichtung
    und Religion, in: Hessische Blätter für Volkskunde 38, 1940, S. 1-35, S.5, Anm.
    12
2   Bhagavadgita, XI,32, Übers. Egbert Richter
3   George Steiner, Tolstoj oder Dostojewskij, München, 1964, S.74
4   G.M. Martin, op. cit., S. 43
5   In: Ruhbach/Sudbrack, Große Mystiker, München, 1984
6   G.M.Martin, op.cit., S.42
7   Teilhard de Chardin, Auswahl aus dem Werk, Fischer Verlag, Frankfurt a. M.,
    S. 90
8   Teilhard de Chardin, The Future of Man, Fontana Books, London 1969, S.321-
    22
9   Teilhard de Chardin, Die Zukunft des Menschen, Walter Verlag, Olten, 1963, S.
    187
10. ebd. S.302
12 Gershom Scholem, Zum Verständnis der messianischen Idee im Judentum, in:
    Judaica, Frankfurt a.M., 1963, S. 73
13 G.M. Martin, op. cit. S. 124-25
14 ebd.
15 Sri Nisargadatta Maharaj, Ich bin, Context Verlag, Bielefeld, 1989, S.208-209
16 ebd. S.199
17 ebd. S.201
18 G.M.Martin, S.150
19 Thus Spake Vivekananda, Madras, S. 64
20 Swami Vivekananda, Complete Works, V., 312-13
21 ebd., VII, S.7

12. LEBEN OHNE EIN WARUM

1   Viktor Frankl, Der Mensch vor der Frage nach dem Sinn, Serie Piper, München
    1985, S.236
2   ebd. S.226

3   ebd. S.227
4   Raimon Panikkar, Den Mönch in sich entdecken, Kösel Verlag, München, 1989, S.30-31
5   Viktor E. Frankl, op.cit. S.238
6   ebd. S.228
7   ebd. S.261
8   ebd. S.268
9   Quint S.57
10 ebd. S.384
11 R.Panikkar, op.cit. S. 177
12 Shankara, Das Kleinod der Unterscheidung, O.W.Barth-Verlag, Planegg, S. 57
13 In: Hans Grunsky, Jakob Boehme, Fr. Fromanns Verlag, Stuttgart, 1956, S.63 (De Signatura Rerum, 2,1ff)
14 V.E.Frankl, op.cit. S. 270/71

13. DIE UNERGRÜNDLICHKEIT DES GRUNDES

1   Thomas Merton, Wie der Mond stirbt, Peter Hammer Verlag, Wuppertal, 1976, S. 174
2   Quint, S.190
3   ebd. S.189

ANHANG : SPIRITUELLE AUTARKIE ?

1   Hans Torwesten, Der Mut, zu Grunde zu gehen, in : Hier & Jetzt, Perspektiven einer kritischen Spiritualität Nr.3,2000, München, Verlag Winfried Richter
2   Bernardin Schellenberger, Auf den Wegen der Sehnsucht, Herder Spektrum, Freiburg i.Br., 2004, S.92
3   Ruhbach/Sudbrack, Große Mystiker, München, 1984, S.10
4   Heinrich Zimmer, Der Weg zum Selbst, Eugen Diederichs Verlag, Düsseldorf/ Köln, 1976, S.90-92
5   Schellenberger, op.cit. S.81
6   Quint, S.285
7   Sri Ramana Maharshi, Gespräche, S. 247/249
8   Schellenberger, op.cit. S.67
9   ebd. S. 75
10 ebd. S.91
11 ebd. S.93
12 ebd. S.34
13 ebd. S.171
14 In: Ruhbach/Sudbrack, Große Mystiker, S.114
15 Schellenberger, S. 55
16 ebd. S. 83
17 ebd. S. 89

GLOSSAR

Acharya : Religiöser Lehrer ; Begründer einer religiös-philosophischen Schule

Advaita : Nicht-Zweiheit ; die Lehre, dass es nur eine göttliche Wirklichkeit gibt (*Brahman*) und alle Dualität und Vielfalt bloßer Schein ist

Ananda: göttliche Freude, Glückseligkeit

Anatta (buddhistisch): Nicht-Selbst; die buddh. Lehre, dass es kein festes Ich oder Selbst gibt

Atman: das wahre ungeborene und unzerstörbare SELBST hinter der Oberflächenpersönlichkeit

Avatar: wörtl. ein „Herabstieg" des Göttlichen, eine göttliche Inkarnation

Baul: wörtl. ein gott-trunkener Anbeter; ein fahrender Sänger der *Vaishnava*-Richtung

Bhagavadgita: bekannteste Heilige Schrift des Hinduismus, ein Teil des *Mahabharata*-Epos, in dem Krishna seinem Gefährten Arjuna die Natur Gottes und der Schöpfung erklärt

Bhakta: ein Gott-Liebender; ein Anbeter des persönlichen Gottes

Bhakti: leidenschaftliche Hingabe an den persönlichen Gott

Brahma: Schöpfergott im Hinduismus

Brahman: das überpersönliche Absolute, der letzte Grund

Chit: Bewusstsein, reiner Geist

Gopis: die Milchmädchen von Vrindavan, die Gespielinnen Krishnas

Guna: Bestandteil der Natur (*Prakriti*), die nach der indischen *Sankhya*-Lehre aus drei *Gunas* (wörtl. „Strängen") besteht: *Sattva* (Ausgeglichenheit), *Rajas* (Aktivität) und *Tamas* (Trägheit)

Ishvara: der persönliche Gott

Japa: die Wiederholung eines Mantra, eines göttlichen Namens, oft mit Hilfe eines Rosenkranzes

Jiva (oder *jivatma*): die verkörperte Einzelseele

Jivanmukta: jemand, der schon in diesem Leben voll erleuchtet und von Maya befreit ist

Jnana: der Weg der Erkenntnis; im höheren Sinne die Erfahrung der Identität mit dem Absoluten

Jnani: jemand, der den Pfad der Erkenntnis geht; der in der Brahman-Erkenntnis voll Etablierte

Kali: ein Name der *Shakti*, der „Göttlichen Mutter"; ihr „grausamer" Aspekt

Karma: Tätigkeit im Allgemeinen; im Weiteren das, was der Mensch durch sein Tun „ansammelt"

Mantra: heilige Formel, die dem Schüler bei der Initiation vom Guru gegeben wird

Maya: der „Schein" Brahmans. Positiv: die Schöpferkraft des Absoluten (Shakti); negativ: der bloße Schein der Vielfalt, der Schleier, der das Eine verdeckt

Nirguna Brahman: Brahman ohne alle Attribute, die nackte „Gottheit" Meister Eckharts

Nirvana: das Verlöschen aller persönlichen Begierden, das Aufgehen im überpersönlichen Grund

Paratma: das transzendente göttliche Selbst

Prakriti: Ur-Materie, Natur

Purusha: wörtl. der „Urmensch"; im übertragenen Sinne das rein geistige, von *Prakriti* unabhängige Prinzip im indischen Sankhya-System

Rishi: ein Weiser oder Seher; vor allem jene Seher, denen die Vedas offenbart wurden

Samadhi: Versenkungszustand, Ekstase, Vereinigung mit dem Göttlichen

Samsara: der Kreislauf von Geburt und Tod

Sankhya: eines der sechs Systeme der Hindu-Philosophie; es vertritt einen reinen Dualismus von reinem Geist (Purusha) und Natur (Prakriti)

Sannyasin: ein Hindu-Mönch, Asket

Sat-Chit-Ananda (oder *Satchidananda*): Sein-Bewusstsein-Glückseligkeit, bezeichnet die Natur Brahmans

Satsang: zusammengesetzt aus Sat(Sein) bzw. Satya(Wahrheit) und
   Sangha(Gemeinschaft, Orden): eine Zusammenkunft spirituell
   Gleichgesinnter in Gegenwart eines „erwachten" Meisters bzw.
   einer Meisterin
Shakti: schöpferische Energie, die dynamische Kraft des Absoluten,
   oft weiblich aufgefasst, als Gefährtin eines männlichen Gottes
   oder als „Göttliche Mutter"
Upanishaden: die Heiligen Schriften am Ende der Veden, die von
   der Natur Brahmans und des wahren Selbst des Menschen (Atman) handeln; sie bilden die Basis des Vedanta
Vedanta: eines der sechs Systeme der Hindu-Philosophie, wörtl.
   „Ende der Veden", beruft sich vor allem auf die in den Upanishaden geoffenbarte Wahrheit

Die universelle Botschaft der Mystik

Mystische Wahrheiten aus 4 Jahrtausenden

René Bütler

Taschenbuch Edition „unio mystica", 356 Seiten
ISBN 978-3-86616-080-4

Zu allen Zeiten haben begnadete Menschen durch mystische Erfahrungen Wahrheiten erkannt, die in einem beeindruckenden Einklang stehen und daher als unbezweifelbar und ewig gültig betrachtet und bezeichnet werden können. Taoistische, hinduistische, buddhistische, altägyptische, altgriechische, parsische, jüdische, christliche und islamische Weisheitslehrer haben der Menschheit die Botschaft der Mystik überbracht, die auch in den heiligen Schriften aller Hochreligionen zu finden ist. Sie enthält Antworten auf die Fragen nach Ursache, Sinn, Zweck und Ziel des Universums, des Lebens und des persönlichen Daseins. Ihre Überzeugungskraft wurzelt darin, dass sie dem ewigen Urgrund entspringt, den wir das Göttliche nennen. Ihre Aussagen stehen nicht im Widerspruch zu den Erkenntnissen der modernen Naturwissenschaft und der Psychologie. Zum besseren Verständnis der Texte hat der Autor diese erklärt und interpretiert. Dieses Taschenbuch ist eine Fundgrube und ein spiritueller Schatz, der, wenn er gehoben wird, den Menschen auf dem Weg nach innen mit einer Fülle von Weisheit, Erfahrungen und Erkenntnissen bereichert.

Anders von Gott reden

Willigis Jäger

Hardcover, 120 Seiten, 20 farbige Zenbilder
ISBN 978-3-86616-061-3

Der charismatische Benediktinermönch und Zen-Meister Willigis Jäger interpretiert in seinem Buch „Anders von Gott reden" biblische Texte, Ereignisse und Personen in einer neuen, ungewohnten Sichtweise als symbolische Darstellungen einer kosmisch-göttlichen Botschaft, die Evolution des Seins und des Lebens, den Menschen und die Natur als Manifestationen Gottes: Gott ist für ihn das Urprinzip, die Urkraft, die sich in jedem Augenblick ereignet, seine Schöpfung ist sein Tanz, der Mensch ein Tanzschritt, eine Welle im Meer des Göttlichen. Die christliche Botschaft wird erweitert und vertieft, christliche Feste wie Weihnachten, Erscheinung des Herrn, Ostern, Maria Himmelfahrt, auch Begriffe wie „Reich Gottes" und „Leid" erhalten durch seine Deutung und Erklärung eine mystisch-spirituelle Dimension, werden als Möglichkeiten zur Wiedergeburt, Auferstehung und Erfahrung des Göttlichen im Menschen gesehen und dargelegt. Wer auf der Suche nach einem tieferen und ganzheitlichen Verständnis seines Christseins ist, für den ist dieses Buch eine Offenbarung. Seine Denkanstöße, seine klare, eindringliche Sprache faszinieren und überzeugen.

Der Weg zum Christus-Bewusstsein

Eine Landkarte für spirituelles Wachstum in die Tiefe der Seele

Jim Marion

Hardcover, 296 Seiten
ISBN 978-3-936486-27-8

Gestützt auf das Werk des bekannten Bewusstseinsforschers Ken Wilber und auf das Modell der stufenweisen Bewusstseinsentwicklung, zeichnet der Verfasser unter Berücksichtigung der neuesten Erkenntnisse auf dem Gebiet der Psychologie, aber auch des Neuen Testaments und so bedeutender christlicher Mystiker wie Teresa von Avila und Johannes vom Kreuz eine Karte, die uns Schritt für Schritt zu dem Bewusstsein hinführt, das Jesus als das Reich Gottes bezeichnete – zur höchsten Stufe der spirituellen Entwicklung des Menschen. Das Buch will zeigen, dass Jesu Lehren und auch sein Tod und seine Auferstehung uns den Weg zu diesem inneren Reich weisen sollten, und dass wir, wenn wir Christus in diesem Reich Gottes begegnen wollen, dies tun müssen, solange wir als Menschen hier auf dieser Erde leben. Ken Wilber schreibt in seinem Vorwort: „Das Buch ist eine wahrhaft inspirierende Offenbarung und ein behutsamer Führer in die tiefsten Bereiche unserer eigenen Seele."

Jesus – der vollkommene spirituelle Mensch

Mysterienweisheit im Johannesevangelium

Konrad Dietzfelbinger

Hardcover, 392 Seiten
ISBN 978-3-86616-084-2

Der Autor sieht in Jesus den vollkommenen spirituellen Menschen, der, vom Heiligen Geist erleuchtet, als Sohn Gottes Vorbild für alle Menschen ist, die die Wahrheit suchen und spirituell nach der Vereinigung mit dem Göttlichen streben.

Im Sinne des Evangelisten, der Gott als „Wort" (Logos), „Leben", „Licht" bezeichnet und versteht, interpretiert der Autor in moderner Terminologie ihn als Information, Energie und Bewusstsein, als das Strukturprinzip des Kosmos, und den „Vater", auf den sich Jesus beruft, als „das seelisch-geistige Prinzip, aus dem der irdische Mensch lebt".

Der Autor legt dar, wie Jesus in seinen „Wundern" siebenfach Wort, Leben, Licht, Denken, Fühlen, Sehen und Leiblichkeit als spirituelle Matrix in der Menschheit verankert und in seinem Leiden Gewalt, Mächte und Tod überwindet – eine neue, erhellende Sichtweise.

Dadurch werden die „Seinen" befähigt, die spirituelle Wahrheit, das „göttliche Lichtbewusstsein" in sich zu erkennen, zu entfalten und dadurch vollkommen zu werden wie Jesus Christus.

Der mystische Weg zu Christus

Andrew Harvey

Hardcover, 304 Seiten
ISBN 978-3-928632-91-1

In diesem Buch nimmt uns einer der berühmtesten religiösen Denker unserer Zeit auf eine Einweihungsreise in das voll erwachsene Christentum mit. Es enthüllt einen Christus, der allen engagierten Christen direkt zugänglich ist und dessen lebendige Botschaft jenseits der Strukturen existiert, die von den Kirchen in seinem Namen geschaffen wurden. Indem er die besten unter den modernen Geschichtsgelehrten und das Zeugnis der größten christlichen Mystiker aller Zeiten verwendet, belebt der Autor und Lehrer Andrew Harvey das revolutionäre Versprechen des frühen Christentums neu und stellt Jesus als den Sohn des Menschen vor: ein von Gott Erfüllter, dessen Ziel die Initiation aller menschlichen Wesen in die Kraft und die Glorie der ihnen innewohnenden Göttlichkeit war, der Sturz aller ungerechten Hierarchien und die Verwandlung der Erde in das Königreich Gottes. Anleitungen und Übungen aus den frühen mystisch-christlichen Traditionen vermitteln lebendige Inspirationen, Christus zu erfahren.

Geh den Weg der Mystiker

Meister Eckharts Lehren für die spirituelle Praxis im Alltag

Peter Reiter

Hardcover, 304 Seiten
ISBN 978-3-936486-37-7

Noch nie war Mystik so spannend, so aufregend! Zeitgemäß, lebendig und alltagsorientiert vermittelt der Meister-Eckhart-Experte Peter Reiter die Lehre des größten deutschen Mystikers – exemplarisch für alle mystischen Traditionen. Die Kraft und Inspirationen der Lehre Meister Eckharts werden hier so vermittelt, dass sie direkt ins Herz des Lesers fließen. Schritt für Schritt begleitet Peter Reiter den Suchenden an den Ort, wohin der alte Meister schon seine Zuhörer führte: zur unmittelbaren Erfahrung des All-Eins-Seins inmitten der Welt, ins Hier und Jetzt! In allen Lebensbereichen kann das Göttliche geahnt, gefühlt und erfahren werden. Der Weg zum Ziel führt mit entsprechenden Übungen über verschiedene Etappen: Mitgefühl mit allem Sein, leben in Gelassenheit, Widerstand aufgeben, die Welt annehmen, Verantwortung übernehmen, Altes bereinigen, Bewerten und Verurteilen sein lassen, mit Trauer und Leid umgehen und die Liebe leben. Die Übungen im Geiste Eckharts stammen aus verschiedenen mystischen Schulen und geistigen Traditionen.

Vom Urknall zur Erleuchtung

Die Evolution des Bewusstseins als Ausweg aus der Krise

Christian Brehmer

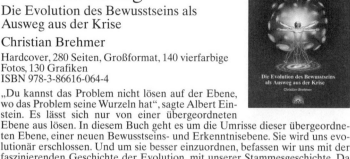

Hardcover, 280 Seiten, Großformat, 140 vierfarbige Fotos, 130 Grafiken
ISBN 978-3-86616-064-4

„Du kannst das Problem nicht lösen auf der Ebene, wo das Problem seine Wurzeln hat", sagte Albert Einstein. Es lässt sich nur von einer übergeordneten Ebene aus lösen. In diesem Buch geht es um die Umrisse dieser übergeordneten Ebene, einer neuen Bewusstseins- und Erkenntnisebene. Sie wird uns evolutionär erschlossen. Und um sie besser einzuordnen, befassen wir uns mit der faszinierenden Geschichte der Evolution, mit unserer Stammesgeschichte. Da gab es mehrere Phasenübergänge: nach der Entstehung des Universums mit dem Urknall die kosmische Evolution, dann den Übergang zur biologischen, zur chemischen, zur mentalen und zur technisch-kulturellen Evolution der Gegenwart. Und die Evolution geht weiter. Sie drängt in die Zukunft. Indem wir uns mit der in diesem Buch erstmals erarbeiteten Theorie der Phasenübergänge auseinandersetzen, gewinnen wir Überblick über das, was uns bevorsteht: die supramentale Evolution, die Erleuchtung, und mit ihr die Lösung der individuellen und kollektiven Probleme von der Wurzel her. Aber es bleibt nicht bei der Theorie. Im Buch finden wir konkrete Hinweise zur evolutionären Erweiterung des Bewusstseins und zur praktischen Neugestaltung unseres persönlichen und gesellschaftlichen Lebens.

Der innere Schrei nach Erlösung

Befreiung von innen

François Brune

Gebunden, 256 Seiten
ISBN 978-3-928632-44-7

Die Welt als Hologramm – Erlösung von innen

Während viele das Ende des Christentums voraussagen, unterstreicht der Verfasser die absolut einzigartige Bedeutung des Christus für die Entwicklung der Menschheit. Anders als die philosophische Theologie ist die mystisch-holographische Theologie darauf ausgerichtet, von innen heraus wirksam zu werden. Der Autor bezieht in seine Betrachtungen auch Heilswege anderer Religionen, besonders die Bedeutung des Karma mit ein und betrachtet auch die christlichen Sakramente unter dem mystischen Aspekt. Brune versteht die Welt als ein Hologramm, in dem alles mit allem verbunden ist, also auch jede Seele mit jeder anderen – und mit Christus, der aus der Tiefe einer jeden Menschenseele als Mittelpunkt des kosmischen Hologramms erstrahlt. Unfassbar? Aber wie, wenn es wahr wäre? Das gilt es in diesem Buch zu entdecken, das so fesselt wie eine Abenteuerreise – die Reise in die mystische Erfahrung.